# 왜 우리만 시장에서 눈물을 흘려야 하는가

시장과 윤리 이야기

# 왜 우리만 시장에서 눈물을 흘려야 하는가

원제 _ System Error

초판 1쇄 인쇄 _ 2017년 1월 20일
초판 1쇄 발행 _ 2017년 2월 6일

지은이 _ 울리히 틸레만
옮긴이 _ 이혁배

펴낸곳 _ 바이북스
펴낸이 _ 윤옥초
편집팀 _ 김태윤
책임디자인 _ 이민영
디자인팀 _ 이정은

ISBN _ 979-11-5877-020-4  03190

등록 _ 2005. 7. 12 | 제 313-2005-000148호

서울시 영등포구 선유로49길 23 아이에스비즈타워2차 1005호
편집 02)333-0812 | 마케팅 02)333-9918 | 팩스 02)333-9960
이메일 postmaster@bybooks.co.kr
홈페이지 www.bybooks.co.kr

책값은 뒤표지에 있습니다.

책으로 아름다운 세상을 만듭니다. — 바이북스

시장과 윤리 이야기

# 왜 우리만 시장에서 눈물을 흘려야 하는가

울리히 틸레만 지음 | 이혁배 옮김

바이북스
ByBooks

1980년대부터 전 세계를 지배해오고 있는 경제 패러다임은 신자유주의이다. 신자유주의는 시장에 대한 정부의 규제들을 철폐함으로써 경제주체들 사이의 경쟁을 강화하고, 그것을 통해 사회 전체의 이윤을 극대화하려는 경제 패러다임이다. 신자유주의의 수용으로 사회 전체의 이윤은 증대되었음이 분명하다. 하지만 그에 따른 부작용도 만만치 않다. 신자유주의는 삶의 피폐화, 실업률의 증가, 소득의 양극화 등을 초래하고 있다.

이런 부작용으로 인해 신자유주의에 대한 회의가 전 세계적으로 확산되고 있다. 최근 미국 민주당은 신자유주의가 불러들인 소득과 부의 극단적인 불평등에 반대한다고 공식적으로 선언했다. 2016년 영국인들은 투표를 통해 브렉시트, 즉 유럽연합 탈퇴를 결정했는데 이는 신자유주의의 부작용을 더 이상 용인하지 않겠다는 집단적 결의로 볼 수 있다.

그럼에도 아직까지 신자유주의의 위세는 크게 꺾이지 않고 있다. 신자유주의는 자본 측에 퍽이나 유리한 경제 패러다임이고, 그래서 신자유주의에 대한 자본 측의 집착이 무척 강하기 때문이다. 또한 신자유주의가 수용된 이래 자본의 영향력은 증대되어 갔지만 그것을 견제해야 할 정부와 시민사회의 영향력은 지속적으로 약화되어 갔기 때문이다.

이 책은, 저자 울리히 틸레만Ulrich Thielemann이 2008년 9월 미국 투자 은행 리먼 브라더스의 파산으로 본격화된 국제금융 위기를 목도하면서 저술한 것이다. 출판은 그다음 해에 이루어졌다. 그래서 책에 나와 있는 사례들은 최신의 것이 아니다. 그럼에도 세계경제의 흐름이 근본적으로 달라지지 않았기 때문에 그것들이 그리 오래된 사례들이라고 느껴지지는 않을 것이다.

저자는 '경제 윤리'라는 특수한 학문 분과를 연구하는 학자이다. 저자는 독일어권의 대표적인 경제윤리학자 페터 울리히Peter Ulrich[1]의 지도 아래 박사 학위와 교수 자격을 취득한 뒤 그와 함께 연구하며 저술 활동을 하고 있는 중견 경제윤리학자이다.

경제 윤리는 윤리학의 중요한 분과임에도 불구하고 우리 학계에는 아직 제대로 소개되지 않고 있다. 독일어권의 경우 경제 윤리는 1980년대 후반 동구 사회주의 국가들이 무너지면서 등장한 신생 학문 분과이다. 경제적인 측면에서 동구 사회주의 국가들의 붕괴는 그것들이 채택해왔던 중앙 관리 경제체제의 비효율성을 역사적으로 입증한 사건으로 볼 수 있다. 이 사건으로 인해 오늘의 세계시민들에게 지속 가능한 경제체제는 시장경제체제 하나만 남게 되었다.

---

1 ) 페터 울리히의 경제 윤리적 입장에 관해서는 역자가 번역한 《신자유주의 시대 경제윤리》 (바이북스, 2010)를 참고하기 바란다.

　이런 경제 현실 앞에서 독일어권의 인문학자들과 경제학자들은 어떻게 하면 유일하게 존속하고 있는 시장경제체제를 인간의 얼굴을 한 경제체제로 만들어나갈 수 있을지 서로 머리를 맞대고 고민하게 되었다. 이 과정에서 나온 학문 분과가 바로 경제 윤리이다. 경제 윤리는 시장경제체제를 전제하면서도 어떻게 하면 윤리적 성찰을 통해 시장경제체제를 인간화되고 문명화된 경제체제로 만들 수 있을지 연구하는 윤리학의 분과로 정의될 수 있다.

　책에서 저자는 이런 경제 윤리의 관점에서 신자유주의 혹은 경제주의[2]가 추구하는 무한 경쟁이나 시장 맹신을 비판적으로 고찰하고 있다. 그런 가운데서도 원론적인 측면에서 윤리학이 도대체 어떤 학문 분야인지, 경제 윤리라는 윤리학의 분과가 고민하는 문제가 무엇인지에 관해서도 설명하고 있다.

　다른 나라들과 마찬가지로 한국도 신자유주의가 노정하는 부작용을 고스란히 겪고 있다. 더 정확히 말하면 우리의 경우 아직까지 극복되지 않은

---

2 ) 저자는 신자유주의라는 개념보다는 경제주의라는 개념을 선호한다. 왜냐하면 저자가 지지하는 독일의 사회적 시장경제의 이론적 기초인 질서자유주의가 신자유주의로도 불리고 있기 때문이다.

전근대적인 요소들과 신자유주의가 결합되면서 그 부작용이 증폭되고 있다고 할 수 있다.

이런 사회경제적 상황에서 경제 윤리의 시각을 가지고 신자유주의의 논리를 비판하는 저자의 논의를 따라가 보는 것은 유익할 것이다. 또한 경제 윤리란 학문 분과가 제대로 소개되지 않은 시점에서 경제 윤리의 문제 제기와 중심 주제가 무엇인지 소개하는 저자의 설명을 따라가 보는 것도 흥미로울 것이다.

차례

옮긴이의 말 4

:1:
# 무너져버린 시장이 내린 사형 선고 11

시장을 믿지 마세요 19 ▪ 경제가 윤리적일 수 있는가? 28 ▪ 우리가 경제 이론에 갖는 의문들 31

:2:
# 두 얼굴의 시장 41

경제의 타락이 시작된 이익 교환의 논리 46 ▪ 경쟁은 창조인가 파괴인가? 52 ▪ 경쟁은 모두에게 이득인가? 61 ▪ 전체의 이익을 위해 희생되는 사람들 66 ▪ 패배는 자기 책임? 72

:3:
# 절대 권력, 시장 77

이기적인 경제적 인간homo oeconomicus 80 ▪ 이윤이 전부가 아닌 시장의 현실 84 ▪ 비시장적 관점들에 눈감다 87 ▪ 이윤을 선택하라는 압력 95 ▪ 경영자도 피할 수 없는 압력 101 ▪ 책임자 부재와 물적 강제의 내면화 106

: 4 :

# 왜 다시 윤리인가? 113

그래도 윤리가 기초 116 ▪ 윤리와 도덕의 차이점 120 ▪ 서로 충돌하는 심정 윤리와 책임 윤리 122 ▪ 목록에 갇힌 전근대적 윤리와 논쟁하는 근대적 윤리 125 ▪ 선을 추구하는 목적론적 윤리와 정의를 추구하는 의무론적 윤리 127 ▪ 정의란 무엇인가? 130 ▪ 처방이 아닌 성찰인 현대 윤리 139 ▪ 보편과 목적의 정언적 명령 140 ▪ 담론을 통한 도덕 원칙 근거 짓기 145

: 5 :

# 왜 경제에도 윤리가 필요한가? 151

시장 이성을 믿는 경제주의 154 ▪ 경제 윤리와 기업 윤리는 다른 것일까? 172 ▪ 기업 윤리도 정의로울 수 있는가? 187

: 6 :

# 자본의 역할은 무엇인가? 213

노동자를 명분으로 자본 살리기 215 ▪ 자본만 바라봐서 생긴 금융 위기 227

: 7 :

# 누가 우리에게 경쟁의 비용을 부담하라고 요구하는가? 245

우리를 스트레스 받게 하는 원인 249 ▪ 라이프 스타일을 둘러싼 싸움 261

: 8 :

# 시장의 기적을 꿈꾸다 267

# : 1 :

## 무너져버린 시장이 내린 사형 선고

독일 자동차 제조 회사 BMW베엠베의 경영진이 야심찬 목표를 내놓았다. 이 경영진은 자신의 기업 전략을 노골적으로 대담하게 '넘버 원'으로 불렀다. 단지 하나의 기업만이 '넘버 원'이 될 수 있다. 그런데 BMW 이사회는 자기 기업이 그렇게 되어야 한다고 강조한다. 업계 최고가 되기 위해서는 이익률이 8~10퍼센트는 되어야 한다. 그래서 지금까지 BMW 차 한 대를 팔면 이익률이 6.3퍼센트였지만 앞으로는 판매가의 10퍼센트가 자본의 몫이 되어야 한다는 것이다. 자본 이익률의 측면에서도 BMW 경영진의 목표는 참으로 야심차게 보인다.

BMW 직원들은 이미 21퍼센트의 자본 이익률을 올리고 있었는데 앞으로 그것을 26퍼센트까지 끌어올려야 한다. 이에 BMW 주주들은 환호할 것이다. 이 정도의 이익상승률이 실현된다면 주주들의 자본은 3년마다 갑절로 불어나게 될 것이다. 주주들이 말하는 가치는 금융적 가치, 곧 돈이나 자본을 의미한다. 그 이외의 것들은 주주들에게 전혀 가치가 없다. 주주들은 이렇게 개념들을 자의적으로 이해하는 것이다.

BMW 회장 노르베르트 라이트호퍼Norbert Reithofer가 주주들, 주주 대표, 애널리스트들을 배려한 방식은 상당히 일방적이다. 라이트호퍼는 8,100명의 BMW 노동자들에게 더 우호적이어야 했다. 하지만 실제로 그는 이 노동자들을 해고하였다. 그가 '우리'라는 인칭대명사를 쓰면서 연설하였을 때 그 '우리' 안에 노동자들은 포함되지 않았던 것이다.

BMW의 경우 개혁이란 대담한 경영 목표는 비용 절감을 전제했다. 일반적으로 개혁은 기업과 관련된 모든 당사자들을 위한 것이 아니다. 특히 이 비용으로 먹고사는 사람들에게는 결코 이롭지 않다. 전략적 정비라는 명목 아래 해고되어야만 했던 8,100명의 BMW 노동자들이 이 사실을 방증해준다. BMW 경영진은 투자 설명회에서 다음과 같이 이야기했다.

> 이익률을 높이기 위한 방도는 인건비를 줄이는 것이다. 생산 영역에서 엄청난 정도로 효율성이 증대되고 있다. 이런 효율성의 증대는 수천 명의 노동자들을 감축하는 것을 허용한다.

'허용한다'는 표현에 유의할 필요가 있다. 과거에는 일자리를 없앤다는 것이 안타깝고, 기업의 존립을 위해 어쩔 수 없는 조치였다. 반면 지금은 인건비의 축소가 경영전략의 중심 요소로 간주된다. BMW 인사담당이사 에른스트 바우만Ernst Baumann은 효율성 증대가 인력 감축으로 이어질 수 있고, 그래서 이어지길 원한다고 말한다. 현재 아무런 경영적 어려움이 없는데도 이처럼 아주 단순하게 말하는 것이다. 경영진이 대담한 목표를 세웠다는 것이 인력 감축의 유일한 이유가 되는 셈이다.

인력 감축은 기업이 이윤의 극대화와 기업 가치의 장기적 상승을 추구하려는 데에서 나오는 논리적 결과물이다. 그 외에 다른 이유는 없다. 이런 입장에서 보면 노동자는 '우리'가 아닌 '그들'이다. 단지 비용을 유발하는 존재일 뿐이다. BMW는 노동자를 성공 요소로 지칭한다. 노동자가 이윤과 주주 가치를 높이는 데 소용되는 중요한 요소라는 말이다. 물론 비용이 삭감될 수 있을 때 이윤은 상승한다. 우리가 비용을 줄이지 않으면 우리는 가치를 없애게 된다. 그리고 이때 우리는 돈을 실패 요소로 만들면서 낭비하게 된다. 이 대목에서 기업은 결코 자선단체가 아니라는 사실이 강조된다.

여론은 이런 사례 혹은 이와 비슷한 사례에 대해 크게 분노한다. 2008년 2월 27일자 《슈피겔Der Spiegel》은 "독일 기업들이 기록적인 이윤 획득에도 불구하고 노동자를 해고하고 있다"고 비판했다. 많은 시민들은 기업의 경영 상태가 양호함에도 불구하고 노동자들에게 해고 압력을 행사하는 것은 야비한 행태라고 꼬집었다. 경제중심주의적인 경영 방식의 관점에서 보면 이런 반응들은 순진하거나 낭만적이고 반反생산적이다. 이익 증대와 해고가 서로 반대되지 않음은 물론이다. 그럼에도 이 관점은 '이익에도 불구하고'가 아니라 '이익 때문에' 해고를 감행한다는 논지를 편다. 그래서 모토는 '기록적인 이윤 획득에도 불구하고 감행된 해고'가 아닌 '해고를 통한 기록적인 이윤 획득'이 된다.

하지만 결과는 항상 기록적인 수준에 미치지 못했다. 애널리스트들이 그렇게 평가했다. 2008년 2월 6일 BMW 경영진이 투자 설명회를 개최했을 때 그들은 기업 실적에 실망했다. 우리는 그들의 반응에 놀라게 된다. 아직도 더 철저한 개혁이 필요한 것일까? BMW 경영진은 그렇다고 판단했다. 같은 해 9월에 이윤 추구의 강화와 수천 개의 일자리 축소를 공포했다. 그런데 BMW 경영진은 자본시장의 대표자들에게 새로운 제스처를 취할 필요가 있었을까? 이 경영진이 일자리를 감축하고 이윤 추구를 강화시키겠다고 공언했을 때 자본시장의 대표자들은 더 이상 실망하지 않았어야 했다.

하지만 BMW 주가는 4.4퍼센트 하락했다. 자본시장은, 이윤을 그 이상 증대시킨다는 것이 불가능함을 이미 파악했던 것이다.

이 과정에서 경영진이 양심의 가책 때문에 괴로워하지는 않은 것으로 보인다. 만일 괴로워했다면 경영진은 자신의 보너스를 다른 경제주체들에게 나눠줬을 것이다. BMW의 경영 목표는 경영진으로 하여금 주주 가치를 상당한 수준까지 끌어올리기 위해 할 수 있는 모든 일을 다 하도록 자극했던 것이다. 이렇게 주가를 올려 주주에게 보답하는 행태를 '성과의존성'이라고 지칭한다. 흔히 이 개념은, 마치 더 많은 성과가 모두에게 이롭다는 전제 아래 사용된다. 그런데 이 경우 성과가 이윤 혹은 주주 가치를 의미한다는 사실이 간과된다. 인력 감축을 통해 생산 비용을 줄이면서 이윤을 늘리는 데 성공한 기업은 은행 계좌에 들어온 수백만 유로를 보고 즐거워할 수 있다.

여기서 양심의 가책이 생겨나지 않는다. 왜냐하면 지나치게 경제중심주의적인 경영 방식은 모든 경영학 교과서에서 추천되고 있기 때문이다. 이런 경영 방식을 거부하는 경영학 교과서는 존재하지 않는다. 모든 경영학 교과서에는 이윤 극대화가 기업의 최고 목표로 간주되고 있다. 거기에서 이윤은 단 한 번도 너무 높을 수는 없는 것이다. 이윤 극대화가 윤리적으로 정당화될 수 있다는 것이 미래의 경영자들에게 전수된다. 그들에게 경영학이란 이윤을 증진시킬 수 있는 수단 외에 다른 것이 아니다. 여기서 기본 전제는 이윤이 증진되어야 하고, 증진될 수 있다는 것이다. 단기적으로 보면 이윤은 낮기 마련이다. 하지만 장기적으로 보면 그렇지 않다. 장기적인 관점에서 접근해야 진정 현명하지 않은 것이 무엇인지가 분명해진다.

경제학 강의를 들은 사람은 다음과 같은 복음을 접했을 것이다. 더 많은 경쟁이 항상 긍정적 효과를 가져온다는 것이 그것이다.[1] 여기서 '긍정적'은 '만인을 위한 긍정적'이란 의미를 지닌다. 경쟁이 더 치열하면 할수록 경제적 주체들은 자신의 이윤을 극대화하기 위해 더욱더 철저하게 노력한다. 이런 노력을 통해 복지가 증가하면서 루트비히 에르하르트Ludwig Erhard가 주창한 '만인을 위한 복지'가 성립된다.

그런데 만일 경쟁 과정에서 패자가 생겨나야 한다면 이는 단기적으로만 문제가 된다.[2] 장기적으로는 승자뿐만 아니라 패자도 모두 경쟁의 혜택을 받게 된다. 따라서 글로벌한 경쟁에 대항하는 것은 어떤 도움도 되지 못한다. ifo 연구소 소장 한스베르너 진Hans-Werner Sinn은 "희소성의 법칙이 지시하는 바와 다르게 임금을 구조화하려는 모든 시도는 결국 실업을 초래할 수밖에 없다"고 주장한다[3](여기서 희소성의 법칙은 글로벌 경쟁의 법칙을 의미한다). 그리고 이런 시도는 관련된 이들에게 불이익을 가져다줄 것이라는 것이다.

좋은 경영 성과에도 불구하고 노동자나 하청 업자에게 압력을 행사하는 경영자는, 자기 의도와 상관없이 시장 시스템이 지닌 장점을 활용하게 된다. 여기서 장점이란 '보이지 않는 손'의 유익한 효과를 가리킨다. 이 효과에 대한 믿음은 애덤 스미스Adam Smith 이래 경제 이론을 통해 유령처럼 배회하고 있다. 스미스는 《국부론》에서 다음과 같이 주장했다.[4]

---


**1** ) F. Merz, "Steuerwetter und Steuerklima", Referat von Bundesrat Hans-Rudolf Merz am Symposium zum internationalen Steuerwettbewrb, Zürich, 21. Oktober 2005, www.efd.a-dmin.ch.

**2** ) H. Arndt, Arbeitslosigkeit und Wirtschaftsentwicklung. Fragen zur Erhaltung der sozialen Marktwirtschaft, Opladen 1996, 93.

**3** ) H.-W. Sinn, "Basar-Ökonomie Deutschland. Exportweltmeister oder Schlusslicht?", ifo Schnelldienst, Nr. 6, 2005, www.cesifo-group.de.

**4** ) A. Smith, Der Wohlstand der Nationen. Eine Untersuchung seiner Natur und seiner Ursachen, M

실제로 개인은 의식하지 못한 채 사회 전체의 복지를 촉진한다.

여기서 '의식하지 못한 채'라는 표현이 중요하다. 계속 그의 주장을 살펴보자.

개인은 단지 자기 이윤만 추구한다. 그리고 하나의 목표를 실현하기 위해 그는 이런 경우와 다른 많은 경우에서 보이지 않는 손에 의해 인도된다. 그런데 이때의 목표는, 그가 결코 성취하려고 의도하지 않은 방식으로 실현된다.

여기서 스미스가 말하는 목표는 사회 전체의 복지 혹은 국가의 복지를 증진시키는 것이다.

BMW, 노키아Nokia, 지멘스Siemens, 헨켈Henkel 등과 같은 기업들의 경영진은 아무런 경영적 어려움이 없음에도 불구하고 노동자들에게 압력을 행사하고 있다. 이런 기업들의 경영진은, 사모 펀드들의 매니저 및 가치 상승이 기업의 최고 목표라고 가르치는 맥킨지McKinsey와 같은 컨설팅 회사들의 경영진과 마찬가지로 스스로에게 기댈 수 있다. 이 경영자들은 복지 증진의 전문가로 여겨지기에 그들에게 훈장이 수여된다. 그런데 만일 사회가 그들에게 훈장 주기를 거부한다면, 그들은 수백만 유로의 보너스와 같은 다른 형태의 보상을 받게 된다.

도이체 방크Deutsche Bank의 최고경영자 요제프 아커만Josef Ackermann은

---

nchen 1978, 371.

2004년 만네스만Mannesmann, 독일 기업으로 영국 보다폰에 의해 적대적 기업 매수합병(M&A)을 당했음 - 역자 주 소송에서 "독일은, 성공적이고 가치를 창조하는 인물들이 법정에 서는 유일한 나라"라고 비판했다. 이런 인물들은 성공의 대가로서, 그리고 자본과 복지의 전사로서 칭송받아야 마땅하다는 것이다. 카를 호만Karl Homann에 따르면 이런 인물들이 지향하고 투자자를 위해 장기간 추구하는 이윤 극대화는 다른 이들에게 미안해하면서 보유하는 특권이 아니다. 이윤 극대화는 소비자를 비롯한 모든 이들에게 큰 혜택을 제공하기 때문에 그들의 도덕적 의무로 규정될 수 있다는 것이다.[5] 얼마 전까지 뮌헨 대학교에서 경제 윤리 담당 교수로 재직했던 호만은 이런 주장을 통해 시장 맹신의 핵심을 간단명료하게 표현하고 있다.


## 시장을 믿지 마세요


시장 맹신은, 2007년 봄에 시작되어 2008년 9월 리먼 브라더스의 파산으로 본격화된 금융 위기로 인해 흔들리고 있다. 이번 금융 위기는 이미 오래전부터 유행한 시장 이데올로기의 예기치 못한 파산이다. 이 금융 위기는 서브프라임 모기지를 거래하지 않은 이들과 이 거래를 감독하기는 했지만 비판적으로 바라보지 못했던 이들에게는 예상치 못한 것이었다. 왜냐하면 이들에게 실물 부문과 이윤 극대화 논리의 관련성이 중요하지 않았기 때문

---

5 ) K. Homann/F. Blome-Drees, Wirtschafts- und Unternehmensethik, Göttingen 1992, 38 이하

이다. 이윤 극대화 논리는 금융 부문 안에서 추구되었다. 한 사람은 다른 한 사람을 끌어내리려고 시도했다. 카지노 게임과 같은 이런 뺏고 빼앗기는 제로섬 게임은 이 게임에 참여하길 원치 않는 이들이나 참여할 수 없는 이들과 무관해야 마땅하다. 하지만 실제로 금융 부문은 실문 부문과 다양한 방식으로 연결되어 있다. 따라서 버블 붕괴는 우리 모두와 관련된다. 우리가 세금을 내서 구축한 엄청난 규모의 안정화 정책을 통해, 국가 채무의 급격한 증가를 통해, 그리고 결코 도외시될 수 없는 세계경제 위기를 통해 버블 붕괴는 우리에게 상당한 영향을 미치고 있다.

시장으로 하여금 자유롭게 작동하도록 하고 정부의 개입을 축소해야 한다는 자유 시장의 신조는 점점 설득력을 잃어가고 있다. 현재 '더 많은 자본주의'를 감행하고자 하는 사람은 반대에 부딪히게 될 것이다. 2008년 10월 독일연방 정부는 일천억 유로를 쏟아 부어 은행들을 구제하는 방안을 발표했다. 그런데 같은 날 전 기민연CDU · 기사연CSU 원내부총무 프리드리히 메츠Friedrich Metz는 《더 많은 자본주의를 감행하라Mehr Kapitalismus wagen》는 제목의 책을 출간했다. 이 책에는 '정의 사회로 가는 길Wege zu einer gerechten Gesellschaft'이란 부제가 붙어 있었다. 2008년 10월 4일자 《베를리너 차이퉁Berliner Zeitung》은 이 책이 제목과 부제로 인해 세상의 모든 비웃음을 사고 있다고 비판했다.

물론 시장을 맹신하는 사람들이 아직도 많다. 시장 맹신은 수십 년 동안 세상을 주도해온 뿌리 깊은 세계관이기 때문에 하루아침에 사라질 수는 없다. 강한 신앙은 경험적 사실로 인해 그리 크게 흔들리지 않기 때문이다. 시장을 맹신하는 이들은 bissige-liberale.com, libertaere-plattform.de, liberty.li, mises.org와 같은 소종파적 성격을 갖는 블로그에서 서로 만나고 있다. 그리고 그들은 자유주의적 성향을 보유한 정당들을 선호하며 집회에 열심히 참석한다. 왜냐하면 현재 거대 정당들이 시장 맹신을 의심하고 있기 때문이다. 하지만 이런 의심의 정도는 그리 크지 않다. 거대 정당들이 시장 맹신을 지닌 사람들과 분명한 거리를 두지 않기 때문이다. 거대 정당들 안에 시장 맹신을 둘러싸고 분열이 존재하는 것 같다. 하지만 이런 분열이 공식적으로 거의 표출되지 않고 있다. 기민연·기사연의 원내총무 폴커 카우더Volker Kauder의 발언은 예외적으로 이런 분열을 드러내고 있다 .

> 기민연 당원들의 일부, 특히 경제통 당원들은 이번 금융 위기의 극복을 요구받고 있다. 그들은 시장 맹신이 자본주의가 초래한 치명적 죄악은 아니라고 생각한다. 하지만 자본주의는 결코 기민연의 철학이 아니었다. 우리 기민연은 자본주의가 금번 금융 위기의 원인이라고 말할 수 있는 용기를 가져야 한다(《슈피겔Der Spiegel》, 2009년 3월 10일자).

물론 정책의 방향성을 바꿔야 한다는 분위기가 지배적이라는 사실에 주목할 필요가 있다. 노벨 경제학상 수상자이자 전 세계은행 수석이코노미스트였던 조셉 스티글리츠Josef Stiglitz는 미래에 어느 누가 얼굴을 찌푸리지 않거나 체면을 잃지 않은 채 시장의 무제한적 자유가 최고의 시스템이라고 주장할 수 있겠느냐고 반문한다(《슈투트가르터 차이퉁Stuttgarter Zeitung》, 2009년 3월 26일자). 이제 자유 시장을 주창했던 우렁찬 외침은 그쳐버렸다.[6] 프랑크 쉬르마허Frank Schirrmacher는 시장 형이상학의 파산을 선언했다(《프랑크

---

6 ) H. Prantl, "Was die Not lehrt". Süddeutsche Zeitung, 11. Oktober 2008.

푸르터 알게마이네 차이퉁Frankfurter Allgemeine Zeitung》, 2008년 9월 11일자).

주간 신문 《디 차이트Die Zeit》는 월 스트리트의 파산과 더불어 금융 제국이 몰락하고 '시장이 스스로를 교정한다'는 세계관 자체가 무너지게 되었다고 보도했다(2008년 9월 25일자). 요제프 아커만Josef Ackermann도 시장의 자기교정 기능을 더 이상 믿을 수 없다고 말했다. 여기서 무엇에 대한 교정이 추구되는 가? 혹시 은행들이 더 많은 이윤을 획득하고 있는 것에 대한 교정이 추구되 는가? 영국 금융감독청Financial Services Authority 역시 시장이 합리적이고 (기능의 측면에서) 자기 규제적이라는 가정과 결별했다.[7] 또한 지금까지 시장자유주의 의 대변지였던 《노이에 취르허 차이퉁Neue Zürcher Zeitung》도 이제 공공연하게 된 과도한 시장 이데올로기의 거부를 선언했다(2008년 10월 11일자). 《프랑크 푸르터 알게마이네 차이퉁》도 최근까지 수준 높은 시장 이성을 참조하라고 주문해왔던 경제전문가들의 말이 싸구려 언술이었음을 폭로했다 (2008년 9월 18일자). 유력한 정치가들 또한 시장 맹신과 결별하고 있다.

1999년 발간한 《블레어슈뢰더 문서Blair-Schröder-Papier》에서 사민당SPD은 시장은 방해받아서는 안 되며 오히려 시장 논리와 경쟁 논리에 따라 정치 가 보완되고 향상되어야 한다고 주장했다. 또한 정치가 시장에 테두리 질서 를 만들어주어서는 안 된다고 주장했다. 도리어 정치가 국제적 경쟁력을 갖 추기 위해서 새로운 경제 테두리 안에서 운영되어야 한다고 보았다. 나아가 유연한 시장은 실패할 수 없고, 그래서 치명적일 수 없기 때문에 시장의 실 패에 대한 교정도 포기해야 한다고 주장했다. 사회민주주의의 목표는 유연 한 시장의 보전과 형성이라고 판단했다. 이 문서는 우리에게 시장경제를 지

---

7) Financial Services Authority, Pressemitteilung vom 18. März 2009, www.fsa.gov.uk.

원할 것을 제안했던 것이다. 물론 이 문서가 사회의 전 부문에 시장의 원리를 적용한 시장 사회까지 적극적으로 지원하라고 독려했던 것은 결코 아니다. 하지만 이 문서에는 시장 논리가 전체 사회를 결정해야 한다는 견해에 대한 반론이 발견되지 않는다. 이는 아마도 사민당이 마케팅 전략을 구사하는 기업과 마찬가지로 자신의 고객들, 곧 유권자들의 수준을 무시하지 않으려고 했기 때문일 것이다. 사민당이 아무리 경제 친화적인 전략을 사용한다고 하더라도 유권자들이 보기에 사민당의 이미지와 시장 사회가 서로 부합할 수는 없을 것이다.

근자에 들어 이런 분위기는 반전되고 있다. 보수 정당에서도 시장 원칙에 대한 강한 비판이 나오고 있다. 바이에른 주 총리이자 기사연 당수인 호르스트 제호퍼Horst Seehofer는 최근의 사회 모델과 경제 모델이 파산했다는 사실을 시인하면서 크게 사죄하고 있다(《슈피겔》, 2009년 2월 16일자). 그는 이런 사회 모델과 경제 모델을 특징짓는 핵심 개념으로 이윤 극대화를 꼽고 있다. 그에 따르면 이윤 극대화는 모든 가치들 및 인간의 운명과 분리된 개념으로 전적으로 재정, 수익, 이윤, 증식만을 지향한다.

순수한 시장에서 인간의 존재는 무가치한 것이다. 그곳에서는 오로지 구매력과 경쟁력만이 중시된다. 시장중심주의적인 버블자본주의의 파산 후 좌파로 불리기보다는 정치적 비주류로 지칭되기 원하는 여론 형성 그룹만이 과감하게 공식적 견해를 내놓고 있다. 최근까지만 해도 시장 논리가 더 순수하고 포괄적일수록 사회적 시장경제가 더 사회적이 된다는 주문呪文이 통용됐다. 이런 분위기 속에서 '새로운 사회적 시장경제'가 언급되었다. 독일연방 수상 앙겔라 메르켈Angela Merkel은 이를 '인간적인 시장경제'로 지칭하면서 인간적인 시장경제의 구축을 하나의 정치적 형성 과제로 간주했다.

또한 세계사적인 차원에서 글로벌한 형성 과제를 수행할 기회가 주어지고 있다고 주장했다.[8]

> 우리는 세계인이 인간적인 시장경제 안에서 살아가길 원한다. 이런 일이 가능해지기 위해서 우리는 세계의 모든 민족들과 협력하길 원한다. 나는 우리에게 이런 목표를 달성할 의무가 있다고 말하고 싶다. (중략) 이런 목표의 달성은 단지 수백만 명의 소원이 아니라 수십억 명의 소원이다. 이들은 세계경제가 테두리 질서를 갖추게 되길 고대한다. 모든 인간의 존엄성은 분리될 수 없는 것이기 때문에 인류 전체가 존엄한 삶을 살 수 있어야 한다. 세계경제의 테두리 질서는 바로 이것을 가능하게 해준다. 나아가 인류 전체를 과도함으로부터 보호하고 그들의 삶의 토대를 보전해준다. 이렇듯 세계는 세계경제 질서를 필요로 하는 것이다.

보수주의자인 프랑스 대통령 니콜라 사르코지Nicolas Sarkozy는 "자유방임주의는 끝났다"고 말하면서 시장 맹신의 종언을 선언했다.

> 어떤 규제를 통해서도 방해받을 수 없는 시장의 전능함은 완전히 잘못된 이념이다. 이 이념은 시장이 항상 옳다는 사실을 전제하기에 비정상적인 것이 아닐 수 없다.

그럼에도 이런 이념이 최근까지 세상을 지배해왔다. 사르코지도 이전에는

---

8 ) A. Merkel, "Rede auf dem CDU-Parteitag", 1. Dezember 2008, www.angela-merkel.de.

이 이념에 감히 저항하지 못했다. 하지만 오늘날 상황은 완전히 달라졌다. 많은 대안적 입장들이 제시되고 있다. 사르코지는 2008년 9월 25일 툴롱에서 연설을 했는데 위의 인용문은 여기서 발췌된 것이다. 이 연설에서 그는 업적과 노동의 윤리에 기초해서 자본주의를 새로이 구축할 것을 제안했다.

이런 시도들은 모두 출발에 불과하다. 그러면 우리는 어떻게 다음 단계로 나가야 하는가? 시장의 문제는 정확히 어떤 것인가? 어쨌든 우리는 시장에 대해 어떤 환상도 가져서는 안 된다. 시장 맹신은 시장 논리가 좋은 삶과 공정한 공존에 기여하게 된다는 전제를 갖고 있다. 다시 말해서 시장 맹신은 시장 논리가 더 순수하면 할수록 더 좋은 삶과 더 공정한 공존이 가능해진다는 사실을 전제하는 것이다. 시장 맹신은 경제학 내에 너무 깊이 뿌리박혀 있기 때문에 하나의 사건을 통해 하루아침에 사라질 수 없다. 설령 근자의 금융 위기와 같이 폭발적이고 절박한 사건이 발생한다고 하더라도 시장 맹신은 크게 흔들리지 않을 것이다.

대학의 경제학과와 경영학과를 통해 경제 및 시장경제와 전문적으로 대결한 사람들이 소개되고 있다. 그들은 경제주체 혹은 정치주체로서 경제 및 시장경제를 주조한다. 그리고 그들은 경제 및 시장경제를 만족스러운 현상 또는 강제로 받아들여야만 하는 현상으로 평가한다. 그런데 버블 붕괴 후 대학의 경제학과와 경영학과는 잘못된 학설을 보급하지 않았는지 반성해야 한다. 나아가 경제학과 경영학의 교과서들이 다시 씌어져야 하는지 물어야 한다. 많은 이들이 새로운 사고가 필요하다고 생각한다. 그런데 노벨 경제학상 수상자인 에드먼드 펠프스Edmund S. Phelps가 지적한 바와 같이 시장과 경쟁에 관한 새로운 사고가 어떤 방향으로 전개돼야 하는지는 아직 명확하지 않다(《슈피겔》, 2008년 11월 10일자).

철저하게 비정치적이고 가치중립적이라고 착각하는 정치경제학의 교과
서들은 금융 위기 시나리오를 준비했다. 하지만 크리스티안 가이어<sup>Christian</sup>
<sup>Geyer</sup>는 정치경제학에 대한 확실한 비판이 어디에 있는지 물으면서 정치경
제학의 자연법적인 입장이 지속적으로 흔들릴 것이라고 주장했다(《프랑크푸
르터 알게마이네 차이퉁》, 2009년 4월 8일자).

하지만 누가 흔들 것인가? 누가 정치경제학이 형편없고, 그래서 그 교과서들
이 다시 씌어져야 한다고 말할 것인가?

현재로서는 경제학의 교과서들이 다시 씌어지는 것은 어렵다. 하지만 왜,
어떤 방향으로 그것이 다시 씌어져야만 하는지, 그리고 그것이 시장과 경쟁
의 장점에 관해 서술하는 바가 왜 잘못된 것인지는 해명돼야 한다. 경제학
의 이론들과 시각들은 시장경제에 관한 우리의 모든 사고에 각인돼 있다.
우리는 친시장적인 시각들이 지닌 문제점을 발견하고자 한다. 그런데 왜 이
런 시각들이 잘못된 것인지는 쉽게 답변될 수 없다. 여기서 전문적인 성찰
작업이 요구된다. 이것은 상당히 고된 작업임에 분명하다.

시장 원칙은 시장 논리를 좋은 삶과 공정한 공정의 원칙으로까지 승격시
키는 것으로 경제 영역에서뿐만 아니라 경제가 속해 있는 삶의 모든 영역
에서도 옳지 않은 원칙이다. 그렇다고 해서 시장경제 자체가 잘못된 것은
아니다. 왜냐하면 시장경제에 대한 대안적 경제체제가 존재하지 않기 때문
이다. 사고파는 행위가 없어질 수 있겠는가? 이런 상황을 가정한다는 것은
정도를 벗어난 생각이다.《노이에 취르허 차이퉁》이 금융 위기가 발발한 직
후 선언한 바와 같이 시장이 아니라 시장 맹신이 끝난 것이다(2009년 2월 15

일자). 그렇다면 문제는 시장 논리가 인간의 삶에서 어떤 상대적 역할을 수행해야 하는가에 있다. 이것은 인류사적 의미를 지닌다. 물론 이 문제는 현재 제대로 답변되지 못하고 있다. 심지어 이 문제는 이제껏 명확하게 제기되지도 않았다.

이 문제의 의미는, 시장 논리가 그 문제점이 숨겨진 채 최고의 지배 원리로 승격되고 있다는 사실과 관련이 있다. 경제학의 아버지인 애덤 스미스는 시장 과정을 알기 쉽고 단순한 자유의 시스템으로 정의했다.[9] 개인이 경쟁의 강제에 적응하면서 경제활동에 필요한 공간을 확보하는 것이 이성적인 태도라는 사실은 쉽게 파악될 수 있다. 반면 이런 적응과 확보가 자유에 포괄될 수 있다면 그것은 단지 공허한 자유이며 외관상의 자유에 불과하다는 사실은 쉽게 인지될 수 없다. 또한 알기 쉽고 단순한 자유의 시스템과 연결된 사회가 비인간적이라는 사실도 쉽게 파악될 수 없다.

애덤 스미스는 무엇보다도 도덕철학자였다. 윤리에 관한 그의 주요 저작은 《도덕감정론》(1759)이다. 과거부터 그의 도덕철학적인 논의와 시장 이론적 논의가 서로 대립하는지를 둘러싸고 전문가들 사이에 이견이 존재해왔다. 이를 '애덤스미스문제Adam-Smith-Problem'라고 부른다. 스미스는 법과 국가에 관해 원고들을 작성했지만 책으로 출간하지 않았다. 그가 이 원고들에서 《국부론》의 자유방임적 측면과 《도덕감정론》의 도덕적 측면 사이의 갈등을 해명하려고 시도했었을 것이라는 테제가 요즘 유행하고 있다. 만일 그가 죽기 직전에 이 원고들을 소각시키지 않았더라면 오늘날의 경제학은 아마 다른 모습을 띠었을 것이다.

---

9 ) A. Smith, Der Wohlstand der Nationen, 582.

## 경제가 윤리적일 수 있는가?

시장 논리는 우리의 삶에서 어떤 가치를 지녀야 하는가? 이것은 분명 규범적이고 윤리적인 문제 제기다. 윤리는 당위와 관련된 이론이다. 그래서 윤리는 옳은가 그른가, 정당한가 정당하지 않은가, 공정한가 불공정한가, 책임적인가 책임적이지 않은가 하는 문제를 다룬다. 경제 윤리는 경제라는 대상에 관해 이와 같은 윤리적 질문들을 던진다.

윤리는 비판적인 학문, 곧 성찰적인 학문이다. 윤리의 핵심 질문은 다음과 같다. 어떤 행동 방식이 윤리적으로 올바르고 공정하고 정당하고 책임적인가?(대개 우리는 분류나 정당화를 시도할 때 적합한, 합리적인, 더 나은, 의미 있는, 혁신적인 등의 개념을 사용한다. 이것들은 모두 윤리적이고 규범적인 개념이다. 따라서 이것들의 윤리적 내용을 체계적으로 드러내는 것이 중요하다) 우리는 윤리가 세상과 동떨어져 있는 것이 아님을 알고 있다. 왜냐하면 우리가 국가 시민이나 경제 시민으로서 관여하는 모든 공적이고 정치적인 토론은, 어떤 행동 방식이 윤리적으로 옳은가에 달려 있기 때문이다. 결국 이 물음은 우리가 행위를 체계적으로 하고 있는가 하는 질문이다. 우리는 체계적으로 행동할 때에만 명료함에 이르게 된다.

우리는 (경제가 속해 있는) 사회적 세계와 삶의 공존에 관해 말할 때 윤리를 내세우지 않을 수 없다. 왜냐하면 윤리를 내세우지 않을 경우 이런 말은 무의미하기 때문이다. 경제 이론의 경우도 마찬가지다. 경제 이론들은 따지고 보면 모두 경제 윤리다. 뷔르츠부르크 대학 경제학 교수인 카를하인츠

브로트벡Karl-Heinz Brodbeck은 "경제학은 윤리학이다"라는 명제를 내놓았다.[10] 이 명제는 '통합적 경제 윤리Integrative Wirtschaftsethik'의 핵심을 드러내준다.[11] 경제학은 언제나 윤리학이다. 하지만 대부분의 경제학자들은 자신이 가치중립적인 학문을 연구한다고 믿고 있다. 경제학 혹은 경영학을 접하거나 경제학자 혹은 경제 전문가의 견해를 듣는 모든 이들은 특정한 입장이 대표되고 있다는 사실을 직관적으로 인지하게 된다. 다시 말해서 그들은, 어떻게 하면 자신이 경제 영역이나 사회 영역에서 올바로 행동하는 것인지, 그리고 경제적 측면에서 사물에 대한 올바른 시각이 무엇인지를 직감적으로 알게 된다. 그런데 여기서 말하는 올바른 시각이란 항상 윤리적인 측면에서의 올바른 시각일 수밖에 없다.

경제학자들에게 주어지는 비난은 그들이 하나의 함축적인 윤리학을 전개한다는 것이다. 사람들이 경제학 뒤에 숨겨진 이런 윤리학을 명시적 차원으로 끌어올리고 평가받을 수 있게 만든다면, 이러한 윤리학이 자신에 대한 비판적 판단을 버텨낼 수 있을지 의심스럽다. 이제 이런 윤리학이 왜 잘못된 것인지 상세히 살펴보기로 하자.

경제학 뒤에 숨겨진 윤리적 시각은 어디에 존재하는가? 이 윤리적 시각의 핵심은 이윤 극대화 혹은 효용 극대화를 추구하는 것이다. 이윤 극대화 혹은 효용 극대화의 추구는 다소 복잡한 경로를 정당화하려고 한다. 보통 사람들이 욕망이라고 부르는 것을 경제학에서는 합리성으로 지칭한다. 그

---

10 ) K.-H. Brodbeck, Beiträge zu Ethik und Wirtschaft, 3. Aufl., Gröbenzell, www.fhwuerzburg.de/professoren/ bwl/brodbeck/wiethik.pdf.

11 ) P. Ulrich, Integrative Wirtschaftsethik. Grundlagen einer lebensdienlichen Ökonomie, 4. Aufl., Bern/ Stuttgart/Wien 2008.

런데 누가 비합리성을 옹호하길 원하겠는가? 경제적 인간homo oeconomicus의 자기 이해 추구는 곧바로 이성적인 것, 그리고 올바른 것으로 간주된다. 이는 분명 개념적인 자격 부여다. 모두가 경제적 인간이라면, 누가 자기 이해를 추구하지 않겠는가? 경제적 인간이 다른 이들을 배려하는 것을 비합리적이라고 간주하고 좋은 인간이란 평가를 모욕으로 생각한다면, 누가 다른 이들의 이해관계를 고려하는 것을 옳다고 간주하겠는가?

요즘 경제적 인간은 자신을 야성적 충동Animal Spirits을 지닌 존재로 이해한다.[12] 조지 애커로프George A. Akerlof와 로버트 쉴러Robert J. Shiller에 따르면 공정성 의식도 야성적 충동에 속한다. 하지만 야성적 충동의 측면은 자기 이해 추구와 다른 지향성을 비합리적이라고 분류하는 시각 자체를 바꾸지는 않는다. 애커로프와 쉴러는 인간이 항상 합리적으로 행동하는 것은 아니라는 사실을 말할 뿐이다. 다시 말해서 인간이 항상 자기 이해에 따라서만 행동하지 않음을 주장하는 것이다.

주류 경제학적 관점에 따르면 이윤 극대화는 이성적이다. 왜냐하면 이윤 극대화는 시장의 '보이지 않은 손' 덕분에 만인의 복지를 증진시키기 때문이다. 이런 주장은 경제적 이데올로기, 경제주의 또는 시장 맹신의 핵심을 이룬다. 나는 이 세 개념들을 동의어로 간주하고 이것들을 사용하고자 한다. 하지만 요즘 유행하는 신자유주의Neoliberalismus란 개념은 사용하지 않을 것이다. 왜냐하면 신자유주의는 원래 '사회적 시장경제soziale Marktwirtschaft'를 주창한 이들의 사상을 지칭하기 때문이다. 그들은 시장 맹신을 내세우지 않았고 오히려 시장에 대해 부분적으로 회의했다. 나중에 그들은 자신의 입장

---

**12** ) G. A. Akerlof/R. J. Shiller, Animal Spirits. Wie Wirtschaft wirklich funktioniert, Frankfurt a. M. 2009.

을 보다 분명히 하기 위해 질서자유주의Ordoliberalismus란 개념을 사용했다.

시장 맹신은, 경제적 인간의 자기 이해 추구의 결과물인 시장 논리가 윤리적으로 긍정적인 특성을 보유하거나 윤리적 이성의 진수를 분명하게 보여준다는 신앙을 의미한다. 다시 말해서 그것은 시장이 지배하면 모든 것이 잘 된다는 믿음이다. 여기서 요점은 이익을 추구하는 기업과 같은 경제주체는 선善을 행하려는 의도 없이 저절로 선善을 행하게 된다는 사실이다. 시장 맹신이 확산돼가고 있다는 사실은 요즘 유행하는 다음의 진술에서 분명히 확인된다. "선이란 선을 의도하는 것의 반대다."

하지만 안타깝게도 경제주의는 완전히 비합리적인 기획이 아닐 수 없다. 그것은 계몽주의를 경험하지 못한 채 전근대적인 사고에 빠져 있다. 또한 그것은 자유의 레토릭으로 자신을 치장하지만 실제로는 부자유한 사람들로 구성된 사회 모델을 제시할 뿐이다. 그런데 부자유한 사람들은 이런 사회 모델을 알아차리지 못한다. 아니 더 정확히 말해서 알아차려서는 안 된다. 냉정히 생각해보면 이 사회 모델을 인지하는 것은 그리 쉬운 일은 아니다.


## 우리가 경제 이론에 갖는 의문들


경제주의를 이해하기 위해서 우리는 시장과 그것의 고유한 논리를 상세히 파악해야 한다. 시장의 고유한 논리란 계약을 통해 맺어지고 이윤 극대화를 추구하는 교환 당사자들, 곧 구매자와 판매자 사이에 이루어지는 상호작용의 논리를 의미한다. 이 논리가, 우리가 알고 있는 사회적 시장경제의 특징은 아니지만 시장 맹신을 가진 이들이 내세우는 순수 시장의 논리임에 분명하다.

시장 논리의 해명(2장)은 이 책 전체에서 전개하게 될 경제 윤리적 성찰과 직접적인 관련이 없다. 나는 먼저 소비재, 노동력, 기업의 구매와 판매 사이에 성립되는 이익 교환을 다룰 것이다. 그런데 이런 이익 교환은 구매와 판매의 측면이 만나서 이익을 얻는 과정에서 무엇이 윤리적으로 잘못될 수 있는가 하는 문제와 연관된다. 흔히 얘기되는 바와 같이 이런 이익 교환은 구매자와 판매자의 윈윈 게임이다. 하지만 경쟁이 없다면 그렇게 되지 못한다고 주장된다. 경제학자들은 경쟁 문제에 관한 전문가다. 그들에게 경쟁은 이익 교환과 더불어 경제 이론을 형성하는 중심축이다. 그런데 경제학자들은 경쟁의 작동 방식을 이해했어야만 하지 않았을까?

경제학자들은 분명 그랬어야만 했다. 어쩌면 그들은 시장 과정의 어두운 면을 알고 있으면서도 그것을 은폐하려고 했을는지도 모른다. 우리는, (경쟁을 비롯한) 시장 과정으로 인해 윤리적으로 문제가 되고 있는 것이 무엇인지 알기 위해 경쟁을 이해해야 한다. 그것도 아주 많이 이해해야 한다. 실제로 경쟁은 성장과 소비 능력의 지속적 증대를 가능하게 해준다. 물론 여기서 소비 능력은 점점 불균등하게 분배되고 있다(6장). 다른 한편 경쟁은 우리를 자신의 포로로 만들고 있다(7장). 우리는 생활하면서 점점 더 많은 스트레스를 받고 있다. 우리는 소위 제3의 힘, 곧 창조적 파괴 과정[13]으로서의 보이지 않는 글로벌 경쟁의 물적 강제에 의해 쫓기고 있다. 그 결과 우리는 일생동안 자신의 인적 자본을 형성하는 데 투자하는 경영자가 되고 있다.

---

13 ) J. A. Schumpeter, Kapitalismus, Sozialismus und Demokratie, 7. Aufl., Tübingen 1993.

그렇지 않을 경우 우리는 곧바로 인생의 실패자로 전락하게 된다.

여기서 우리는, 경쟁이 우리의 삶을 좋은 삶으로 만드는 데 기여할 수 있는지, 그리고 소비 능력의 증대가 우리의 고달픈 삶을 보상해줄 수 있는지 물을 수 있다. 이런 문제 제기는 경제주의를 극복하는 데 도움을 줄 수 있다. 경쟁은 시민의 가치와 규범에 착근되면서 제한돼야 한다. 하지만 최근의 현실은 정반대다. 정치는 점점 산업 입지 정책으로 축소되고 있다(6장). 그리고 모든 시민을 자신의 고용인과 성공 요인으로 간주하면서 거대한 기업처럼 작동하고 있다. 나아가 정치는 국제금융시장에서 투기적으로 유동하는 자본에게 더욱 매력적으로 돼가고 있다. 왜냐하면 이런 자본만이 필요한 일자리를 창출하기 때문이다. 자본의 이해관계가 관철됨에 따라 전례 없는 자유의 상실이 초래되고 있다. 이런 자유의 상실은 국민주권을 우스운 것으로 만들고 있다. 그리고 만인의 복지를 희생시키면서 자본 측의 소득을 증대시키고 노동 측을 불안하게 만들고 있다. 자본이 창조적 파괴 과정에서 수행하는 역할이 제대로 해명되지 않고 있기 때문에 이런 복지의 희생이 초래되는 것이다(6장). 자본은 권세를 부리는 성향을 지니는데 이런 성향이 금번 금융 시장 위기의 원인으로 작용했다.

해고와 같은 이윤 추구의 결과를 어쩔 수 없는 물적 강제로 간주하는 기업가와 경영자를 비롯한 경제 결정의 주체들은 도대체 어떤 기능을 수행하는가?(3장) 우리는 이런 물음에 일괄적으로 답변해서는 안 된다. 독일뿐만 아니라 다른 나라들에도 책임적으로 활동하는 기업가와 경영자가 많이 존재한다. 하지만 최근 몇 년 동안 경제적으로 극단화되고 경영자에게 상상할 수 없을 정도로 많은 보수를 주는 경향이 자리를 잡았다(4장). 이런 경향을 문제 삼는 것이 단순히 시기심에서만 기인하는 것일까? 물론 몇몇 사람들은 시기심에서 문제를 제기할 수 있다. 하지만 대부분의 시민들은 이렇게 엄청난 보수를 받는 것을 천박하고 불공정한 트렌드라고 평가한다. 그들은 직관적으로 자신의 이런 평가가 매우 옳다고 판단한다.

여기서 우리는 두 가지를 분명히 해야 한다. 첫째는 소득이 달에서 얻을 수 있는 것이 아니라는 사실이다. 경제는 인간들 사이에서 이루어지는 것이다. 물론 익명적 세계시장과 여기저기에 존재하는 물적 강제들을 고려해야 하지만 말이다. 경제가 인간들 사이에서 성립한다는 사실을 의심하는 사람이 있을까? 아마 거의 없을 것이다. 하지만 경제학자들은, 마치 행성이 인간들이 존재하지 않는 공간에서 움직이는 것과 마찬가지로 가격이 인간들이 존재하지 않는 경제라는 공간에서 그들로부터 독립되어 객관적이고 중립적으로 변동하는 것처럼, 이런 사실을 자주 의심한다(5장). 무엇에 의해서 이런 객관적이고 중립적인 가격변동과 몇몇 사람들이 충족시키고자 하는 욕망이 잊혀지고 테마화되지 않았는가?

둘째는 기업적, 국민경제적, 세계경제적 차원에서 인간들 사이에 이루어진 노동 분업이 얼마나 공정한가 하는 문제다. 이 문제는 경제 윤리의 핵심 주제 가운데 하나다. 공정성에 대한 문제 제기는 우리로 하여금 도대체 윤리란 무엇인지를 묻게 한다(4장). 정의의 차원들은 어떻게 나뉠 수 있으며 정의의 차원들 각각에 부여되는 의무는 어느 정도인가? 이런 의무는 확정될 수 있고 그 근거가 제시될 수 있는가? 철저하게 그럴 수 있다. 하지만 우리는 윤리적 의무를 규범의 목록에서 도출할 수 있다는 전근대적 사고방식에서 벗어나야 한다. 본래 규범은 단순히 현실에 적용돼야만 하는 것일 뿐 가치의 형태로 존재하지 않는다. 칸트와 담론 윤리Diskursethik의 관점에 기대고 있는 근대적 윤리는 우리 모두에게 이런 규범의 영역이 아닌 원칙의 영역에서 방향성을 제공해준다.

좋고 올바른 경제활동에 관한 잘못된 이론들이 왜 이렇게 많이 유포되고 있는가? 첫째, 경쟁 과정의 기능적 특성이 이해되지 않고 있기 때문이다. 둘째, 경쟁 과정의 윤리적 기초가 제대로 미련돼 있지 않기 때문이다. 경쟁 과정의 기능적 특성을 이해할 뿐만 아니라 그 윤리적 기초까지 마련하는 것은 매우 어려운 일이다. 그런데 경제 윤리는 이 두 과제를 모두 수행해야 한다. 경제 윤리는 함축적인 경제 윤리적 사고를 정리하려고 시도한다. 윤리와 경제를 함께 사고하려는 경제 윤리의 패러다임에는 세 가지가 있다. 분리주의, 경제주의, 통합 패러다임이 그것이다. 5장에서는 이 세 패러다임을 소개되고 비판적으로 조명할 것이다. 분리주의 패러다임과 경제주의 패러다임은 통합적 경제 윤리의 관점에서 비판되고 거부될 것이다. 경제주의적 경제 윤리에서는 시장변증론이 전면에 등장하는 데 반해 분리주의적 경제 윤리에서는 경제가 중립적인 것으로 간주되면서 시장변증론이 간접적인 형태로 나타난다.

윤리적으로 올바른 경제활동에 관한 기본적이고 전형적인 사고방식들을 살펴보는 것은 의미가 있다. 왜냐하면 우리는 이 가운데 하나의 사고방식을 선택해 다양한 맥락들에 적용하면서 항상 동일한 오류를 범하기 때문이다. 우리가 시장에 반드시 적응해야 한다고 주장하는 물적 강제 사고가 분리주의 패러다임의 핵심이다. 기업 윤리는 경제 윤리의 중요한 부분이다. 그런데 어떤 기업 윤리는, 기업들이 서로 경쟁하는 상황에서 윤리적으로 책임적인 기업 경영이 거의 불가능하다고 믿는다. 이런 기업 윤리는 분리주의 패러다임에 속한다. 그리고 기업 윤리가 기부 윤리의 형태로 전개돼야 한다는 입장도 존재하는데 이것 또한 분리주의 패러다임으로 분류될 수 있다.

기업 윤리 차원에서 경제주의는 윤리가 장기적으로 이익을 가져다준다고 가정한다. 그래서 우리는 장기적으로 사고해야 한다는 것이다. 많은 경영자와 기업가는, 기업이 윤리적이지 않으면 아무것도 얻을 수 없기 때문에 윤리 경영을 추구해야 한다고 판단한다. 그리고 그럴 경우 기업이 이윤 극대화를 지속할 수 있다고 믿는다. 윤리가 장기적으로 이익을 가져다준다는 것은 근대의 대중적 지혜이기도 하다. 이런 지혜는, 모든 것을 현재 있는 그대로 있게 만들고 경제적 이윤 추구와 윤리적 지침을 결합시키는 '현자의 돌'을 의미한다.

하지만 안타깝게도 이런 가정은 잘못된 것이다. 이런 가정에 대한 비판은 경제주의의 특징, 곧 경제주의가 도덕 없는 윤리, 나아가 강자의 권익을 위한 윤리를 대표한다는 것을 밝혀줄 수 있다.

많은 사람들이, 경제주의의 이런 논리가 사회의 모든 영역에까지 확대 적용되고 있다고 걱정한다. 그런데 이런 걱정이 철저하게 정당화되면서 모든 삶의 관계가 경제화되고 있다(3장과 7장). 이런 경제화는 학생들, 환자들, 의뢰인들이 점차 고객이 되어가고 있다는 사실에서 확인될 수 있다. 오늘날 중요한 것이 변하고 있다. 과거에 목적이었던 것이 현재는 경제적 성취라는 유일한 목적의 수단으로 바뀌고 있다.

모든 삶의 관계가 경제화되는 데는 여러 가지 원인이 있다. 경쟁력을 증대하는 데 필요한 기술의 교육과 시장변증론적 관점을 강제하는 글로벌한 차원의 압력이 그 원인으로 지적될 수 있다. 그리고 경제주체들이, 이익을 가져다주는 것은 잘못된 것일 수 없다고 가정하는 흐름도 또 하나의 원인이 되고 있다. 그런데 이런 흐름의 대표자 가운데 하나로 막스 프리시<sup>Max Frisch</sup>를 들 수 있는데 그는 "이익이 되는 것은 이성적이다"라는 명제를 내놓았다.

시장이 좋음과 옳음의 원칙으로 승격될 수 없다면 무엇이 시장을 대신해야 하는가? 칼 폴라니Karl Polanyi는 이미 1940년대에 이 물음에 대한 답변을 제시했다. 그는 시장 원칙이 우리의 가치와 규범에 착근된 시장으로 대체돼야 한다고 주장했다. 시장은 전체사회를 구성하는 하나의 지체로 바뀌어야 한다. 그리고 시장이 아닌 우리의 도덕적이고 정치적인 자율성에 우선성이 주어져야 한다.

이런 식의 주장은 새로운 것이 아니라 이미 오래된 것이다. 다시 말해서 그것은 사회적 시장경제 패러다임에서 이미 제시된 것이다. 물론 이 패러다임은 새로워지고 현대화돼야 한다(8장). 이런 과제는, 우리가 시장 맹신과 결별할 때에야 비로소 분명히 드러날 수 있다.

사회적 시장경제는 사회적 안전망뿐만 아니라 경제 시민으로서의 우리 모두의 책임적 행동도 포함한다. 여기서 경제 시민은 경제적 권력을 통제하는 소비자, 고용인, 투자자, 결정 주체 등을 가리킨다. 최근 몇 년 동안 그들은 많은 일을 해냈다. '공정 무역', '사회 책임 투자', '기업의 사회적 책임' 등이 대표적 사례다. 니코 슈테어Nico Stehr는 '시장의 도덕화'에 관해 얘기했다.[14] 시장의 도덕화는 '인간적인 시장경제'(앙겔라 메르켈)의 일부분이다.

대중들은 잘 모르지만 오늘날 거의 모든 대기업이 자신의 사회적 책임을 인식하고 있다. 이런 사실은 대기업들의 웹 사이트에서 분명히 확인될 수 있다. 물론 많은 대기업들이 아직도 오래된 도구주의적 정신에 감염돼 있기는 하지만 모든 대기업들이 그런 것은 아니다. 요즘 경제 시민으로서의 우

---

14 ) N. Stehr, Moralisierung der Märkte. Eine Gesellschaftstheorie, Frankfurt a. M. 2007.

리 모두가 구성하는 시민사회와, 경제를 지속적으로 변화시킬 수 있는 기업 사이에 새로운 협력이 시도되고 있다. 이런 시도는 밑으로부터의 사회적 시장경제 혹은 사회·생태적 시장경제를 지향한다.

여기서 다음과 같은 까다로운 물음이 제기된다. 어떤 모델들에서 시민사회와 기업 사이의 새로운 협력이 주장되고 구현되고 있을까? 그리고 시민사회의 요구를 진지하게 고려하는 기업이 다른 기업들과의 경쟁에서 무기력하게 패하게 될까? 반드시 그런 것만은 아니다. 평판 획득 모델Das Konzept verdienter Reputation은 하나의 해결책을 제시한다(5장).

물론 평판 획득 모델이 제시하는 해결책은 부분적인 것이다. 경제 윤리가 도덕의 다양한 자리에서 실현돼야 한다는 관점이 온전한 해결책을 제시한다. 우리는 개인윤리와 제도 윤리 혹은 영업 윤리와 질서 윤리를 동시에 고려하고 구체화해야 한다. 왜 질서 윤리와 경제활동 규제가 필요한 것일까? 경제활동 규제는 시민의 자유와 모순되는 것은 아닌가? 오로지 자유지상주의자들만이 경제활동 규제와 시민의 자유가 모순된다고 믿는다. 그들은 방임과 자유를 혼동한다. 반면 랄프 다렌도르프Ralf Dahrendorf, 1929~2009와 같은 진정한 자유주의자들은 정치적 자유의 중요성을 강조한다. 하지만 자유지상주의자들에게 정치적 자유의 개념은 그 자체로 모순이다.

물론 정치적 자유만으로 모든 사회경제적 문제가 해결되는 것은 아니다. 글로벌 질서 정책이 구사되지 않는 경우 모든 국가는 세계적으로 유동하는 자본의 명령을 충실히 이행하게 된다. 글로벌 경쟁 시대에 정치적 자율성 혹은 국민주권은 세계정책적인 차원에서만 성립될 수 있다(8장). 중요한 것은 글로벌 시장에서의 경쟁이나 개별 국가들이 구사하는 정책들 간의 경쟁을 철폐하는 것이 아니다. 정작 중요한 것은 정치의 우선성을 회복하는 것이다. 여기서 정치의 우선성은 정치가의 우선성과 혼동돼서는 안 된다. 정치의 우선성을 회복하지 못한다면 경쟁의 우선성 혹은 경쟁력 있는 사람들과 자본의 권리가 지배하게 된다.

다행스럽게도 정치 부문은, 세계정책적 측면에서 금융 시장을 비롯한 여러 시장들이 규제돼야 한다는 사실을 인식하고 있다. 또한 정치 부문은 자신이 무력화되고 잘못된 경제주의적 길에 들어섰다는 사실도 인식하고 있다.

이 책은, 앙겔라 메르켈이 지향하는 인간적인 시장경제가 어떤 모습을 띠게 될 것인지에 대한 답변을 찾고자 한다. 이 책은 이런 문제에 관해 편견 없이 공정하게 논의하기 위해 잘못된 이념이나 신조를 제거하는 것을 목적으로 한다. 여기서 잘못된 이념이나 신조란 경제학자들의 머릿속에 들어있는 시장주의와 시장 맹신을 가리킨다. 이들 경제학자는 여전히 자신을 가장 철저한 시장의 대변인으로 간주한다.[15] 그들은, 일부 시민들이 시장에 대해 회의적이라는 사실을 알고 있다. 그런데 이런 회의는 정당화될 수 있다. 이 책은 이런 회의의 근거를 보다 설득력 있게 제시하려는 의도를 갖고 있다.

---

15 ) F. Breyer, "Die Chancen der Sozialen Marktwirtschaft und die Rolle der Ökonomen", in: Perspektiven der Wirtschaftspolitik, Nr. 2, 128.

: **2** :

# 두 얼굴의 시장

시장이란 무엇인가? 경제학자들은, 오늘날 우리가 알고 있는 바와 같이, 시장이란 어마어마한 복지를 창출해내는 기구라고 답변한다. 그런데 이 기구는 자유의 표현이며 '자유적'이란 형용사를 붙일 수 있는 유일한 경제 형태라는 것이다. 이런 맥락에서 그들은, 경제가 시장 형태로 조직되든지, 아니면 강제가 관철되게 조직되든지 하는 수밖에 없다고 주장한다.

한편 표준적인 경제학 교과서에 따르면 시장은 수요와 공급이 만나는 장소다. 이런 정의는 경제 현실에 잘 들어맞는다. 하지만 이 정의는 무의미하다. 이런 정의는 시장 논리와 더불어 무언가를 숨기고 있는 것은 아닐까?

시장에서 사람들은 서로 무엇을 하는가? 그들은 교환한다. 그들은 물물교환에서처럼 빵을 치약과 교환하지 않고 빵이나 치약을 돈과 교환한다. 시장경제는 교환경제다. 한 사람은 주고, 다른 한 사람은 지불한다. 교환되는 것이 컴퓨터, 이발, 자동차, 빵, 노동력, 기업 가운데 어떤 것이 되든지 아무런 상관이 없다. 이것들은 모두 급부給付이다. 이것들을 제공하는 사람이 판매자인 반면, 돈을 지불하고 이것들을 제공받는 사람이 구매자다. 급부에 대해 사람들이 지불하는 것이 돈인데 이것이 반대급부反對給付이다. 시장은 구매자와 판매자의 관계, 지불하는 사람과 지불받는 사람의 관계, 공급자와 수요자의 관계, 생산자와 소비자의 관계를 모두 합한 것이다.

그런데 시장에서 무엇이 포기돼야 하는가? 어떤 것도 포기될 필요가 없다. 시장은 만인을 위한 윈윈 게임이다. 이런 의미에서 노벨 경제학상을 받은 제임스 뷰캐넌James M. Buchanan은 고든 털럭Gordon Tullock과 함께 저술한 《동의의 산술》에서 다음과 같이 얘기한다.[1]

> 교환 파트너들은 모두 교환으로부터 이익을 얻는다. 그렇지 않으면 어떤 교환도 생겨나지 않는다.

어떤 사람도 구매와 판매를 강요당하지 않는다. 만일 구매와 판매가 강제된다면 그것은 교환이 아닌 강탈이나 절도에 해당한다. 시장에서는 누구도 권총 앞에서 협박받으면서 자기 물건이나 재산을 내놓지 않는다. 그리고 어느 누구도 이런 협박으로 인해 강제로 일하지 않는다. 이런 사실은 시장에 대한 정의를 생각하면 자명해진다. 구매와 판매가 강요된다면 우리는 시장에 관해 언급하지 않을 것이다. 오히려 마피아 경제, 노예제, 다른 형태의 폭력적 획득 방식에 관해 얘기할 것이다. 시장은 비폭력적이고 자발적인 교환의 장소다.

노벨 경제학상을 받은 밀턴 프리드먼Milton Friedman은 이런 사실을 다음과 같이 정식화한다.[2]

---

1 ) J. M. Buchanan/G. Tullock, The Calculus of Consent, Ann Arbor 1965, 170.

2 ) M. Friedman, "The social responsibility of business is to increase its profits", The New York Times Magazine, 13. September 1970.

시장의 기초가 되는 정치적 원칙은 동의다. 사유재산에 근거한 이상적인 자유 시장에서는 누구도 다른 사람에게 무엇인가를 강요할 수 없다. 모든 협력은 자발적이며, 모든 협력 파트너는 이익을 얻게 된다. 따라서 그들은 상대방을 농성할 필요가 없다.

경제학자들은 규칙적으로 다음과 같이 반문한다. 어떤 상품의 구매 혹은 판매가 현재 보유한 돈이나 시간을 다른 데 사용하는 것보다 더 많은 이익을 가져오지 않는다면, 사람들이 굳이 다른 이들과 교환하거나 협력할 필요가 있겠는가? 경제학자들에 따르면 잘못 계산하거나 사기를 치는 경우를 제외하고 교환은 양쪽 파트너에게 모두 이익을 가져다준다. 사기 행위가 발생할 수 있으나 그것은 교환 파트너들 간의 상호작용을 위한 규칙을 형성하지 못한다. 따라서 일반적으로 교환은 양쪽에 이익을 가져다주며 유용하다. 경제학적 용어로 표현하면 교환은 효율적이다.

교환과 시장이 지닌 윤리적으로 긍정적인 측면을 살펴보기로 하자. 교환은 주고받는 것이다. 따라서 교환은 급부와 반대급부의 원칙이 표현된 것으로 간주될 수 있다. 다시 말해서 교환은 한쪽의 이익이 다른 쪽에도 유용함을 가져와 양측이 모두 이로움을 향유하게 되는 상태를 의미한다. 우리가 다른 사람에게 무언가를 주지 않으면 우리는 그로부터 무언가를 받지 못한다. 따라서 시장에서는 어느 누구도 다른 사람을 희생시키면서 부유해지지 않는다. 오히려 양쪽 파트너는 서로 희생하면서 이익을 얻는 것이다.

그런데 우리는 이런 조화로운 교환과 시장의 세계에 굵은 고통의 눈물을 첨가해야 한다. 정의에 따르면 교환과 시장의 세계는 양쪽 교환 파트너에게 이익을 가져온다. 그런데 교환과 시장의 세계는 공정하기까지도 할까?

효용과 부담이 공정하게 분배될까? 한쪽은 너무 많이 지불하는데 다른 쪽은 너무 적게 제공하는 것은 아닐까? 아니면 한쪽은 너무 적게 지불하는데 다른 쪽은 너무 많이 제공하는 것은 아닐까? 일례로 종업원과 고용주 사이에 이뤄지는 교환 계약의 경우, 임금은 너무 낮은데 요구 사항은 너무 많고, 그래서 이윤이 너무 높은 것은 아닐까?(이와 반대되는 상황은 아마 전개된 적이 없을 것이다) 이런 질문들은 매우 중요한 것이다. 그럼에도 경제학자들은 이런 윤리적인 질문들을 명확하게 제기하지 않는다. 그러면서 자신들이 가치중립적인 연구를 수행한다고 말한다. 하지만 실제로 경제학자들은 이런 질문들에 대해 함축적인 답변을 제시하고 있다고 보는 것이 옳다. 그런데 그들의 이런 답변은 아름다운 시장세계에 첨가돼야 할 굵은 고통의 눈물과 관련이 있다. 시장세계는 실은 경쟁 세계다. 경쟁은 어디서 유래하는가? 경쟁은 점점 더 극단적으로 돼가는 교환의 논리가 실현되는 과정에서 생겨난다. 이제 시장 참여자들 사이에 이루어지는 상호작용의 논리에 관해 상세히 살펴보기로 하자.


## 경제의 타락이 시작된 이익 교환의 논리

우리가 여기서 얘기하는 시장에서의 교환은 기부가 아니다. 시장에서는 어떤 것도 선사되지 않는다. 시장에서의 교환은 이익 획득을 추구하는 교환이다. 교환이 한쪽과 다른 한쪽의 이해관계에 근거하게 되는 것은 우연적 결과가 아니다. 본래 교환은 자기 이해에 충실하려는 성향으로 인해 성립되는 것이기 때문이다. 경제학자들은, 교환 파트너들이 상대방의 이해관계에 관심을 갖지 않는다고 본다. 오히려 그들은 서로에 대해 무관심하다는 것이다.[3] 경제학자들에 따르면 그들은 단지 상대방이 무엇을 제공해야 하는지 혹은 무엇을 지불할 수 있는지에만 관심을 갖는다.

> 우리가 식사할 수 있는 것은 푸줏간, 양조장, 빵집 주인의 이타심 덕분이 아니라, 그들이 자기 이해에 충실하기 때문이다. 우리는 그들의 인간애가 아니라 그들의 자기애에 호소한다. 그리고 우리는 자신의 욕구가 아니라 그들의 이익에 관해 얘기한다.

이 인용문은 애덤 스미스의 《국부론》에 나오는 것이다.[4] 이 구절은 그 당시 세인의 주목을 끌었다. 왜냐하면 그것이 기독교의 이웃 사랑 계명과 상충되는 경제모델과 사회 모델을 제시했기 때문이다.

여기서 스미스가 시장을 정확히 서술한 것인지는 지금 문제 삼지 않기로 하자. 사람들이 타인의 행복과 불행에 무관심하다는 것은 시장이 이익 교환의 장소라는 정의의 논리적 귀결이다. 그런데 바로 이 대목에서 경제학의 타락이 시작된다.

경제학의 타락을 이해하기 위해서 경제학 교과서에서 나오는 선호와 제약의 구분을 살펴볼 필요가 있다. 선호는 소망이나 욕구를 의미한다. 가상적인 예를 들어보자. 어떤 사람이 포르쉐 자동차를 갖고 싶어 한다. 물론 그

---


**3** ) D. Gauthier, Morals by Agreement, New York 1986, 87.

**4** ) A. Smith, Der Wohlstand der Nationen, 17.

것은 공짜가 아니다. 그런데 그 사람은 부자가 아니다. 이런 경우 제약이 형성된다. 자동차 판매인은 공짜로 자동차를 내주지 않는다. 또한 판매인은 그 사람이 감당할 수 있는 가격에 자동차를 넘겨주지도 않는다. 그 사람이 얻고 있는 소득은 포르쉐를 구입하기에는 너무 적기 때문이다.

포르쉐 자동차를 선호하는 그 사람이 합리적이고 그것을 훔치려는 생각을 갖고 있지 않다면, 그는 꿈에 그리던 자동차를 구입하는 것이 자신의 진정한 이해관계가 아니라는 사실을 깨닫게 될 것이다. 그 사람은 집세도 내고, 자녀도 양육하고, 그 이외의 것들도 감당해야 한다. 그런데 선호가 제약 혹은 주어진 저항을 극복하고 관철될 수 있을 때 이해관계는 진정한 것이 된다. 이 사례에서 제약 혹은 저항은 그 사람의 소득이 제한돼 있다는 사실에서 비롯된다. 또한 자동차 판매인이 공짜로 또는 낮은 가격에 자동차를 내주지 않는다는 사실에서도 생겨난다. 진정한 이해관계는 관철될 수 있는 이해관계다. 안타깝게도 그 사람의 재정 상태는 비교적 저렴한 폴크스바겐 골프 자동차 정도만 감당할 수 있다.

경제학의 타락은, 모든 구매와 판매와 관련된 상황을 이해하는 방식에서 초래된다. 경제주의적 관점에서 보면 경제주체들의 선호는 공적인 논쟁 주제일 수 없다. 이런 선호는 엄밀한 의미에서 개인의 사적인 문제일 뿐이다. 이를 '방법론적 개인주의'라고 부른다. 따라서 경제학에서는 양쪽으로 나뉠 수 있고 옳다고 입증될 수 있는 경우가 아니면 상호작용, 곧 교환이 실현될 수 없다. 욕구, 소망, 가치는 경제주체들의 머릿속에 갇혀있기 때문에 그들끼리 나눠 가질 수 없게 된다. 그래서 경제학에서 경제주체들은 교환관계의 공정성을 문제 삼을 수 없다. 보다 정확히 말해서 그들은 공정성이 무엇인지조차 이해할 수 없다. 경제학에서 인간은, 철학자 고트프리트 빌헬름 라이프니츠Gottfried Wilhelm Leibniz, 1646~1716가 창문 없이 폐쇄된 본질로 이해한 단자單子, Monade다. 단자는 어떤 것, 특히 동기들이 들어오고 나갈 수 있는 창문을 가지고 있지 않다.

하지만 사람들은 시상에서 상호작용을 시도한다. 그런데 만일 공정성의 동기들이 아무런 역할을 할 수 없거나 해서는 안 된다면, 상호작용은 제약보다 많아져 쓸모없게 된다. 다시 말해서 상호작용이 교환 파트너들 혹은 잠재적인 교환 파트너들의 경제적 성과를 넘어서면서 무의미해지게 된다. 그럴 경우 앞의 사례에서와 같이 이익 교환의 논리에 따라 교환은 실현되지 않는다.

교환이 자기 이해관계의 관철을 위해서만 실시된다는 것은 정당하고 이익 추구를 억누를 수 있는 다른 사람의 동기들이 고려되지 못하고 있음을 의미한다. 단지 그의 구매력이나 생산성과 같은 경제적 성과만이 중요시될 뿐이다. 하지만 우리는 경제적 성과 대신에 권력과 능력에 관해 얘기할 수 있다. 다시 말해서 경제적 성과를 산출하거나 중단시킬 수 있는 능력에 관해 언급할 수 있다.

여기서 권력이란 일상적으로 사용되는 것처럼 높은 사회적 위치에 도달하거나 다른 사람들 위에 군림하기 위해 필요한 지배력이나 노력을 의미하지 않는다. 오히려 그것은 어떤 성과를 산출해낼 수 있는 능력을 가리킨다. 어원적으로 보면 권력Macht은 '만들다machen' 혹은 '할 수 있다mögen'에서 파생된 명사다.

급부와 반대급부의 원칙은 권력과 반대 권력의 원칙으로 번역될 수 있다. 충분한 반대급부를 가져올 수 없는 사람은 아무것도 얻지 못한다. 앞의 사례에서와 같이, 그 사람의 교환관계는 단절되거나 수용되지 못한다. 충분한 지불 능력이 없는 구매자는 재화나 서비스를 공급받지 못한다. 반면 충분히 생산적이거나 경쟁적이지 못한 공급자는 소득을 얻지 못한다.

경제학자들에 의해 유포되는 통상적 견해와 달리 시장에서 사람들의 욕구는 단순하게 충족되지 않는다. 자유지상주의적 경제학자인 루트비히 폰 미제스Ludwig von Mises, 1881~1973가 주장한 것처럼, 생산이 소비자의 긴급한 욕구를 가장 잘 충족시키는 방향으로 이루어지는 것은 아니다.[5] 오히려 욕구가 얼마나 긴급한지와 상관없이 높은 지불 능력이 있는 곳으로 상품이 공급된다. 이런 사실은 사회학자 막스 베버Max Weber, 1864~1920에 의해 이미 지적된 바 있다.[6]

> 욕구 그 자체가 아니라 구매력 있는 욕구가 (중략) 상품생산을 조정한다.

다른 측면에서 보면 구매자는 생산자 혹은 공급자 및 판매자가 될 수 있다. 따라서 지불 능력의 정도는, 구매자가 생산자 혹은 공급자 및 판매자로서 얼마나 생산적이냐에 달려 있다. 생산적이고 효율적이고 경쟁적인 사람은 소득(정부에 의해 주어진 이전소득을 제외한 소득)얻게 된다. 피고용인이건 자영업자이건 간에 상품의 공급자로서 소득을 얻는 사람은 현상적으로 지불 능력이 있는 소비자다. 어떤 소비자가 높은 경쟁력을 구비하면 할수록, 그는 더 높은 소득과 구매력을 지니게 된다. 그러고 보면 생산자로서의 시장 참여자의 권력은 소비자로서의 시장 참여자의 권력을 전제한다.

---

5 ) L. von Mises, "Markt", in: Handwörterbuch der Sozialwissenschaften, Bd. 7, Tübingen 1961, 131.

6 ) M. Weber, Wirtschaft und Gesellschaft, 5. Aufl., Tübingen 1972, 59.

이제 우리는 시장 행위가 철저하게 권력에 기초해서 실행된다는 사실을 알게 되었다. 하지만 여기서 권력은 폭력 행사로 이해돼서는 안 된다. 왜냐하면 교환은 원칙상 비폭력적으로 진행되기 때문이다. 폭력, 곧 다른 사람에 대한 물리적 영향력은 적극적인 권력으로 이해될 수 있다. 우리는 무엇인가를 적극적으로 할 수 있다. 예를 들어 우리는 칼을 들거나 총을 끄집어낸다. 또는 주먹이나 자신이 보여주고 싶은 것을 흔든다. 따라서 시장은 마피아경제학을 넘어서 존재하는 것은 아니다. 만일 시장이 마피아경제학을 넘어선다면 시장 논리에 대한 비판은 더 단순해질 것이다. 그런데 여기서 내가 주목하는 권력은 소극적인 권력이다. 우리는 무엇인가를 행하는 것을 중단한다. 예를 들어 우리는 지불하지 않거나 더 이상 지불하지 않는다. 또는 공급하지 않거나 더 이상 공급하지 않는다.

경제학에서는 이제까지의 이윤 추구를 중단하는 것을 이탈 선택exit option 이라고 부른다. 제임스 뷰캐넌James M. Buchanan에 따르면 자유는 모든 방면으로 이동할 수 있다. 다시 말해서 자유는 이탈하고 진입할 수 있는 권력을 갖고 있다는 것이다.[7]

시장 참여자들에게는 교환관계에서 물러나거나 그것을 중단하는 것이 허용돼 있다. 그러므로 보통의 교환 행위는 자발적인 것이다.

여기서 진입이란 우리가 이익이 생기는 새로운 교환관계를 받아들이는

**7** ) J. M. Buchanan, Economics Between Predictive Science and Moral Philosophy, College Station 1987, 230 이하.

것을 의미한다. 반면 이탈이란 우리가 이런 교환관계를 해체시키는 것을 의미한다. 예를 들어 교환을 위한 상품 공급을 받아들이지 않는 행위는 이탈에 속한다. 최후통첩 형식의 이탈 선택은 해약 통고이다. 노동자의 해고, 이발사의 교체, 신문 구독의 중지, 공급자와의 거래 관계 중단도 이탈 선택에 속한다. 하지만 이처럼 갑작스런 이탈 선택의 형태만 있는 것은 아니다. 점진적인 이탈 선택의 형식도 존재한다. 가격의 인상과 비용이나 가격의 인하는 점진적인 이탈 선택의 예가 된다. 또한 노동자와 하청 업자에게 품질과 성과를 높이라고 요구하는 것도 점진적인 이탈 선택에 속한다.

## 경쟁은 창조인가 파괴인가?

무엇이 관철될 수 있는가? 물질적인 반대급부를 향유하고, 이발을 하고, 포르쉐 자동차를 소유하고, 필요한 생활필수품을 손에 넣기 위해 돈을 얼마만큼 지불해야 하는가? 금전적인 반대급부와 소득을 얻으려면 우리의 노력은 얼마나 많이, 집중적으로, 생산적으로 투입돼야 하는가? 이런 물음들은 이제까지 언급되지 않았던 경쟁과 체계적으로 관련된다. 매일 세계 도처에서 실시되는 수십억의 교환 행위들이 서로 결합되는 것은 경쟁을 통해서다. 그런데 안타깝게도 우리는 이런 사실을 거의 이해하지 못하고 있다.

경쟁은 교환 행위들을 결합시켜 하나의 체계적 통합체로 만든다. 경쟁은 교환 행위들로부터 하나의 시스템을 만드는 것이다. 그런데 이런 시스템은 익명적인 물적 강제Sachzwang, 예를 들면 우리가 유연하게 적응해야 할 구조 변화로서 우리에 대항한다. 경제적으로 세계화된 오늘날 이 시스템은 세계를 포괄하는 하나의 거대한 상호 의존 시스템이 되었다. 모든 사람은 원하던 원하지 않던 간에 이 시스템 안으로 끌려들어가게 된다. 그 결과 이제 시장은 세계시장으로 돼버렸다.

아마 많은 경제학도들이 경제학을 배우던 시절의 나와 비슷한 생각을 하고 있을 것이다. 그들은 이익 교환이 시장 거래의 기초를 형성한다는 사실을 금방 알아차릴 것이다. 그런데 체계적이고 근본적인 관점에서 접근해볼 때 경쟁이란 도대체 무엇인가? 교환과 경쟁은 어떻게 서로 연결돼 있는가?

경쟁이 성립되기 위해서 사람들이 서로 경쟁을 원할 필요는 없다. 다시 말해서 다른 사람을 밀어제치길 원할 필요는 없다. 경쟁은 라이벌 의식과는 상관이 없다. 시장 참여자들은 단순히 자신의 효용이나 소득을 높이길 원하기만 하면 된다. 그런데 그들은 어떻게 효용이나 소득을 높일 수 있는가? 판매자들은 구매자인 자신의 교환 파트너에게 이렇게 말할 수 있다. "저기에 한 공급자가 있다. 사람들은 그에게서 물건을 싸게 구입한다." 혹은 판매자들은 아무 말도 하지 않고 똑같이 행동하면서 다음과 같이 말할 수 있다. "안타깝지만 당신보다 더 많은 돈을 지불하려는 다른 구매자가 있다. 그래서 나는 내 물건을 당신이 아니라 그 구매자에게 팔 것이다." 하지만 실제로 사람들은 이런 말들을 거의 듣지 못한다. 오히려 사람들은 가격표에 더 높은 가격이 씌어 있는 것을 확인하게 된다. 지불 능력이 높은 구매자들이 나타나거나 주저 없이 물건을 구매하게 되면 지금까지의 소비자가격은 무효화된다. 왜냐하면 공급자가 더 높은 소비자가격을 관철시킬 수 있기 때문이다. 지금까지의 교환관계는 구매자와 판매자 양쪽에 이익을 가져다줬다. 하지만 양쪽이 획득한 이익이 충분한 것은 아니다. 그래서 단지 자신의 이익만을 생각하는 교환 파트너는 지금까지의 교환 계약 관계를 파기하거나 수정한다.

경쟁은 교환, 더 정확히 말해서 교환관계 해체의 이면이다. 다시 말해서 경쟁은 다른 교환 파트너의 진입을 위해 선택한 이탈의 뒷면이다. 사람들은 더 많이 제공해야 하고, 더 많은 성과를 보이고, 더 많은 돈을 지불하는 파트너로 바꾼다. 경쟁은 시장 참여자들이 이전보다 더 유리한 교환 계약 관계로 들어가는 것에 따른 불가피한 결과다. 물론 이로 인해 기존의 관계는 해체된다. 그런데 시장 참여자들은 이런 사실을 의식하지 못한다. 소비자가 가까운 가게 대신 멀리 떨어진 대형 마트에서 국수를 구입하는 경우, 국수를 더 적게 사고 쌀을 더 많이 구입하는 경우, 한 회사가 지금까지 구매해온 기계 대신 새로운 기계를 사는 경우, 혹은 전동 자전거 시장이 번성하는 경우 경쟁은 실시되는 것이다.

경쟁의 직접적 효과나 간접적 효과는 잘못 서술될 수 있다. 이탈 선택 없이 더 나은 진입 선택을 하기는 불가능하다. 물론 이런 이탈 선택은 이전의 교환 파트너들에게는 손실을 의미한다. 따라서 그들은 경쟁의 패자가 된다. 그들은 해약을 통보받거나 직장에서 해고당하거나 파산 상태에 빠지게 된다. 따라서 경쟁의 심화는 기아의 증가로 이어질 수 있다. 2008년에 발생했던 식량 가격의 폭등을 동반한 자원 위기를 기억해보라. 이 위기는, 지불 능력이 높은 집단들이 낮은 집단들을 제치고 식량을 비롯한 자원들을 사들였기 때문에 발발했다.[8]

---

**8** ) G. Erber/M. Petrick, "Ursachen und Konsequenzen der steigenden Nahrungsmittelpreise", in: DIW

인도와 중국의 신흥 부유층은 육류를 더 많이 섭취하기 원한다. 그런데 소들은 콩을 먹는다. 이로 인해 쌀 경작과 콩 경작 사이에 면적 경쟁이 일어 난다. 쌀 경작지가 줄어들면서 쌀값이 오르고, 그래서 많은 빈자들이 굶주 리게 된다. 부유해서 육류를 많이 먹는 계층이 가난해서 육류를 적게 먹는 계층에게서 경작 면적을 빼앗는 것이다.

경쟁 과정, 다시 말해서 교환 행동과 경쟁 관계를 포괄하는 시장 과정은 창조적 파괴 과정으로 이해될 수 있다. 오스트리아 경제학자 요제프 슘페터 Josef Schumpeter, 1883~1950는 경쟁을 창조적 파괴 과정으로 간주했다. 창조적 인 것이란 교환 이익 또는 원윈 게임을 의미한다. 좋은 새 상품이나 값싼 옛 상품 혹은 좋고 값싼 상품이 창조적인 것이다. 그리고 새로이 창출된 일자 리도 창조적인 것이다. 왜냐하면 이런 것들은 상호적으로 이익을 발생시키 는 교환 활동을 상징하기 때문이다. 이제 우리는 영리 활동을 하는 존재로 서 새로운 일을 갖게 될 것이다. 아마 조건은 이상적이지는 않지만 이전보 다 더 낫게 될 것이다. 그리고 고용주는 이익을 가져오는 상품을 더 많이 생 산할 수 있게 될 것이다.

파괴적인 것은 경쟁, 파괴된 일자리, 파산, 소득 상실, 실업을 의미한다. 창조적인 것과 파괴적인 것은 동전의 양면이다. 그래서 경쟁은 창조적 파괴 과정으로 이해될 수 있다. 물론 슘페터는 경쟁이 창조적 파괴 과정임을 분 명하게 지적하지 않았다. 하지만 그가, 멈추지 않는 영원한 창조적 파괴의 소용돌이가 만들어내는 '무의미한 파멸'에 관해 언급한 부분[9]에 근거해볼

---

Wochenbericht Nr. 26, 24. Juni 2008.

**9** ) J. A. Schumpeter, Kapitalismus, Sozialismus und Demokratie, 172.

때 그에게 경쟁은 창조적 파괴 과정을 의미한다고 주장할 수 있다.

뒤에서 확인될 것이지만, 표준적인 경제 이론은 창조와 파괴, 교환과 경쟁, 승자와 패자 사이에 존재하는 관계를 인식하지 못한다. 이런 관계를 인식하는 몇 명 안 되는 경제학자들 가운데 하나가 루트비히 폰 미제스다.

> 새로운 품목은 자연스럽게 판매될 수 있다. 또는 소비자들이 다른 품목의 구입을 포기함으로써 팔려나갈 수 있다. 왜냐하면 소비자들이 자신이 원하는 품목의 구입에 돈이 지출하게 되면 다른 상품을 구입할 수 있는 그들의 재정적 여유가 그만큼 줄어들기 때문이다.[10]

소비자들은 어디에서 전동 자전거를 구입할 돈을 마련하겠는가? 그들은 다른 어느 곳에 지급될 돈을 빼내야만 전동 자전거를 살 수 있다. 아마도 그들은 신문 구독을 중지할 것이다. 왜냐하면 근자에 들어와서 사람들은 온라인상에서 신문 내용의 대부분을 볼 수 있기 때문이다.

사람들은 이런 관계를 공급자나 혁신자의 관점에서도 조명할 수 있다. 이런 기업가가 다른 데 돈을 사용하는 것을 줄이는 데 성공한다면 그의 경영은 순조로울 것이다. 그럴 경우 그는 많은 소득을 얻게 되는 반면 관련된 다른 기업가들은 더 이상 소득을 얻지 못할 것이다. 이런 관점에서 보면 경쟁은 '구매자의 달러를 둘러싼 경쟁' 외에 다른 것이 아니다.[11]

시장 과정은 처음에는 제로섬게임이다. 시장 과정이 어떻게 제로섬게임

---

10 ) L. von Mises, Human Action. Treatise on Economics, San Francisco 1963, 263; L. von Mises, "Markt", 133.

11 ) L. von Mises, Human Action. Treatise on Economics, 278.

에서 포지티브섬게임으로 되는지, 그리고 이런 포지티브섬게임을 윤리적으로 어떻게 평가할 것인지에 관해서는 뒤에서 상세히 다룰 것이다. 여기서는 먼저 표준적인 경제학 교과서들이 해명하지 않으면서 칭송하기만 하는 경쟁의 메커니즘에 관해 알아보기로 하자.

우리가 시장에서 다른 참여자들에게 어떤 식으로든 경쟁 압력을 행사하지 않는다면 우리는 이전보다 더 이익이 되는 교환관계로 들어갈 수 없다. 경쟁이 심화되지 않는다면 혁신은 불가능하다. 우리가 기존의 일자리를 파괴하는 방향으로 나아가지 않는다면 우리는 새로운 일자리를 창출할 수 없다. 이런 사실들은 현재 세계시장에서 분명히 확인되고 있다.

독일 사회의 가장 큰 근심거리인 실업이 어떻게 제거될 수 있는지를 다루는 경제 이론들은 창조와 파괴 사이에 존재하는 이런 분리될 수 없는 관계를 제대로 이해하지 못하고 있다. 그 대표적인 예로 경제학자 헬무트 아른트Helmut Arndt의 시각을 들 수 있다.[12]

> (더 많은 교환과 창조를 가능하게 하기 위해) 기존의 무역 장벽을 철폐하고 추가적으로 자유화를 강화하면, 세계적으로 고용은 늘어나면서 실업은 축소될 것이다.

여기서 우리는, 시장이 확대됨에 따라 더 많은 일자리가 창출된다는 관점을 발견할 수 있다. 이 관점은, 시장이 단순화 혹은 자유화되면 될수록 상

---

12 ) H. Arndt, Arbeitslosigkeit und Wirtschaftsentwicklung. Fragen zur Erhaltung der sozialen Marktwirtschaft, Opladen 1996, 61.

황은 더욱 좋아진다고 주장한다. 하지만 이 관점에는 경쟁과의 불가피한 관련성이 은폐돼 있다. 그러므로 이 관점은 잘못된 것이다. 우리가 경쟁을 고려하게 되면 이 관점은 다음과 같이 수정돼야 한다. "기존의 무역 장벽을 철폐하고 추가적으로 자유화를 강화하면, 세계적으로 고용은 줄어들면서 실업은 증가할 것이다."

시장에서는 항상 두 명의 미소 짓는 교환 파트너들과 한 명의 우는 제3자가 존재한다. 두 명의 교환 파트너들은 새로운 거래를 하면서 그것으로부터 이익을 얻는다(이런 이익 획득이 공정한 것인지는 다른 문제이기에 여기서 다루지 않을 것이다). 반면 한 명의 제3자는 관계가 깨진 이전의 교환 파트너로서 해약을 통보받는다. 비용 절감을 위해 해약을 통보받는 경우가 그 예가 될 것이다.

이런 상황은 일반적으로 긍정적인 것으로 간주될 수 있다. 비용의 축소는 모두에게 좋은 것이다. 비용이 낮아지면 우리는 덜 지불할 수 있다. 하지만 여기서 한 쪽의 비용이 다른 쪽의 소득이 될 수 있다는 사실이 간과된다. 비용을 절약하는 자, 곧 비용 면에서 더 유리한 새로운 공급자와 교환관계를 맺는 자는 이전의 공급자에게 손해를 가져다주게 된다.

하지만 함부르크 세계경제연구소 소장인 토마스 슈트라웁하르Thomas Straubhaar는 비용이 항상 다른 이들의 소득이라는 사실을 인식하지 못하고 있다.[13]


비임금 노동비용을 없애고 임금 인하를 동반한 유연한 노동시장을 형성하

---

**13** ) Th. Straubhaar, "Solidarität neu denken", Rheinischer Merkur, 13. Juli 2006.

는 것은 기업에게 비용 절감과 이윤 상승을 가져다준다. 독일의 재화와 서비스 시장에 존재하는 강한 경쟁은 최종 소비자가격을 낮추면서 소비자들에게 이익을 가져다준다. 그 결과 일반적인 생활비가 낮아진다.

이렇게 되면 모든 것이 싸질 것이다. 이에 사람들은 이구동성으로 좋다고 얘기할 것이다. 그런데 국민경제의 관점에서 보면 생활비가 낮아질 경우 경제는 그만큼 수축될 수밖에 없다. 우리가 비용을 0으로 줄이면 국민경제적인 경제 능력은 0으로 떨어진다. 우리가 절약하는 비용은 우리가 얻는 소득 외에 다른 것이 아니다. 모든 것이 더 싸진다면 나의 소득은 낮아진다. 극단적인 경우 나는 어떤 소득도 얻지 못하게 된다. 한 사람이 비용을 절감하면 다른 사람은 더 적은 소득을 얻게 된다. 이 경우 일반적인 생활비는 내려가지 않고 단지 특정한 비용, 예를 들어 저임금 노동자에게 지불되는 비용만 떨어지게 된다.

정말로 경제학 교수들이 이런 기본적 사실을 이해하지 못하고 있는 것일까? 내가 생각하기에는 그렇다. 그들은 창조(비용 절감을 통한 이윤 획득)와 파괴(비용 절감을 통한 손해 발생)가 동시에 일어나지 않는다고 생각한다. 그들은 일반적으로 단지 창조, 예를 들면 새로 창출된 일자리나 윈윈 게임만을 본다. 하지만 창조와 동시에 생겨나는 파괴는 외면한다.

물론 슈트라웁하르가 다른 무엇인가를 의도할 수 있다. 그는 앞의 인용문 마지막 부분에서 일반적인 생활비, 곧 소비를 위한 지출에 관해 언급하고 있다. 그가 이런 언급을 통해 수축되지 않는 경제를 추구하고자 한다면, 전체적인 지출이나 수입을 투자 영역으로 향하게 할 필요가 있다. 또는 전체적인 지출이나 수입을 수출을 증대시키는 데 사용할 필요가 있다. 일반적인 생활비가 낮아지게 되면 고용주는 임금을 낮출 수 있기 때문에 유리해진다. 그리고 사람들은 생활하는 데 돈이 덜 들게 된다. 그런데 이런 상황에서 더 많은 노동자들이 이익을 얻는 것은 아니다. 오히려 자본이 이익을 취하게 된다. 이런 사항에 관해서는 6장에서 상술할 것이다.

이 경우 독일은 하나의 거대한 기업이 된다. 다 아는 바와 같이 기업은 소비하기보다는 생산한다. 그런데 기업은 누구를 위해 생산하는가? 이런 물음에 대해 한스베르너 진은 다음과 같이 대답한다. 값싸게 생산된다는 것은 임금, 사회보장 지출, 세금이 낮아지는 것을 의미한다. 따라서 값싸게 생산될 경우 매출은 줄지 않을 것이다. 이런 경우 하류 계층이나 중·하류계층 대신 상류 계층이 더 많은 상품을 살 수 있을 것이다. 그리고 국내시장을 넘어 전 세계적으로 수요가 늘어날 것이다. 이럴 경우 자본은 한스베르너 진의 비전에 충실하게 된다. 그래서 자본은, 주로 수출을 위해 생산하는 임금 노예로 구성된 군대를 보유하게 된다. 임금이 낮아지고 이윤이 늘어나게 되면 사람들은 덜 소비할 수밖에 없다. 그 결과 소비가 중심적 역할을 수행하는 내수 경제의 가치 창조가 위축되게 된다. 사람들은 소비해서는 안 되며 부자들을 위해 생산에 주력해야 한다. 부자들, 특히 자본소득 취득자들과 그들의 조력자들이 두바이에 있는 것과 같은 부유층 거주지로 이주하지 않는 한, 국내에 그들을 위한 부촌이 형성된다. 그리고 이런 부유층 주거지로까지 상품들이 수출될 수 있다. 독일의 경우도 마찬가지다(아랍에미리트가 침체 상태에 있음에도 부동산업자들은 두바이의 미래를 걱정하지는 않는다.[14] 한 부동산업자가 말한 것처럼, 두바이는 경제적 위기 상황을 극복해야 하지만 그곳 부유한

---

14 ) G. Mingels, "Goodbye, Dubai", Die Zeit, 25. Juni 2009, www.zeit.de/2009/27/Dubai-27?page=all.

사람들은 여전히 자신의 삶의 스타일을 바꾸지 않을 것이다. 아니 바꿀 필요가 없을 것이다).

## 경쟁은 모두에게 이득인가?

시장 과정이 승자와 패자를 체계적으로 양산해낸다고 할 때 시장 논리와 경쟁의 적극적인 전개를 정당화하는 가장 중요한 테제는 경쟁이 만인에게 이익을 가져다주는 과정이라는 것이다.[15] 여기서 이익이란 소수가 아닌 만인에게 도움이 되는 높은 소비 복지를 의미한다. 루트비히 에르하르트Ludwig Erhard는 자신의 경제학적 근본 전제를 다음과 같이 표현했다.[16]

> 만인을 위한 복지와 경쟁을 통한 복지는 분리되지 않고 결합돼 있다. 전자는 목적이고, 후자는 목적에 이르게 하는 수단이다.

에르하르트에 따르면 애덤 스미스가 이해하는 바와 같이 복지가 사회의 다양한 계층들에까지 보편적으로 확대되는 것은 사회보장제도 덕분이 아니다. 오히려 경쟁 덕분이다. 프리드리히 메르츠Friedrich Merz는 이런 에르하르트의 이런 입장을 다음과 같이 요약하고 있다. "시장경제는 그 자체로 사

---

15 ) F. A. von Hayek, Recht, Gesetzgebung und Freiheit, Bd. 2, Landsberg a. L. 1981, 155.

16 ) L. Erhard, Wohlstand für alle, Düsseldorf 1957, 9.

회적이다."[17]

하지만 안타깝게도 이 논증은 너무 축소된 것이다. 그것은 이솝 우화에 나오는 '우유 짜는 소녀'의 계산법에 기초해 있다. 이 논증은 카를 호만Karl Homann의 정식화에서도 발견될 수 있다. 물론 그의 정식화는 경쟁을 정당화하려는 것인데 에르하르트의 경우와 마찬가지로 간략하고 축소된 형태를 띠고 있다.

> 시장경제와 경쟁은 만인, 곧 소비자들의 복리를 위한 (중략) 시스템이다. (중략) 경쟁은 분배보다 더 연대적이다.[18]

무제한적 경쟁에 대한 대안이 분배나 재분배가 아니라 약간 완화된 경쟁이라는 사실은 제외하더라도 이 논증은 하나의 단순한 속임수에 근거해 있다.

언뜻 보면 이 논증은 설득력을 지니고 있는 것 같다. 경쟁이 우리 모두에게 예상하지 못한 복리를 가져다주지 않았는가? 경쟁은 끊임없이 혁신을 가져오고, 우리가 즐겨 구매하는 새로운 상품을 생산하게 해주지 않았는가? 경쟁은 끊임없이 가격을 낮추면서 우리에게 더 많은 재화를 구입하게 해주지 않았는가? 1960년대 초반 가계의 전체 소비지출 중 식료품 지출이 차지하는 비율이 33퍼센트 이상을 기록했는데 반해 오늘날 그 비율은 15퍼

---

17 ) F. Merz, "Steuerwetter und Steuerklima", Referat von Bundesrat Hans-Rudolf Merz am Symposium zum internationalen Steuerwettbewerb, Zürich, 21. Oktober 2005, www.efd.a-dmin.ch.

18 ) K. Homann/F. Blome-Drees, Wirtschafts- und Unternehmensethik, Göttingen 1992, 26.

센트에 불과하다.[19] 이는 과거 사람들보다 오늘날 사람들이 상품 구매에 생계비의 20퍼센트 정도를 더 쓸 수 있게 되었음을 의미한다. 또한 1950년대에 노동자가 토스터를 구매하려면 10시간 노동을 해야 했지만 오늘날에는 두 시간만 일하면 충분하다.[20] 이를 두고 프리드리히 아우구스트 폰 하이에크Friedrich August von Hayek와 밀턴 프리드먼Milton Friedman은 '시장의 기적'을 얘기한다.[21]

물론 이 논증은 우리 모두가 소비자일 뿐만 아니라 생산자이기도 하다는 사실을 간과하고 있다. 나아가 구매력이 높은 소비자들과 낮은 소비자들 사이의 경쟁도 고려하지 못하고 있다. 우리는 종속적인 노동자이건 독립적인 자영업자건 간에 모두 생산자 혹은 공급자다. 그렇지 않으면 우리는 시장에서 구매력 있는 소비자가 될 수 없다(물론 국가로부터 이전소득을 받는 경우는 제외하고 말이다). 생산자로서의 우리는, 시장에서 좋은 상품을 소비자로서의 우리에게 제공할 수 있어야 할 경쟁 압력 아래 존재한다.

이렇게 보면 이 논증은 '우유 짜는 소녀'의 계산법에 기초해 있는 축소된 논증이다. 다시 말해서 이 논증은 우리의 역할을 소비자에만 한정하면서 이와 연관된 생산자로서의 우리의 역할을 무시하고 있다. 소비자로서 우리는 낮은 가격 덕분에 이익을 얻을 수 있다. 하지만 이런 이익 획득은, 생산자로

---

19 ) S. Czajka/K. Kott, "Konsumausgaben privater Haushalte für Nahrungsmittel, Getränke und Tabakwaren 2003, Statistisches Bundesamt, Wirtschaft und Statistik, Nr. 6, 632, www.destatis.de.

20 ) M. J. Perry, "The Miracle of the Market", 4. March 2009, http://mjperry.blogspot.com/2009/03/miracle-of-market.html.

21 ) F. A. von Hayek, Recht, Gesetzgebung und Freiheit, Bd. 2, 240; M. Friedman, "Using the Market for Social Development, Cato Policy Report, November/December 1988, www.cato.org.

서 우리가 소득원을 잃어버리지 않거나 우리의 소득이 줄어들어 구매력이 낮아지지 않는 한에서만, 실현될 수 있다. 낮은 소득은 낮은 가격과 어울리기 때문에 우리 가운데 몇몇은 패배적 소비자가 될 것이다. 아마 우리는 기업의 구조 조정 과정에서 해고될 것이다. 그 덕분에 기업은 임금 비용을 절약하면서 높은 이윤을 얻고 최종 소비자가격을 낮출 수 있게 된다. 하지만 물건을 아주 값싸게 파는 대형 마트가 주위에 생겼다고 하더라도 실업 급여 수급자들은 그것으로부터 그리 큰 도움을 받지 못할 것이다. 왜냐하면 소비자가격이 우리의 소득과 같은 정도로 낮아져 모든 상품 가격이 이전과 동일하게 되는 상황은 거의 전개되지 않기 때문이다. 따라서 우리는 낮은 가격을 통해 이익을 얻을 수 있는 소비자 집단에 속하지 못하게 된다.

한스베르너 진에 의해 사용된 이런 축소된 논증[22]은 아직도 해명되지 않은 채 많은 경제학자들에 의해 선호되고 있다. 나는 아직도 창조와 파괴 사이의 불가피한 관계를 분명히 인식하는 경제학자를 만난 적이 없다. 진에게 중요한 사항은 왜 정부가 경쟁 과정에 개입해서는 안 되는지, 예를 들어 왜 정부가 최저임금을 정해놓으면 안 되는지를 해명하는 것이다. 그는 독일에서 일하면서 보통의 독일 사람보다 낮은 임금을 받고 있는 폴란드인들을 예로 들고 있다. 그에 따르면 그들은 독일을 위해 싸게 일해주고 있다. 그리고 그들 덕분에 독일 고객들은 이익을 얻고 있다는 것이다. 나아가 수공업자들의 노동, 레스토랑에서의 음식 시중 그리고 다른 재화와 서비스가 값싸질 것이라는 것이다.

---

**22** ) H.-W. Sinn, "Warum Mindestlöhne Deutschland schaden", ifo Standpunkt, Nr. 64, 14. April 2005, www.cesifo-group.de.

하지만 독일 고객들 가운데 일부, 곧 수공업에 종사하거나 레스토랑에서 음식시중을 들거나 다른 재화나 서비스를 공급하는 생산자들은 이런 경쟁을 통해 어떤 이익도 얻지 못한 채 손해만 보게 된다. 왜냐하면 그들의 소득원이 없어지기 때문이다. 그들의 손실은 이런 가격 하락으로 생긴 이익을 능가하게 된다. 소득원이 없어져 실업 급여에 의존할 수밖에 없는 해고나 파산의 경우는 더더욱 그러하다.

진도 폴란드인들과 직접 경쟁하는 독일 노동자들이 임금 하락으로 인해 손해를 보고 있다는 사실을 인정한다. 하지만 그는, 독일인들 혹은 (독일의 저임금 일자리가 폴란드의 일반적 일자리보다 조건이 더 좋기 때문에 자발적으로 독일에서 일하고 있는 폴란드인들을 포함해서) 모든 사람들이 경쟁을 통해 이익을 얻는다는 자신의 주장이 더 이상 의미를 가질 수 없다는 사실을 인식하지 못하고 있다.

소비자들만을 고려하면서 생산자들의 일부가 경쟁의 패자가 되고 있음을 간과하는 무한 경쟁 논증은 전혀 기능할 수 없다. 그런데 경쟁의 패자들에게 어떤 일이 일어나는가? 진은 몇몇 사람들의 임금이 줄어들거나 그들이 해고되는 것이 국민경제적으로 결코 손해가 아니라는 사실을 강조한다. 왜냐하면 경쟁의 패자들이 입은 손실은 그대로 고객과 고용주의 이익으로 이어지기 때문이라는 것이다. 그의 견해에 따르면 경쟁 상황에서는 제로섬 게임이 성립한다. 그래서 어떤 사람들이 이익으로 얻으면 그만큼 다른 사람들이 손해를 본다는 것이다. 이런 제로섬게임에도 불구하고 어떤 근거로 진은, 추가적인 경쟁 압력을 통해 경제가 성장하고 독일인의 실질소득이 증가한다고 주장하는 것일까? 손실을 넘어서는 이익은 도대체 어디서 나오는 것일까? 이런 물음은, 경쟁 압력(예를 들면 폴란드 노동자들이 독일 노동시장에 진입하면서 생기는 경쟁 압력)이 없을 경우 생기지 않을 많은 일자리가 창출될 수 있다는 사실과 밀접하게 연결돼 있다. 그런데 이런 일자리들은 이미 이전에도 창출될 수 있었다. 그럼에도 해고된 노동자들은 이런 일자리의 창출을 원하지 않았다. 하지만 이제 그들은 그것을 원해야 한다.


## 전체의 이익을 위해 희생되는 사람들


성장이 어디서 비롯되는지, 그리고 경제 윤리적 관점에서 성장이 어떻게 평가돼야 하는지는 뒤에서 다루기로 하자. 전자에 관해서는 3장에서, 후자에 관해서는 7장에서 살펴볼 것이다. 여기서는 한스베르너 진이 국민경제적인 이익과 손실을 무엇으로 부르는지 알아보기로 하자. 자유로운 글로벌 경쟁에서 발생하는 이익은 국민경제적으로 이중적 의미를 지닌다. 하나는 초개인적인 이익을 추구한다. 이런 이익은 '만인을 위한 선'을 가리킨다. 다른 하나는 경제 이론의 암묵적 윤리를 지향한다. 이런 윤리는 주류 경제학을 특징짓는다.

경제 이론의 암묵적 윤리는 경쟁의 정당화를 추구한다. 진은 경쟁이 독일 전체를 위한 이익을 가져온다고 주장한다. 그러면서도 그는 암시적으로 경쟁의 패자에 관해서도 언급했다. 그럼에도 경쟁 덕분에 전체의 복리가 증가하기 때문에 이런 그의 언급은 무시돼야만 하는가?(여기서 우리가 실제로 이런 복리 증가가 지속될 수 있는지 알지 못한다는 사실은 논외로 하자)

경제학자들은 독일 경제가 평균적으로 세계화로부터 이익을 얻고 있다고 얘기한다. 여기서 우리는 '평균적으로'라는 표현에 주목할 필요가 있다. 경쟁에는 승자와 패자가 있다. 그런데 경쟁의 승자가 얻은 이익은 경쟁의 패자가 입은 손해를 능가한다. 그런데 바로 이런 사실에 근거해서 경쟁 능력이 부족한 시상 참여자에 대한 경쟁 압력이 정당화된다.

주류 경제학의 암묵적 윤리는 공리주의의 윤리, 곧 효용의 윤리다. 제러미 벤담Jeremy Bentham, 1748과 존 스튜어트 밀John Stuart Mill, 1806~1873이 공리주의의 창시자다. 공리주의는 개인의 효용을 증가시키는 것보다 전체의 효용을 극대화시키는 데 더 큰 관심을 갖는다. 따라서 공리주의적 관점에서 어떤 행위가 윤리적인 것이 되기 위해서는 그것이 세계 전체의 효용을 증가시킬 수 있어야 한다.[23]

공리주의의 윤리는 세계 전체의 효용을 극대화하려는 윤리다. 이 윤리에 따르면 '최대 다수의 최대 행복'이 개인의 희생을 통해서만 가능할 경우 개인은 전체의 쾌락을 증가시키기 위해 희생돼야만 한다. 여기서 개인의 행복과 수는 기능적 등가물이다. 안락사 문제에 대한 윤리적 성찰로 유명해진 공리주의자 피터 싱어Peter Singer는 이런 사실을 분명히 했다. 그에 따르면 갓난아기가 기형아일 경우 인구수가 조금 줄어드는 것은 행복의 총량을 감소시키는 것이 아니라 오히려 증가시킬 수 있다(여기서 우리는 싱어의 입장을 상술하지 않을 것이다. 나는 다만 공리주의를 해명하는 과정에서 그의 입장을 조금 소개했을 뿐이다. 그런데 모든 공리주의자들이 싱어의 입장을 공유하는 것은 아님을 밝혀둔다).

---

23 ) J. S. Mill, Utilitarismus, in: O. Höffe (Hrsg.), Einführung in die utilitaristische Ethik, 2. Aufl., Tübingen 1992, 91.

공리주의에서 우리 인간은 도덕적 권리를 갖고 있지 않다. 우리는 단지 개인들을 넘어서는 거대한 신체, 곧 세계의 구성 요소일 뿐이다. 세계만이 도덕적 권리를 갖고 있다. 그런데 여기서 세계는 공동체의 다양한 지체들, 곧 허구적 신체로서의 개인들이 지닌 이해관계의 총합을 가리킨다.[24]

그런데 이런 기상천외한 윤리는 경제 혹은 경쟁 및 경쟁 심화와 무슨 관계가 있는가? 이 윤리에서 행복의 총합은 국내총생산GDP이나 세계총생산과 동일시될 수 있다. 아래의 테제는 공리주의적으로 이해될 수 있다.

세계 전체는 자유무역으로 이익을 얻는다.[25]

일반사람들은 이 명제를 무역, 곧 오늘날 점차 글로벌하게 전개되는 이익 교환을 통해 각 사람의 효용이 증가하고 있다는 식으로 이해한다. 하지만 이는 매우 잘못된 이해다. 이 명제에서 각 사람의 경제 형편이 향상되는 것과 효용이나 부담이 공평하게 분배되는 것은 중요하지 않다. 단지 효율성의 증가, 곧 GDP로 측정되는 총효용의 증가만이 중요하다.

이 명제를 내세우는 사람들은 무역의 증가로 인해 생겨나는 경쟁의 패자들에 관해 거의 언급하지 않는다. 간혹 그들은 경쟁의 패자들에 관해 얘기하기도 하는데 이때 그들은 경쟁의 패자들에게 발생한 손실이 전체 이익의 증가로 메워질 수 있음을 강조한다.[26] 해고 노동자들이 입은 상대적으로 작

---

24 ) J. Bentham, Eine Einführung in die Prinzipien der Moral und der Gesetzgebung, in: O. Höffe (Hrsg.), Einführung in die utilitaristische Ethik, 2. Aufl., Töbingen 1992, 57.

25 ) H. Siebert, Weltwirtschaft, Stuttgart 1997, 173.

26 ) N. Piper, "Angstfaktor Weltmarkt", Die Zeit, 5. April 1996.

은 손해는, 경쟁의 승자들이 번 상대적으로 큰 소득에 의해 메워지기 때문에 정당화될 수 있다는 것이다.

하지만 한 사람의 고통이 다른 사람의 쾌락에 의해 상쇄된다는 것은 윤리적으로 용납될 수 없다. 노동자를 해고시켜 파면 상태로 몰아넣은 고용주가 해고 노동자의 손실보다 더 많은 이윤을 획득했다고 하더라도 그 고용주의 해고 행위는 결코 정당화될 수 없다. 경제학자들은 이런 식으로 더 많은 이윤을 얻는 것을 '배분적 효율'로 지칭한다. '배분'이란 잠재적 사용자나 생산자에게 자원을 할당해주는 것을 의미한다. 자원(노동, 자본, 토지)의 투입을 통해 발생되는 소득이 최대한 높아질 경우 경제학자들은 이때의 할당을 효율적 것이라고 지칭한다. 경제학적 관점에서는 경제가 성장하기만 하면 만사가 오케이다.

주류 경제학자들은, 이런 이익 증가가 누구를 위해 효율적인지, 이런 이익증가가 누구에게 얼마만큼 귀속되는지, 누가 손해 보는 것을 각오해야 하는지에 관심을 갖지 않는다. 그들은 이런 분배 문제가 정치의 소관이라고 생각한다. 그들에게 중요한 것은 가능한 한 큰 파이를 굽는 것이다. 그리고 잘 구워지게 하는 것이다. 그들은 자신이 가치중립적이고 공평무사하다고 주장한다. 나아가 경쟁의 패자가 크게 구워진 파이를 통해 보상받을 수 있음을 강조한다. 이것이 이른바 '칼도어힉스 기준Kaldor-Hicks criterion'이다.

독일의 경제발전평가위원회가 이런 관점을 대표한다.[27] 이 위원회는, 국제적인 노동 분업이 여전히 이익을 발생시키고 있음을 지적하면서도 자유

---

27 ) Sachverständigenrat zur Begutachtung der gesamtwirtschaftlichen Entwicklung, Jahresgutachten: 2004/5. Erfolge im Ausland - Herausforderungen im Inland, 12. November 2004, www.sachverstaendigenrat-wirtschaft.de.

무역이 특정한 부문과 집단에 손실을 끼칠 수 있고 끼치게 될 것이라는 사실도 시인하고 있다. 그럼에도 이 위원회는 자유무역이 가져오는 손실을 심각하게 고려하지 않는다. 이 위원회는, 일반적으로 이익이 손실보다 더 많이 발생하고, 그래서 국민경제가 패배자들을 충분히 보상해줄 수 있음을 강조한다. 그러고 보면 이 위원회는 경쟁의 패자들을 보상하고 그들의 수를 줄이려는 분명한 의도를 갖고 있지 않아 보인다.

재분배를 옹호하는 경제학자들은 소수다. 대부분의 경제학자들은 재분배에 반대한다. 오히려 그들은, 사람들이 서로 관계하는 특정한 상호작용의 논리, 곧 시장 논리와 경쟁 논리를 지지한다. 이때 정당화 전략으로 이용되는 것이 공리주의다. 그런데 공리주의는, 사람들이 '최대 다수의 최대 행복'을 만인의 복지와 혼동할 때에만 효과를 발휘한다. 물론 가상적인 '세계 전체의 효용'을 최대화하려는 것은 완전히 무의미하다.

자원 및 재화의 배분과 소득의 분배는 서로 독립적이지 않다. 자원과 재화는 가장 높은 구매력을 가진 이들에게로 흘러들어가기 마련이다. 그런데 경제학자들이 재분배에 찬성하지 않는 것은 이런 사실 때문이 아니다. 자원과 재화가 고소득층에게 흘러들어가면서 1차적 분배가 진행된다. 그러고 보면 1차적 분배는 시장 과정과 경쟁 과정의 결과다. 시장 과정과 경쟁 과정이 경제 외부적인 요인들에 의해 방해받거나 왜곡돼서는 안 되듯이 1차적 분배도 그렇게 돼서는 안 된다. 경쟁의 패자에 대한 보상, 곧 재분배의 경우도 마찬가지다. 재분배 또한 시장 친화적이고 효율적으로 이뤄져야 한다.

한스베르너 진조차도 지금처럼 암울한 시기에는 자유 시장이 만인의 복리를 증진시킨다는 주장을 더 이상 노골적으로 내세우지 못하고 있다.[28] 그는, 상품과 원료의 국제적 교환이 우리에게 이익을 가져다주지만 동시에 많은 사람들에게 엄청난 손실을 가져올 수 있음을 지적한다. 그 결과 '우리'라는 포괄적 대명사는 사용할 수 없게 됐다.

우리 모두에게 분배돼야 할 파이의 크기는 점점 커지고 있다. 그럼에도 많은 이들은 절대적으로 작은 파이 조각만 얻고 있다. 세계화의 승자는 모든 교역 이윤을 획득하고, 나아가 패자의 파이 조각까지 빨아들이고 있다.

최근 통계자료에 근거해볼 때 이 주장은 현실 세계를 정확히 반영하고 있다. 1992년과 2007년 사이에 상위 10퍼센트의 소득은 31퍼센트 증가했는데 반해 하위 10퍼센트의 소득은 10퍼센트 하락했다.[29] 빈부격차가 상당히 심화되고 있다. 그 결과는 중산층의 축소다.[30] 중산층의 축소를 막기 위해 우리는 무엇을 해야 하는가? 진은 아무 일도 할 필요가 없다고 답변한다. 경쟁의 패자를 위한 보상도 경쟁 압력의 축소도 실시할 필요가 없다는 것이다. 그에 따르면 패자를 보상하는 방안은 노동자 임금의 상승을 부추길 수 있기 때문이다.[31] 사람들이 사회보장제도를 통해 높은 이전소득을 제공

---

28 ) H.-W. Sinn, "Das Dilemma der Globalisierung." Walter Adolf Jöhr Vorlesung, St. Gallen 2004, www. fgn.unisg.ch.

29 ) M. Sauga, "Geschlossene Gesellschaft", Der Spiegel, 9. März 2009, wissen.spiegel.de.

30 ) M. M. Grabka/ J. R. Frick, "Schrumpfende Mittelschicht", DIW Wochenbericht, Nr. 10, 2008.

31 ) H.-W. Sinn, "Basar-Ökonomie Deutschland. Exportweltmeister oder Schlusslicht?", ifo Schnelldienst, Nr. 6, 2005, www.cesifo-group.de.

받게 되면 저임금 부문에서 일하는 것보다 실업 상태에 있는 것을 선호하게 된다는 것이다.

독일은 (다른 나라들과 마찬가지로) 시장경제의 법칙들에 거스르지 않고 상응하면서 분배 정책의 목적에 도달할 수 있다. 하지만 정치적 권력은 경제적 법칙들과 조화될 수 없다.

우리는, 자유시장경제가 그 이름에 걸맞게 자유를 제한하지 않고 확대시킬 것이라고 생각해왔다. 하지만 실제로 자유 시장경제에는 자유, 곧 하나로 일반화될 수 있는 자유와는 다른 힘들이 작동하고 있다. 다시 말해서 한 사람의 자유가 다른 사람의 부자유로 귀결되는 상황을 용납하지 않는 하나의 자유와는 다른 힘들이 존재한다. 진에 따르면 자유 시장경제에는 자유롭고 성숙한 시민들이 정치적으로 결정한 법규들과는 다른 법칙들이 통용된다.

## 패배는 자기 책임?

경쟁을 추진하는 것은 어떤 힘들이냐? 이런 힘들 뒤에는 누가 서 있는가? 여기서 우리는 자연현상이 아니라 사회적 상호작용의 장場으로서의 시장과 관계하고 있다. 오늘날 이런 장이 전 세계를 포괄하고 있음은 물론이다. 그런데 이런 힘들은 사람들과 관계하고 있음에 분명하다. 그렇다면 그들이 힘을 행사하는 것은 윤리적으로 어떻게 평가될 수 있는가? 경쟁 과정을 통해 이룩되는 성장은 어디에서 비롯되는 것인가? 성장의 기계는 어떻게 작동하고 있는가? 성장과 대립하는 가치들은 존재하는가?

앞에서 우리는, 교환이 체계적으로 경쟁 압력을 발생시키고 경쟁의 패자를 만들어낸다는 사실, 다시 말해서 새로운 교환 계약의 체결이 옛 교환 계약의 해지로 이어진다는 사실을 확인했다. 그런데 이런 과정은 점차적으로 진행될 수 있다. 한쪽의 계약 조건을 유리하게 하는 것은 다른 쪽의 계약 조건을 불리하게 하는 것을 의미한다. 그리고 한쪽의 계약 조건을 유리하게 만드는 것은, 공급자들 간의 경쟁이 존재할 때만, 실현될 수 있다.

요즘과 같이 어두운 시기에는 한쪽의 계약 조건을 향상시키는 일이 더 쉬워지고 있다. 도이체 방크의 애널리스트들에 따르면, 경제의 세계화로 인해 자본의 이동성이 높아지면서 기업은 산업입지 이전을 운운하며 노동자들을 위협하고 있다. 그 결과 노동자의 임금이 하락하고 있다는 것이다.[32] 자본에게는 좋은 일이다. 또한 산업입지가 옮겨진 나라의 노동자들에게도 좋은 일이다(그들에게 자본의 위협이 가해지지 않을 때까지만 그렇다). 반면 일자리를 잃어버린 노동자들에게는 나쁜 일이다.

다른 시장 참여자의 소득을 축소하지 않은 채 새로운 소득을 얻는 것은 불가능하다. 계약이 해지되는 경우 소득은 완전히 없어진다. 그러므로 경쟁의 심화와 연결된 시장의 확대가 만인의 복지를 증진시킨다는 명제는 잘못된 것이다.

한쪽에게는 이익을 가져다주는 창조적 역할을 하지만 다른 쪽에게는 손해를 가져오는 파괴적 역할을 하는 경쟁이 지속적으로 패배자를 만들어낸

---

**32** ) Deutsche Bank, Gesellschaftliche Verantwortung. Bericht 2005, www.deutsche-bank.de.

다면, 왜 실업률은 100퍼센트가 되지 않는가? 그런 경우 최종적으로 모든 이들은 경쟁 압력에 노출되면서 앞서거니 뒤서거니 하면서 소득 상실을 경험해야만 할 것이다. 그렇게 될 경우 현재의 높은 실업률은 훨씬 더 상승할 것이다. 그런데 이 대목에서 경제학자들은, 이런 실업과 소득 상실이 단지 일시적 현상에 불과하다고 강조한다. 왜냐하면 실업자들이 새로운 일자리를 발견하기 때문이라는 것이다. 경제는 성장하기 마련이다. 이런 의미에서 경제는 제로섬게임은 아니다. 그런데 실업이 일시적 현상이라는 사실은 어떻게 증명될 수 있는가? 이런 사실 덕분에 만사가 오케이일 수 있는가?

경제 사상사에서 이 질문에 대해 처음으로 답변한 학자가 장바티스트 세 Jean-Baptiste Say이다. 그는 비용을 절감하는 기계의 도입으로 실업이란 악이 발생하게 된다고 지적하면서 다음과 같이 주장했다.

> 하지만 이 악은 단지 일시적인 현상이다. 이런 악은 혼자의 힘으로 스스로를 빠르게 치유한다.

이런 악이 혼자의 힘으로 치유된다고 했는가? 그리고 그것이 전혀 문제가 되지 않는다고 했는가? 세이식으로 사고하면 우리는 사람들을 다시 즐겁게 만들어줄 수 있다. 왜냐하면 실업 문제는 저절로 해결되기 때문이다. 물론 단기적으로 실업으로 인해 어려움이 생길 수 있다.[33] 하지만 장기적으로는 모두가 승리할 수 있다.[34]

---

33 ) H. Arndt, Arbeitslosigkeit und Wirtschaftsentwicklung. Fragen zur Erhaltung der sozialen Marktwirtschaft, Opladen 1996, 93.

34 ) M. Neumann, Wettwerbspolitik. Geschichte, Theorie und Praxis, Wiesbaden 2000, 4.

여기서 비밀은 '할 수 있다'에 숨겨져 있다. 이런 속담이 있다. '사람은 자신이 할 수 없는 것을 배워야 한다.' 사람은 무엇인가를 배워야 한다. 특별히 행동하기 위해 그래야 한다. 경쟁의 패자들은 손해를 감수하지 않으려고 한다. 감수하게 될 경우 그들은 실업자와 무소득자가 되기 때문이다(물론 이때 그들은 사회보장제도에 의해 이전소득이 주어져 완전히 소득을 상실하지는 않을 것이다). 그래서 그들은 무엇인가를 한다. 그들에게 어떤 다른 것이 남아있지 않기 때문에 그들은 특별한 무엇인가를 한다. 그들은 아주 특별한 것을 배운다. 그들은, 자신의 가능성을 다시 살리기 위해서, 인간이 무엇을 해야만 하는지, 그리고 어떻게 사고해야 하는지를 배운다.[35] 이것이 세계의 경제화의 출발점이다.

따라서 경쟁의 패자들은 결코 소멸될 필요가 없다. 오히려 그들은 경쟁의 장場에 머무를 수 있다. 그 결과 세가 말한 악은 더 이상 확인될 수 없다.

> 극심한 경쟁 과정에서 어떤 경제적 존재들은 사라질 것이다. 그런데 이것은, 사회가 노동 분업의 구조에서, 자신이 원하는 일자리가 아닌 다른 일자리를 찾아야 하는 패자들을 필요로 한다는 사실을 의미하는 것이지, 그들이 굶어 죽게 된다는 사실을 뜻하는 것은 결코 아니다.[36]

하지만 여기서 어떤 것도 혼자의 힘으로 되는 것은 없다. 오히려 경제주체들은 무엇인가를 해야 한다. 그것도 자기 혼자, 자기 책임적으로 해야 한

---

35 ) N. Luhmann, Die Wirtschaft der Gesellschaft, Frankfurt am Main 1988, 56.

36 ) L. von Mises, Die Gemeinwirtschaft. Untersuchungen über den Sozialismus, Jena 1922, 308-309.

다. 그들은, 제대로 된 기술을 습득하고, 더 유연하게 되고, 더 많은 능력을 투입하고, 직장에서 승진하는 데 더 많은 에너지를 쏟기 위해서 시장 지향적인 교육을 계속 받아야 한다. 요컨대 그들은 경제적으로 적극적이어야 한다. 그들이 새로운 소득원을 개척하게 되면 그때에야 비로소 경제가 성장하게 된다. 그리고 슘페터가 얘기한 창조적 파괴의 영원한 소용돌이가 새로이 시작되게 된다.

경쟁은 강제하는 것이다. 하지만 실업이나 소득 결핍과 같은 특정한 상황을 감내하라고 강제하는 것은 아니다. 오히려 경쟁은 특정한 행위를 강제하는 것이다. 이런 맥락에서 기업가 혹은 기업가 정신이란 개념이 언급되는 것이다. 여기서 기업가란 자기 기업을 스스로 운영하는 사람이 아니라 자본주의의 특성에 아주 잘 적응된 삶의 방식을 가진 존재를 의미한다.[37]

우리가 사고와 행위에서 기업가 정신과 그것의 실제적인 현상을 살펴보기 전에 우리는 먼저 누가 기업가 정신을 강요하는지 따져볼 필요가 있다. 경쟁의 논리가 지닌 특성은, 경쟁의 압력을 강화시켜 경쟁의 패자를 만들어낸 원인 제공자가 사라진다는 데 있다. 이럴 경우 우리는 자신 이외에 불평을 쏟아놓을 수 있는 다른 대상을 갖지 못하게 된다. 이런 상황을 두고 자기 책임성이 언급된다. 경쟁 압력의 원인 제공자는 보이지 않는다. 그는 시장의 보이지 않는 손 뒤로 달아나거나 숨어버린다. 그러면서 프리드리히 아우구스트 폰 하이에크Friedrich August von Hayek를 비롯한 모든 시장 숭배자들이 간절히 바라는 시장의 기적이 일어난다.

---

37 ) M. Weber, "Die protestantische Ethik und der Geist des Kapitalismus", in: Gesammelte Aufsätze zur Religionssoziologie, Bd. 1, Tübingen 1988, 37.

# :3:

# 절대 권력,
# 시장

지금까지 우리는, 경쟁이 교환, 더 정확히 말해서 이익 교환으로부터 생겨난다는 사실을 살펴보았다. 경영자 쪽에서는 고용 관계와 같은 교환관계가 언젠가 이윤을 가져온다고 생각한다. 나아가 이런 이윤이 더 높아질 수 있다고 생각한다. 나는 1장에서 BMW 경영진의 목표를 소개했다. BMW 경영진처럼 많은 경영자들이 노동자 해고를 통한 비용 절감이란 야심찬 목표를 내걸 수 있다. 이런 목표를 통해 기업의 이윤이 더욱 증대돼야 한다. 그러고 보면 지금까지의 교환 계약 관계는 겉으로는 고용주 혹은 자본가에게 큰 이익을 가져다준 것처럼 보이지만 실제로는 그다지 큰 이익을 제공하지 못했던 셈이다. 자본 이익률은 26퍼센트까지 올라갈 수 있음에도 지금까지 그것은 21퍼센트에 머무르고 있다. 기업들은 자본 이익률을 5퍼센트 정도 더 올리지 못한 채 수십억 유로를 라인 강에 버리고 있는 셈이다.[1]

자본가가 노동자를 해고하지 않은 채 이윤을 얻었다면, 그는 실질적 손실을 입은 것은 아니다. 하지만 그는 기회비용 손실을 입은 것이다. 이런 가

---

1 ) D. C. Mueller, "Wettbewerb und Leistung auf zwei ungewöhnlichen Märkten," in: Perspektiven der Wirtschaftspolitik, Bd. 8, Sonderheft, 135.

설적 손실을 피하는 것을 전문용어로 경제적 부가가치Economic Value Added[2]라고 부른다. 경제적 부가가치가 발생하지 않았다는 것은 가치, 곧 자본소득의 발생이 가능함에도 더 이상 어떤 가치도 생겨나지 않았음을 의미한다.

하나의 예를 들어보자. 2006년 2월 15일자 《노이에 취르허 차이퉁Neue Zürcher Zeitung》은 "코메르츠방크Commerzbank가 다시 가치를 창조한다"는 표제 아래 한 기사를 내보냈다. 무슨 일이 일어난 것일까? 코메르츠방크의 순이익이 3억 9,300만 유로에서 11억 7,000만 유로로 증가하면서 배당금도 두 배로 늘어났다는 것이다. 이 기사는 우리에게 두 가지 사항을 강조하고 있다. 첫째, 단지 자본소득만이 가치 창조적이라는 것이다. 반면 거래를 통해 얻어지는 다른 모든 이익들은 가치 파괴적인 것으로 간주된다. 둘째, 사람들이 다른 어느 곳에서 더 이상 가치를 얻을 수 없는 경우에만 가치는 창조된다는 것이다.


## 이기적인 경제적 인간(homo oeconomicus)


경제적 인간은 위의 두 가지 사항을 수용하면서 자신의 사고를 전개한다. 경제학자들은 인간을 경제적 인간으로 이해한다. 경제적 인간은 이익을

---

2) 역자 주: 경제적 부가가치란 기업이 영업 활동을 통해 창출한 순 가치의 증가분으로서 세후 순 영업이익에서 투하자본에 대한 자본비용이 공제된 잔여 이익을 가리킨다. 이런 잔여 이익은, 채권자 및 주주의 리스크 부담에 대한 코스트와 중앙정부 및 지방 공공단체에 의해 부과된 세금을 영업이익으로부터 차감한 순이익이기 때문에 본래 주주에게 전액 귀속돼야 한다. 만일 경제적 부가가치가 플러스이면 이는 현시점에서 주주의 기회비용을 초과해서 경제적으로 새로운 가치를 창조했음을 의미한다.

얻기 위해 교환을 하고, 항상 타인과 경쟁하면서 더 많은 것을 얻어내길 원하고, 이런 경쟁 과정을 통해 만인을 위한 복지를 가능하게 하는 존재이다. 그런데 우리는, 경제적 인간이 복지를 증진하기 때문에 경제학자들이 경제적 인간을 좋아하는지, 아니면 경제적 인간이 이익 교환을 주장하기 때문에 경제학자들이 경제적 인간을 좋아하는지를 물을 수 있다. 또한 경제학자들이, 자신이 추구하는 사회 모델, 곧 자기 이해를 최대화하려는 사람들로 구성된 사회 모델의 중심기둥인 순수한 이익 교환을 좋아하는지를 물을 수 있다. 내가 보기에 경제학자들은 복지 증진을 근거로 해서 경제적 인간을 정당화하고 있다.

좀 깊이 생각해보면 경제적 인간은 정당화될 수 없다. 인간이 정말 경제적 인간인지 아닌지, 혹은 수학공식을 만들어내는 데 유용하기 때문에 가정적 구조가 중요한지 아니면 우리가 참고하기 위해서 가정적 구조가 중요한지 하는 것은 경제학자들에게 무의미한 물음이다. 경제학자들은 경제적 인간을 모범적인 행동 주체로 이해한다. 따라서 경제적 인간만이 경제적 표준에 따라 합리적으로 행동하는 존재로 간주된다. 결국 그들에게는 경제적 인간처럼 행동하는 것만이 바람직한 것이 된다.

경제적 인간은 무엇을 하는가? 경제적 인간은 자신의 효용을 극대화한다. 그런데 효용이란 무엇인가? 경제적 인간이 상상하는 모든 것이다. 앞에서 언급한 바와 같이 경제학적 관점 혹은 경제주의적 관점에서 선호는 순수하게 사적인 것이다(방법론적 개인주의). 이는 경제적 인간이 자신이 무엇을 원하고 무엇을 해야 하는지 이미 알고 있음을 의미한다. 하지만 경제적 인간에게 다른 이들에 대한 의무나 책임과 같은 당위적 개념들은 완전히 낯선 것이다. 경제적 인간은 이런 당위적 개념들이 무엇을 의미하는지 전혀 이해하지 못한다. 헤겔식으로 말하면 경제적 인간은 다른 사람에게 무관심한 존재다.[3] 경제적 인간은 자신과 동일한 것을 느끼지 못하는 다른 사람에게 얘기할 무엇인가를 갖고 있지 않다. 헤겔은 이렇게 주장한다. "다른 말로 하면, 이런 인간은 발로 인간성의 뿌리를 밟는 존재다."

자신의 효용 혹은 이익을 극대화하고자 하는 사람은 효용이나 이익의 극대화가 어떻게 실현될 수 있는지에만 관심을 집중시킨다. 그는 기계적이고 도구적인 것만을 생각하면서 '어떻게'에만 관심할 뿐 '무엇'에는 관심이 없다. 그는 '그것은 원래 무엇이 돼야 하는가?', '올바른 것은 무엇인가?'라는 문제를 염두에 두지 않는다. 또한 다른 사람과의 관계도 고려하지 않는다. 대신 그는 시장에서의 영향력과 권력을 생각한다. 구체적으로 지불 능력, 효율성, 생산력을 생각한다. 또한 그는, 경제주체들이 기업에게 가능한 한 높은 효용을 얻게 하는 기회를 제공할 것인지 제공하지 못할 것인지에 관심한다. 이런 기회를 제공하지 못하는 사람은 기업에서 해고된다. 반면 이런 기회를 제공하는 사람은 기업의 이익 교환에 참여한다. 그런데 다른 경쟁자들에게 더 좋은 기회를 제공해야만 할 때 어떤 일이 일어날까? 이럴 경우 경제적 인간은 직접적으로 도덕 원칙, 곧 동료 인간 존중의 원칙을 훼손한다. 경제적 인간은 동료 인간을 생각을 가진 엄연한 주체로 인정하기보다는 자기 이익 추구의 대상으로 간주한다.

도덕 원칙에 관해서는 4장에서 상술될 것이다. 여기서는 우선적으로 돈이 매개된 이익 교환의 장場으로서의 시장에 관해 논의해보기로 하자. 수요자는 자신의 효용을 극대화하려고 한다. 욕심은 활발하게 움직이지 마련이

---

**3** ) G. W. F. Hegel, Phänomenologie des Geistes, Frankfurt a. M. 1986, 64 이하.

다. 물론 공급자도 자신의 효용, 곧 소득이나 이윤을 극대화하려고 한다. 이런 공급자의 태도는 일반적인 것이다. 왜냐하면 돈은 유용한 모든 것을 살 수 있기 때문이다.

효용 극대화의 전형적인 사례는 이윤 극대화다. 여기서 이윤 극대화란 가능한 한 높은 이윤을 획득하기 위해서 온갖 노력을 다하려는 것을 의미한다. 그런데 이윤 극대화는 효용 극대화와 마찬가지로 정당화되기 힘들다. 이윤 극대화에는, 경제 영역에서 이윤이라는 가치가 고려돼야 할 모든 것이라는 사실이 전제돼 있다. 따라서 이윤 극대화에는 도덕 원칙의 훼손이 미리 프로그램화돼 있는 것이다. 헤겔식으로 얘기하면 이윤을 극대화하려는 인간은 다른 사람들에 대해 무관심한 존재다. 이런 존재는 자신의 이해관계만을 관철하려고 한다.

경제학자들이 합리성이라고 지칭하는 것은 실은 이윤 극대화 혹은 효용 극대화다. 그런데 이런 합리성을 두고 막스 호르크하이머Max Horkheimer는 도구적 이성, 위르겐 하버마스Jürgen Habermas는 전략적 행위, 일반인들은 욕심이라고 부른다. 경제학 혹은 시장 이론의 타락은 시장의 기본적 작동 방식이 이익 교환이라는 전제에서 비롯된다. 다시 말해서 이익이 시장 참여자들이 관심을 갖고 있는, 그리고 관심을 가져야 할 모든 것이며, 그 외에 다른 모든 것은 비합리적이라는 가정에서 생겨나는 것이다. 우리는 이런 사실을 다른 식으로 정식화할 수 있다. '경제학의 타락은, 비시장적 관점들을 부인하는 데서, 그리고 그것들을 거부하고자 하는 사람들에게 그것들을 제거할 수 있는 이데올로기적 무기를 제공하는 데서 비롯된다.'

## 이윤이 전부가 아닌 시장의 현실

우리 모두가 이윤 극대화를 추구하는 것은 아니다. 우리는 시장 이익을 추구한다. 하지만 그렇다고 해서 우리가 경제적 인간으로 변하는 것은 아니다. 우리는 소득이나 이윤을 얻길 원한다. 하지만 우리는 이익과 관계없는 관점을 가질 수 있다. 이렇게 보면 다양한 교환관계들로 이루어진 시장은 다양하고 특별한 비시장적 관점들로 채워져 있다고 할 수 있다. 몇 가지 예를 들어보자.

유한회사 헤레우스 홀딩의 회장 위르겐 헤레우스Jürgen Heraeus는 자기 기업이 높은 이윤의 추구를 목적으로 삼고 있다고 말한다. 그러면서 자기 기업이 지금보다 더 높은 이윤을 획득하는 것은 그 자체로 가능하다고 주장한다.[4]

> 만일 우리가 상장된 주식회사이고 헤지 펀드에서 우리 회사의 주식을 갖고 있다면, 정리될 수 있는 부수적인 것들과 감축될 수 있는 인력들이 보이게 될 것이다.

그런데 이 회사는 왜 그렇게 하지 않을까? 이 회사가 상장된 주식회사가 아니기 때문일까? 노동자들이 가치 창조의 공동 주체임을 인정하기 때문일까? 지금보다 더 높은 이윤을 획득하는 것만이 중요한 것이 아니기 때문

---

4 ) J. Heraeus, "Die Gesetzespläne zur Managervergütung sind ein Irrweg", Frankfurter Allgemeiner Zeitung, 14. März 2005.

일까?

2002년 《아메리칸 이코노믹 리뷰American Economic Review》에 나온 한 연구
에 따르면 전형적인 가족 기업은 자기 기업 대신 상장회사에 자본을 투자
하면 더 높은 이윤을 얻을 수 있다. 그런데 이런 가족기업은 왜 그렇게 하지
않을까? 현재의 기업가 혹은 그의 선조들에 의해 정초된 본질적 가치가 존
재하기 때문일까? 일반적으로 풍부한 재정보다 좋은 제품을 지향하는 것이
바람직한 기업 경영 방식일까? 비시장적 관점들이 존재하지 않기 때문에
어떤 사람도 이런 문제들에 대해 답변하지 못하는 것은 아닐까?

경영학의 대가 피터 드러커Peter Drucker, 1909~2005는 1998년 한 인터뷰에
서 다음과 같이 말했다.

재무분석사들이 결코 이해하지 못할 사항이 있다. 사실 그런 것이 경제다.
재무분석사들은 기업이 돈을 버는 곳이라고 생각한다. 하지만 기업은 신발
을 만드는 곳이다.

2006년 12월 투자회사 KKR 페르미라가 민영방송 프로지벤자트아인스
ProSiebenSat.1를 인수하면서 지도적인 종업원들을 위한 주식 소유 참여 프로
그램들에 관해 토론했다. 하지만 《슈피겔》에 따르면, 이 투자회사는 TV 프
로그램과 그것의 내용에 관해서는 언급하지 않았다. 점점 사모 펀드로 변해
가는 민영방송에서 TV 프로그램과 그것의 내용은 중요하지 않다. 그것들
은 단지 주변적인 사항에 불과하다. 이윤 극대화의 측면에서 보면 그것들은
목적을 이루기 위한 수단에 불과할 뿐이다. 따라서 그것들은 점점 상업적인
것으로 돼간다. 물론 지금까지는 그렇지 않았다.

만화가 비코 폰 뷜로Vicco von Bülow도 이런 사실을 인식하고 있다.[5] 그는 "오늘날 모든 사고가 오로지 하나를 중심으로 돌고 있는 것에 관해 심히 유감스럽게 생각한다. (중략) 오직 돈만이 중요하다. 오락 부문에서도 마찬가지다." 그가 자신의 만화에서처럼 어떤 방식으로든 살 수 있었던 이래로 돈은 그에게 결정적인 것이 되지 못하고 있다. 그렇다면 무엇이 그에게 결정적인 것인가? 이에 그는 '생각이 좋은가'라는 질문을 던진다. 생각을 통해서 우리는 이윤을 기대하지 않은 채 많은 돈을 벌 수 있다. 이윤 극대화의 측면에서 보면 이런 생각은 방해 요소 외에 다름이 아닌 데도 말이다.

물론 이런 비시장적 혹은 비영리적 관점들이 무의미한 것은 아니다. 오히려 자신만의 특별한 것을 지니고 있다. 경제와 시장은 예나 지금이나 가치와 의미의 관점들로 채워져 있다. 인간적인 시장경제를 결정하는 것은 바로 이런 가치와 의미의 관점들이다. 그런데 역설적이게도 비영리적인 관점들은 돈을 벌어들일 수 있다. 그럼에도 불구하고 1장에서 언급된 새로운 극단적 경영 방식이 높은 이윤의 획득을 목적으로 삼는 투자자들에 의해 채택되면서 비영리적인 관점들은 발견되고 제거된다. 이것은 세계를 경제화하는 프로그램으로 볼 수 있다. 프리드리히 아우구스트 폰 하이에크는 이런 프로그램을 두고 '발견 과정으로서의 경쟁'을 얘기한다.

새로운 극단적 경영 방식의 본질적 특성은 비영리적인 관점들의 제거다. 물론 이런 극단성은 창조적 파괴 과정의 한 표현이다. 이 부분을 좀 더 상세히 해명하기 위해 이전의 학자들이 주장한 바를 살펴보기로 하자. 이런 작업은 뒤에서 다루게 될 질문들, 곧 누가 이런 과정을 추동하는 세력인지, 성

---

5 ) V. von Bülow, "Es geht nur noch um Geld", Der Spiegel, Nr. 52, 2006.

장은 어디에서 비롯되는지, 성장으로 인해 어떤 가치들이 위태롭게 될 것인지 하는 물음들에 답변하는 데 도움을 줄 것이다.


## 비시장적 관점들에 눈감다


막스 베버는 자신의 획기적인 연구 《프로테스탄트 윤리와 자본주의 정신》에서 개신교의 특정한 형태들, 특히 칼뱅주의와 청교도주의가 근대적인 자본주의적 경제의 길을 열었다는 사실을 보여주고자 했다. 물론 그전에도 시장경제는 존재했었다. 하지만 그것은 전통주의적인 경제가 표현된 것이었다. 이런 맥락에서 칼 폴라니Karl Polanyi, 1886~1964는 다양한 가치 관계와 의미 관계에 착근된 경제에 관해 얘기했다.

전통주의, 곧 자본주의적 경제 관계 안에 비시장적인 관점들이 포함돼 있는 경향은 19세기 중반까지 직물 산업의 선대업자先貸業者[6]에게 주어졌던 통상적인 수입에서 분명히 확인될 수 있다. 베버는 선대업자의 생활을 다음과 같이 서술하고 있다.[7]

적정한 영업시간은 대략 하루에 5~6시간이었고, 때로는 그보다 훨씬 적었다. 단 대목에는 그 이상이었다. 5~6시간은 그럭저럭 생활해나갈 수 있을 만

---

6 ) 역자 주: 선대업자란 수공업자에게 미리 돈을 지불하고 제품이 생산되면 판매하는 상인을 뜻함.

7 ) M. Weber, "Die protestantische Ethik und der Geist des Kapitalismus", 51.

큼의 시간이었다. 매상이 오르는 경우에는 조그마한 재산을 형성하기에 충분한 영업시간이었다. 선대업자들 사이의 경쟁은, 그들이 영업 원칙에 대해 서로 일치하고 고객들이 자주 방문했기 때문에, 비교적 완화된 형태를 보이고 있었다. 초저녁에 술을 마시는 모임, 동호회, 완만한 생활 템포도 이런 경쟁완화에 기여했다.

여기서 중요한 점은 선대업자들이 돈을 더 많이 벌 수도 있었다는 사실이다. 이후에 선구적 기업가로 불린 사람들이 등장했을 때 확인된 바와 같이, 선대업자들은 고갈되지 않는 이윤을 확보할 수 있는 기회를 발견했다. 하지만 선대업자들은 이윤을 확보할 수 있는 기회를 이용하지 않았다. 분명히 그들로 하여금 이런 기회에 접근하지 못하도록 하는 다양한 종류의 비시장적 관점들이 존재했다. 물론 그들은 이런 관점들을 의식하지 못했을 수도 있다. 분명히 그들은 기회비용을 생각하지 않았다. 다시 말해서 그들은, 자신들이 처분할 수 있는 자원을 이익이 나는 방향으로 사용하지 않을 때 그들이 잃게 되는 것을 생각하지 않았다. 이것이 영리 활동에 제한적으로 힘을 쏟거나 안락한 영리 활동을 추구하는 자기 행복의 관점이다. 경제학자들은 이런 관점이 직장에서 여가를 즐기는 분위기를 조성한다고 비난한다.

노동에 전념해서 높은 보상을 받는 것과는 다른 방식으로 물품을 만들고자 하는 수공업자들이 지닌 고전적이고 의미를 부여하는 에토스도 이런 관점에 속한다. 노동자, 하청 업자, 경쟁자와 공정하고 우호적인 관계를 맺는 것도 이런 비영리적 관점에 포함된다. 나아가 비용 절감이 장부상의 수입을 가져올 뿐만 아니라 노동자들의 소득 감소도 초래할 수 있기 때문에 위기 상황이 아니라면 비용 절감에 주저하는 입장도 이런 관점에 속한다.

존 스튜어트 밀John Stuart Mill은, 사회적 관습이 강자로부터 약자를 가장 강력하게 보호해줄 수 있다고 강조했다. 관습적으로 우리는 다른 사람들과 인간적인 관계를 맺는다. 우리는 다른 사람들을 자기 이익을 증진하고 자기 분야에서 성공하고 자기경력을 쌓기 위한 수단으로 삼지 않는다. 우리는 시장을 두고 잠재적으로 항상 경쟁하는 상황에서 교환 파트너를 경쟁을 회피하기 위한 출구로 이용하는 것은 아니다.[8] 우리는 서로 대립해서 자신의 몫을 가능한 한 크게 키우려고 하는 것은 아니다.

그런데 대학에서 경제학을 배워 기회비용을 생각하는 선구적 기업가의 등장으로 상황이 달라졌다. 막스 베버에 따르면 전통주의적 특성을 지닌 선대업의 안락함이 어느 순간 갑자기 깨져버렸다.[9] 그는 한 선대업자 가족에 속한 젊은 남자에 관해 얘기한다.

> 그는 도시에서 시골로 내려가 자신이 필요한 직공들을 세심하게 선발하고, 그들의 의존성과 그들에 대한 통제를 강화하고, 농부였던 그들을 노동자로 교육하고, (중략) 개별적으로 고객들을 모았다. (중략) 그는 제품의 질을 고객들의 욕구와 소망에 맞추면서 그들의 마음에 드는 방법을 알았고, 그리고 동시에 박리다매薄利多賣의 원칙을 실행하기 시작했다.

이런 과정을 통해 그 젊은 남자는 전통주의적 경제의 소박함과 평화로움을 창조적으로 파괴했다.

---

8 ) W. Kerber, Evolutionäre Marktprozesse und Nachfragemacht, Baden-Baden 1989, 61.

9 ) M. Weber, "Die protestantische Ethik und der Geist des Kapitalismus", 31.

위의 인용문에서 일어난 것은 오늘날에도 계속 일어나고 있다. 더구나 최근에는 이런 과정이 더욱 강화되고 있다. 오늘날에는 야심 있는 MBA 출신들, 맥킨지 컨설턴트들, 사모펀드 매니저들이 인용문에 나오는 젊은 남자에 해당된다. 그들은 자신도 모르게 영업 관계 안에 존재하는 모든 비영리적 관점들(혹은 전통과 관습)을 알아내고 발견하기 시작한다. 그러면서 이런 관점들을 체계적으로 제거하려고 한다. 두 명의 맥킨지 컨설턴트들은 사모펀드들에게 컨설팅해주는 브로슈어에서 철저하게 공평무사하게, 다시 말해서 역사적 전개 과정에서 빠져나와 그것과 더 많은 거리를 유지하면서 기업 경영을 바라볼 필요가 있다고 제안한다.[10] 그들은 가치를 파괴하는 기업 분할을 전망한다. 여기서 '가치를 파괴하는'이란 수식어는 보통 사람들이 생각하는 것처럼 '손실을 가져오는'이란 의미를 지니지 않는다. 오히려 '가능한 한 최대의 이익을 획득하지 못하는'이란 뜻을 갖고 있다. 물론 기업은 가치 파괴자들을 밀쳐내고 아웃소싱하고 구조 조정해야 한다. 여기서 구조 조정이란 해당 기업이 더 많은 이익을 얻기 위해 노동 강도를 강화하거나 노동을 유연화하는 것을 의미한다. 이 브로슈어는 극단적 조처를 초래하는 공평무사한 관점에서 보면 독일은 커다란 잠재력을 지닌 나라라고 주장한다.

어떤 이유에서 그렇게 주장하는가? 독일 경제, 곧 라인형 자본주의가 아직까지 많은 비시장적 관점들이나 전통들로 채워져 있기 때문이다. 투자자들이나 높은 수익을 추구하는 경영자들과 더불어 컨설턴트들은 이런 관점들이나 전통들을 제거하고 있다. 이런 경영모델은 사회적 시장경제를 창조

---

10 ) J. Ihring/G. Kerschbaumer, "Erfolgreich umstrukturieren mit Private Equity," in: Akzente, Nr. 22/2001.

적으로 파괴하는 패러다임이다. 이 패러다임은 자본과 자본에 봉사하는 이들에게는 창조적인 반면, 그 밖의 사람들에게는 파괴적이다. 특히 그것은 밑으로부터의 사회적 시장경제에는 파괴적이다. 왜냐하면 사회적 시장경제는 사회보장제도(위로부터의 사회적 시장경제)를 통해서뿐만 아니라 교환관계가 사회적인 관점들과 실제적인 과제 수행 방안들로 채워져 있다는 사실(밑으로부터의 시장경제 – 역자 첨가)을 통해서도 특징지어지기 때문이다.

실제로 사회적인 관점들과 실제적인 과제 수행 방식들은 아주 무난하게 채워지고 있다. 이런 채워짐은, 사람들이 영업하고 노동하고 직업을 추구하고 고객과 관계를 맺는 방식이다. 고객들은 단지 돌아다니는 돈주머니로서만 행동하지 않는다. 맥킨지가 모든 사람들로 하여금 가치 증진(이윤 증대 혹은 자본 가치 극대화)을 기업 경영의 핵심 목표로 정립하도록 하는 데서 자신의 과제를 발견하고 있다는 사실을 고려해보면, 우리는 사람들이 이윤 극대화에 모든 것을 걸고 있지 않다는 것을 분명히 알 수 있다.[11] 그렇다면 이전에는 어떠했는가? 기업들이 이윤 혹은 재정 흑자를 추구했음에는 분명하다. 하지만 그것들은 이윤 획득에 모든 것을 걸지 않았다. 그들은 이윤을 획득하려고 노력했지만 이윤 극대화를 추구하지는 않았다.

선구적 기업가들(사모펀드 매니저뿐만 아니라 BMW와 같은 가족 기업의 경영자도 선구적 기업가들에 속한다)은 이윤 극대화를 추구한다. 그들은 파괴할 무엇인가를 찾는다. 그들은 우수하고 견실한 기업을 발견해낸다.[12] 이런 기업은 이윤을 추구한다. 하지만 그것의 자본 이익률은 25퍼센트에 못 미친다.

---

11 ) J. Ihring/G. Kerschbaumer, "Erfolgreich umstrukturieren mit Private Equity".

12 ) D. Pinkerton/A. Joy, "Private equity ist effizienter als der Öffentliche Aktienmarkt", Finanz und Wirtschaft, 5. Mai 2004.

이에 경제주의자들은 이렇게 얘기한다. "이런 기업의 소유주는 기업의 잠재력을 개발하는 데 거의 기여하지 못하고 있다. 다시 말해서 그는 이용할 수 있는 모든 것을 이용하지 못하고 있다. 이 기업이 이용할 수 있는 모든 것을 이용하기 위해서는 근본적으로 변해야 한다. 예를 들어 기업합병이나 기업 분할을 시도해야 한다. 이런 시도를 통해 이 기업은 엄청난 부가가치를 창출할 수 있을 것이다." 그런데 여기서 부가가치가 모든 이들에게 어떤 방식으로든 도움이 되는 것처럼 주장하는 태도는 뻔뻔한 것일 수 있다. 왜냐하면 사람들은 자신이 무엇을 하고 있는지 정확하게 알고 있기 때문이다.

근자에 와서 비시장적 관점들을 제거하는 경영 모델은, 전통적으로 순수한 이윤 기계로 간주되지 않은 부문들, 예를 들면 보건 부문에서 더 분명하게 발견될 수 있다.

한 대학 병원의 관리자는, 앞으로 기업의 경영자들이 병원들을 인수해서 이윤을 창출하는 센터를 만들게 될 것이라고 우려하고 있다. 오늘날 빛나는 전망은 학문적 논거들을 밀어내고 있다. 그리고 학문적 정신은 비즈니스적 기획에 굴복하고 있다.[13] 그래서 이제부터 다음과 같은 명제가 성립된다. "이익을 산출하는 것만이 고려된다." 의학자의 관점에서 보면 이런 명제는 좋은 의사의 의무를 강조하는 정신과 상충한다. 복합적 증례症例, 노인 환자, 간병, 계속 교육, 연구 등은 이익의 세계에는 존재하지 않는다. 물론 이전에도 병원들은 소득을 획득하고 재정 흑자를 기록했다. 하지만 이런 소득이나 재정 흑자는 자본 이자의 성격을 지닌 무조건적 이윤은 아니었다. 더구나 병원들이 이런 소득이나 재정 흑자만을 추구한 것은 아니었다.

---

13 ) Th. F. Lüscher, "Ist die Medizin ein Business?", Neue Zürcher Zeitung, 20. August 2008.

신문 부문의 경우도 마찬가지다. 위르겐 하버마스Jürgen Habermas는, 금융 투자자들에 의해 인수된 신문사들이 지금까지 수준 높은 신문사들이 수행해온 이중적 기능에 충실하지 못하고 있다고 비판한다.[14] 여기서 말하는 이중적 기능이란 정보와 교양에 대한 수요를 만족시키면서 동시에 충분한 이익을 창출하는 것이다. 신문사들에게 충분한 이익을 얻는 일은 중요하다. 기업들과 마찬가지로 신문사들도 이윤을 얻어야 한다. 왜냐하면 그렇지 않을 경우 신문사들은 적자 상태에 빠져들면서 더 이상 지불 의무를 이행할 수 없기 때문이다. 신문사에 투자한 자본가들에게 적절한 수익이 주어져야 한다. 경제학자들이 주장하는 바에 따르면 이런 수익은 자본가들의 소비 포기에 대한 보상이다. 하지만 수백만 유로를 보유한 자본가들에게 이런 소비 포기는 그리 심한 불편 사항이라고 보긴 어렵다.

그런데 우리가 얻는 이윤이 가능한 한 최대의 이윤일 필요는 없다. 기업 활동이 정당하고 책임적일 경우, 곧 선할 경우 해당 기업은 가능한 한 최대의 이윤을 획득할 수 없다. 신문의 상업화에 반대하는 하버마스와 다른 비판가들은, 수준 높은 신문사들이 단지 기부나 봉사를 통해서만 재정을 충당하고 기사를 쓰고 신문을 인쇄하는 것은 아니라는 사실을 강조한다. 신문들에게도 이윤은 낯선 것이 아니라는 것이다.[15] 그런데 이런 주장에 이의를 제기하는 사람들이 있다면 그들은 이윤 획득과 이윤 극대화를 제대로 구별하지 못하고 있는 것이다. 그들은 신문사들이 기부와 최대 이윤 중 하나를 선택해야 한다고 생각한다. 그들은 이윤 극대화를 추구하든지 아니면 어떤 이

---

**14** ) J. Habermas, "Die seriöse Presse als Rückgrat der politischen Öffentlichkeit", Süddeutsche Zeitung, 16. Mai 2007.

**15** ) E. Schuler, "Habermas und die Heuschrecken", Tages Anzeiger, 6. Juni 2007.

윤도 추구하지 않아야 한다고 판단하는 것이다. 그들은 이런 흑백논리를 전개하면서 윤리적 기업 경영이 성립하는 데 필수적인 조건인 다양한 관점들과 이해관계들의 균형적 고려를 무시하게 된다.

　여러 관점들 가운데 하나인 이윤이 모든 것을 결정하는 기준이 될 때, 그래서 이윤 목표가 이윤 원칙이 될 때 기업들은 얼마만큼 자신의 타당성이 상실되는가 하는 문제를 전혀 고려하지 못하게 된다. 신문사와 관련해서 하버마스는 이런 상실이 무엇을 의미하는지를 분명히 했다. 이제 신문 독자와 시민은 고객이 된다는 것이다. 그리고 이 경우 신문사가 이윤을 획득하는 데 그들이 얼마나 기여하는지가 중요하다는 것이다. 일반적으로 신문사는 그들의 지불 능력과 신문광고 고객 수에 관심을 갖는다. 지금까지 수준 높은 신문들은 대중의 선호도에 기회주의적으로 적응하지 않아왔다. 오히려 그것을 면밀히 조사하고 변화시켜왔다. 수준 높은 신문들은 정보와 오락거리를 제공하는 대신 냉정하게 보도하고 사건과 인물에 관한 우호적 기사들을 만들어내는 대신 객관적 논평과 상세한 논증을 제공하고 있다. 간단히 말해서 수준 높은 신문의 경우 신문과 독자 사이에는 책 저자와 독자의 의사소통적 관계가 존재한다. 따라서 여기에는 상대를 이윤 추구의 수단으로 도구화하는 전략적인 관계가 존재하지 않는다. 이런 맥락에서 하버마스는, 기사의 내용이 대중매체의 광고 효과나 스폰서의 후원금에 영향을 받게 된다면 대중매체는 민주적인 여론 형성이라는 자신의 포기될 수 없는 사명을 제대로 감당할 수 없게 될 것이라고 경고한다.

## 이윤을 선택하라는 압력

이제 우리에게는 누가 경쟁 압력을 만들어내고 기업에 행사하는지가 중요해진다. 그런데 이런 질문은 무엇보다도 피고용인들이나 하청 업자들과 관계를 맺으면서 비영리적인 관점들을 제거하는 문제와 연관된다. 최근에는 지금까지 알려지지 않은 새로운 경향이 등장했다. 높은 이윤의 발생에도 불구하고 혹은 이윤을 많이 얻기 위해 피고용인에 대해 압력을 행사하는 경향이 그것이다.

2005년 봄 도이체 방크 은행장 요제프 아커만Josef Ackermann은, 전년도 세전 자본 이익률이 25퍼센트(물론 이 수치는 야심찬 목표에 아직 미치지 못하는 것이다)로 사상 최고를 기록했음에도 6,400명의 노동자들을 해고했다. 이 사건은 야비하고 금기를 깨는 것으로 간주됐다. 그러는 동안 아커만은 자신이 목표로 삼는 기준 이익률을 올렸다.[16] 자신의 이런 행태를 정당화하기 위해 그는, 가능한 한 최고의 이익이 언제나 기쁨의 근원이 됨을 지적한다. 왜냐하면 이익이 극대화될 때 기업은 성장하고 위기를 극복하고 일자리를 유지하고 창출할 수 있기 때문이라는 것이다. 그런데 그는 기업의 사정이 괜찮은 경우에도 미리 노동자들을 해고해야 한다고 강조한다. 왜냐하면 그렇게 해야만 동일한 조건 아래서 기업의 이윤이 상승할 수 있기 때문이라는 것이다. 그는 자신의 이런 입장을 다음과 같이 정식화한다. "우리는 모든 직원들이 따라 가게 하기 위해서 그들로 하여금 더 편안한 직장 생활을 하도

---

16 ) J. Ackermann, "Rede auf der Hauptversammlung der Deutschen Bank AG", Frankfurt a. M., 26. Mai 2009.

록 의도적으로 배려해줄 수는 없다."

노키아Nokia는 정당화 과정을 거치지 않은 채 사업을 해나갈 수 있다고 믿고 있다. 2008년 1월 이 회사는 2,300명의 노동자가 속해 있는 독일 보훔 지사를 폐쇄하고 산업 시설을 루마니아를 비롯한 다른 지역으로 이전할 것이라고 통고했다. 2007년 이 회사는 72억 유로라는 기록적인 이윤을 거둬들였다. 보훔 지사의 경우 이자 지급 전 이익이 1억 3,400만 유로였다. 노동자 1인당 5만 8,000유로를 벌어들인 셈이다.

물론 노동자와 자본가 사이의 이런 소득분배는 노키아에게 만족스러운 것이 아니었다. 노동자들이 벌어들인 이윤은 인건비로 지불되고 매출액의 50~60퍼센트는 하청 업자들에게 들어갔을 것이기 때문이다. 우리가 굳이 노키아가 노동자를 해고한 근거를 찾아본다면, 이 회사의 웹 사이트에 나오는 바와 같이 보훔 지사의 존속이 더 이상 상상될 수 없다는 점을 지적할 수 있다. 이에 대중은 눈을 비비며 어리둥절할 것이다. 더 이상 상상될 수 없다고 했는가? 그런데 누구에게 상상될 수 없는 것일까? 상황은 완전히 거꾸로 된 것이다. 이익이 되는 사업을 포기하는 것은 대중에게는 상상될 수 없는 일이다. 정치적 차이에도 불구하고 모든 대중은 이런 사업의 포기를 이해하지 못하고 분개하기 마련이다. 노키아는 대중이 아닌 다른 존재를 염두에 두고 있음에 분명하다. 자본시장의 주체들이 그것이다. 이전에 노키아는 자본시장에서 자본가들에게 더 높은 순이익을 가져다주겠노라고 약속했었다. 노키아의 경영진은 순수익률이 20퍼센트에 달할 것임에 분명하다고 확신했다. 그런데 이런 정도의 순수익률은, 노동자 1인당 5만 8,000유로를 벌어들이는 느슨한 보훔 지사에서가 아니라 6만 4,000유로의 이윤을 가져오는 산업입지에서만 달성될 수 있다.

비시장적 관점들이나 비영리적 관점들의 제거는, 기업이 위기에 처해 있지 않고 재정적 균형 상태에서 벗어나지 않으면서 모든 방해물이 없어지고 비용이 줄어들 때 실현될 수 있다. 그런데 BMW의 경우에서와 같이 노동자들은 비시장적 관점의 제거를 과도한 문화적 단절로 간주한다.[17]

지금까지 해고는, 기업이 경제적 어려움에 직면한 경우에만 사회적으로 용인돼왔다. 하지만 요즘 기업은 해고와 이윤 상승을 동시에 발표한다.[18]

여기서 문제가 되는 것은 우연의 일치가 아니라 피고용인과 하청 업자에 대한 압력을 통한 이윤 상승이다. 이런 압력은 임금 삭감과 노동강도 심화의 형태를 띠며, 극단적인 경우에는 해고와 스마트소싱Smartsourcing[19]의 방식으로 나타난다.

한스베르너 진이 주장하는 것처럼 국제적으로 각 나라가 서로 임금을 내리려고 경쟁하고 있음에도 불구하고 경제가 노동자의 최저임금제 요구를 더 이상 수용할 수 없는 것은 아니다.[20] 단지 이런 요구를 수용하지 않으려고 할 뿐이다. 경제는 이런 요구를 능히 거부할 수 있다. 왜냐하면 자본가들은, 자신이 손해 보는 상황이 초래되지 않게끔 할 수 있는 권력을 갖고 있기

---

17 ) M. Kröger, "BMW-Mitarbeiter bangen um Firmenkultur", Spiegel Online, 27. Februar 2008.

18 ) Deutsche Bank, ToPPIX - German Strategy. Labour costs in the focus, London, 31. October 2005.

19 ) 역자 주: 스마트소싱이란 단순한 비용 절감 차원의 아웃소싱을 넘어서 양쪽 기업의 질적인 성장 협력 관계를 통해 더 많은 부가가치를 창출하는 방안을 의미한다.

20 ) H.-W. Sinn, "Das Dilemma der Globalisierung", Walter Adolf Jöhr Vorlesung, St. Gallen 2004, www.fgn.unisg.ch.

때문이다. 그들은 손해를 보기는커녕 오히려 커다란 이윤을 획득하게 된다.

왜 우리는 기업들이 좋은 경영 성과를 내면서도 노동자를 해고하는 행태를 목격하게 되면 분개하게 되는가? 나쁜 경영 성과를 낸 기업이 노동자를 해고하는 것은 이해될 수 있다. 기업의 존립이 중요하기 때문이다. 우리는, 몇몇 노동자가 해고됨으로써 다른 노동자들의 일자리가 유지된다면 그때의 해고는 정당화될 수 있다고 생각한다. 그리고 이 경우 하청 업자들, 고객들 그리고 지역의 이해관계가 고려될 수 있다. 특히 지역에서는 계속 일자리를 유지한 노동자들이 자신의 소득 가운데 많은 부분을 지출하고 그러면서 다른 지역 주민들에게 소득을 제공할 수 있게 된다.

진이 주장하는 것처럼 고용주들은, 자신이 이윤 극대화와 제로 이윤 사이에서, 혹은 항상 손실과 이익을 계산하면서 철저하게 기회비용을 고려하는 태도와 다른 이들에게 헌신하는 태도 사이에서 한쪽을 선택해야만 하는 상황에 처해 있다고 생각하면서 후자, 곧 이타주의적인 길로 들어설 필요는 없다.[21] 하지만 실제로 진은 이런 양자택일의 상황을 인정하는 쪽으로 기울어져 있다. 왜냐하면 그는, 이런 고용주들이 이타주의적인 성향을 갖고 있거나, 아니면 한 노동자가 자기의 급여보다 더 많은 이익을 가져오고 외국인 노동자나 로봇에 못지않게 이윤을 창출하는 경우에만 그를 고용하는 경향을 지니고 있음을 암시하고 있기 때문이다. 물론 후자는 이윤 극대화 혹은 기회비용 축소에 상응한다.

우리는 성공하기 위해 요구되는 모든 것을 투여하지 않으면서 성공적으로 일을 수행할 수도 있다. 이윤 추구는 정당하나 이윤 극대화는 정당하지

---

21 ) H.-W. Sinn, "Arbeit für alle", Die Welt, 1. März 2006, 9.

않다. 하지만 실제로 대부분의 기업들은 가능한 한 최대의 이윤을 지향하는
것과 전혀 이윤을 추구하지 않는 것 가운데 한쪽을 선택한다. 이런 맥락에
서《슈피겔》편집부는 노벨 평화상 수상자이자 마이크로 크레디트를 제공
하는 그라민 은행의 창설자인 무함마드 유누스Muhammad Yunus와의 인터뷰
에서 다음과 같이 물었다.[22] 그라민 은행은 사회적이기는 하지만 하나의 기
업이기 때문에 다른 기업들과 마찬가지로 이윤 극대화를 추구해야 하는가?
이에 유누스는 다음과 같이 답변했다.

> 이윤을 추구하지만 이윤의 극대화를 목적으로 삼지 않는 것이 사회적 기업
> 이다.

유누스의 대답은 무척 간단하다. 그는, 많은 기업들이 이윤 극대화가 아
니라 인간을 위한 효용 극대화를 추구하길 희망하는 것이다. 물론 그가 소
망하는 기업들이, 기관차의 동력원이 오래 전에 전력으로 바뀌었는데도 굳
이 무의미하게 화부들을 고용할 필요는 없다. 스위스 은행 UBS 전 회장 마
르셀 오스펠Marcel Ospel은 20005년 주주총회에서 이윤 극대화 이외의 모
든 것이 무의미하다는 분위기를 걱정했다. 경영학자 호르스트 알바흐Horst
Albach도 이런 분위기를 염려한다.[23] 이런 분위기에서 기업은 25퍼센트의 이
윤율을 올리지 못하는 일자리를 불필요한 것으로 간주하면서 없애버려야

---

22 ) M. Yunus, "Der Kapitalismus ist zum Spielcasino verkommen", Interview, Spiegel Online, 9. Oktober
2008.

23 ) H. Albach, "Betriebswirtschaftslehre ohne Unternehmensethik - Eine Erwiderung, in: Zeitschrift für
Betriebswirtschaft, Jg. 77, Nr. 2, 2007.

한다. 그리고 곧바로 그것을 아웃소싱해야 한다.

경영의 어려움으로 인한 해고는 이윤 극대화를 위한 해고와 분명히 구분돼야 한다. 그런데 경영상의 이유로 발생하는 해고는 사회적으로 용인될 수 있는 경우에만 윤리적으로 정당화될 수 있다. 어떤 기업이 사전통고 없이 갑작스럽게 노동자를 해고하지 않고 해고 대상자와 다른 해결 방안을 모색하는 경우 이때의 해고는 윤리적으로 정당화될 수 있다. 이런 정당한 해고의 사례는 극히 평범한 것으로 주위에서 어렵지 않게 발견될 수 있다. 취리히에 있는 전통적 방적 기업 슈트라이프Streiff가 해고의 정당성과 관련해서 하나의 모범적 사례가 될 수 있다.[24] 아시아 방적 기업들의 낮은 임금으로 인해 이 기업의 전망은 밝지 않았다. 사람들은 재정이 풍부한 상태에서 기업의 규모를 축소하는 것이 유리하다고 얘기했다. 이에 그 기업은 새로운 일자리를 찾는 100여 명의 노동자들을 지원하고 경우에 따라서 그들에게 보상금을 지급했다. 납품 업자들에게는 상황 변화에 적응할 충분한 시간을 줬다. 그런데 이런 모든 일이 이 기업의 소유주, 곧 자본가의 분명한 동의와 주도 아래 이루어졌다.

우리는, 기업의 어려운 사정으로 인해 해고된 노동자들이 남아 있는 노동자들의 일자리를 안정화시키고 소비자, 해당 지역, 하청 업자 그리고 이제까지 기업을 존립시켜온 자본가와 같은 다른 이해 당사자들의 이익을 보장해준다는 사실을 인식해야 한다.

---

24 ) M. Zollinger, "Der Faden ist für immer gerissen", Tages Anzeiger, 17. April 2004.

## 경영자도 피할 수 없는 압력

새로운 극단적 경영 방식의 특징은 그것이 이런 인식과 동떨어져 있다는 데 있다. 이런 경영 방식은, 기업이 어려움에 처해 있지 않는 경우에도 탐욕이나 무절제로 인해 노동자들에게 압력을 행사하게 된다. 우리는 이런 압력 행사에 분개한다. 왜냐하면 우리는, 탐욕이나 무절제로 인해 비난받는 주체를 인식할 수 있기 때문이다. 이 주체는 균형을 유지하게 하는 공정성의 정신을 지니고 있지 않다.

물론 소유주가 아니라 고용된 경영자에 의해 운영되는 기업의 경우 탐욕을 지니거나 균형을 유지하지 못하기 때문에 비난받는 주체가 누구인지 분명하지 않다. 이 경우 비난받는 주체는 경영진인가 아니면 자본가인가? 최근에는 대기업의 경영진이 비난받고 있다. 왜냐하면 그들이 경제적 극단성 혹은 비양심적 태도로 인해 엄청난 보수를 받고 있기 때문이다.

독일 언론인 안네 빌Anne Bill은 2007년 독일 철도 회사의 인사관리담당 이사 마그렛 주칼레Magret Suckale에게 '어떻게 기관사들과의 협상에서 강경한 입장을 관철시켜 한 달에 14만 유로의 보수를 받을 수 있는가'라고 질문했다(이 액수는 기관사 연봉의 4.5배에 해당한다). 이에 주칼레는 이사 봉급의 75퍼센트가 실적에 따라 받는 업적급이기 때문이라고 답변했다.

이런 답변은 자신의 보수를 정당화하려는 의도를 지닌다. 그런데 능력이나 실적은 항상 만인을 위해 좋은 것인가? 능력을 발휘한 사람이 자기 몫을 받는다면 그것은 공정한가? 주칼레는, 기관사들의 임금 인상 요구를 저지하고 그들을 지지하는 다른 노동자들의 임금 인상을 억제하는 것이 성공할 때에만 자신의 보수가 올라갈 수 있다는 사실을 언급하지 않았다. 실제로 임금협상에서 그녀 외에 어느 누구도 이런 사실을 인지하지 못했던 것 같다. 그런데 따지고 보면 노동자의 임금이 억제돼야 이사의 봉급이 올라간다는 것은 업적급의 특성이다. 업적급에서 실적은 이윤 혹은 주주 가치 shareholder value를 뜻한다. 그런데 이사들이 자신의 봉급을 인상하기 위해 달성해야 할 명확한 기준 수치가 제시되기 힘들다. 그럼에도 이사들이 노동자들의 소득, 곧 인건비를 낮추는 데 성공할 경우 이윤이 증가하면서 해당 기업은 성공적 경영을 하고 있다고 평가받는다. 주칼레에 대한 인센티브는 그녀로 하여금 가능한 한 기관사들의 요구를 수용하지 않도록 동기를 부여하는 쪽으로 제공됐다.

주칼레는 노동자의 임금과 이사의 봉급 사이의 관련성을 다음과 같이 표현했다. "쉘Schell, 그 당시의 독일기관사노조위원장의 파업으로 인해 아마 내년에는 내 보수가 적어질 것이다." 이는 분명한 비난이다. 이런 주장을 통해 그녀는 이 분야에서 이사와 노동자 간의 임금 분배에서 균형이 상실되고 있다고 평가했던 것이다. 물론 임금 협상 시 노동자 측은 한쪽의 임금 상승과 다른 쪽의 임금 하락 사이에 밀접한 연관 관계가 존재한다는 사실이 인식되지 못했다.

반면 경영자 측은 자신들이 노동자들에 대해 압력을 행사하면서 자신들을 보호해야 함을 잘 알고 있다.

실제로 이사들은 회사의 주가를 올리기 위해, 그리고 자신에게 제공된 스톡옵션의 가치를 높여 부자가 되기 위해 노동자들을 해고할 만큼 잔인하게 계산하는가?[25]

---

25 ) A. Nölting, "Eine neue Epoche des Kapitalismus", Manager Magazin, 28. Februar 2008.

정말 그렇다. 이사들은 비용 절감의 측면에서뿐만 아니라 매출 상승과 금융공학의 측면에서도 극단적 경영 방식을 강화시키고 있다. 특히 금융공학의 측면에서 이사들은 기업에게 빚을 지게 하고 세금을 절감하는 전략을 구사하면서 투자자에게 최고의 이윤을 보장해주는 방향으로 자본을 다루고 있다. 익명의 억만장자는 다음과 같이 고백했다. "탑 매니저에게 수백만 유로를 지불하는 것보다 더 나은 사업 방식은 없다(《디 벨트Die Welt》, 2008년 2월 22일자)".

주가는 경영자로 하여금 일자리 축소를 강제할 수 있는 권력을 갖고 있다. 따라서 문제를 개인화하거나 특정 개인에게 낙인을 찍어서는 안 된다.

노동자들에게 압력을 행사하고 우리가 지금까지 목격해온 극심한 경쟁을 추동하는 주체는 경영자들과 탐욕스러운 투자자다. 전자는 시장 맹신을 갖고 있고 후자는 막후에서 조용히 얘기하기에 거의 보이지 않는다. 요제프 아커만이 거둔 25퍼센트의 세전 이익률은, 그가 이기적인 동기를 가지고 무절제하거나 무책임하게 경영한 것에 따른 결과라기보다는 자본시장의 전개과정에서 생겨난 결과일 수 있다.[26] 보다 정확히 말하면 이 둘은 긴장 상태에 있으면서 서로를 자극한다. 이런 의미에서 경영자는 주주 가치 패러다임을 구현하는 추동자인 동시에 그것을 강제당하는 피동자다.[27]

이런 경영자의 이중적 측면을 해명하면 다음과 같다. 경영자는 주주를 위해 수십억 유로를 벌어들인다. 그러면서 경영자는 이제까지 착취되지 않았던 것까지 착취한다. 그 대가로 주주는 경영자에게 수백만 유로를 제공한

---

26 ) R. Mayer, "Sündenbock ohne Gespür", Tages Anzeiger, 10. Februar 2005.

27 ) M. Höppner, "Was bewegt die Führungskröfte? Von der Agency-Theorie zur Soziologie des Managements, in: Soziale Welt, H. 3 (2004), 270.

다. 이는 매우 확실한 거래다. 왜냐하면 경영자는, 주주가 돈을 버는 경우에만 돈을 벌 수 있기 때문이다. 경제학에서 이미 우두머리의 위치로 격상한 자본은 경영자를 통해 기업을 완전히 자신에게 복속시키면서 이렇게 말한다. "금전등록기에 금액을 기록했다!" 이는 긴급히 제기돼야 할 시스템 문제다. 뇔팅Nölting은 다음과 같이 얘기한다.

> 사회가 얼마나 오랫동안 주식의 권력(자본의 권력), 주주 가치 모델, 세계화의 강제를 견뎌낼 수 있겠는가?

이 질문은 다음과 같이 바꿔 표현될 수도 있다. '언제부터 자본에 의한 기업 점유와 경영자의 자발적 점유 당함이 좋은 삶과 공정한 공존에 기여하게 되는가?'

이 질문을 놓고 잠시 자본에 의해 점유된 욕망 시스템이 어떻게 기능하는지 생각해보자. 이 욕망 시스템은 긍정적인 인센티브, 곧 경영진이 성실성을 다할 수 있는 방식을 통해서뿐만 아니라 부정적인 제재, 곧 이탈 선택을 통해서도 기능한다.

경영진이 이윤을 증가시키기 위해 온갖 노력을 하지 않는 기업은 다른 기업에 의해 인수될 위험성이 높다. 다시 말해서 좋지 못한 사업을 하는 기업에 의해 대체될 위험성이 높다. 전 도이체 방크 경영감독위원회 의장 롤프 브로이어Rolf Breuer는 25퍼센트의 자기 자본 이익률을 정당화했다. 그에 따르면 도이체 방크가 이 정도의 이익률을 확보하지 못할 경우 글로벌 시장에서 존립을 포기해야 할 위험에 처하게 될 것이다(《베를리너 모르겐포스트Berliner Morgenpost》, 2005년 5월 19일자). 또한 BMW 대표이사 노르베르트 라이트호퍼Norbert Reithofer도 최고의 이익률을 기록했음에도 일자리를 축소한 조처를 정당화했다. 그는 BMW의 경쟁력이 약화될 위험성이 있기에 비용을 절감해야 하고, 그럴 때야 비로소 장기적으로 BMW의 독립성이 확보될 수 있다고 주장했다(《베를리너 모르겐포스트Berliner Morgenpost》, 2007년 9월 28일자).

여기서 중요한 것은, 저렴한 가격에 품질 좋은 자동차를 만드는 것처럼 판매 시장과 생산요소 시장에서 경쟁력을 갖추는 것이 아니라 경제학자들이 기업통제를 위한 시장으로 간주하는 자본시장에서 경쟁력을 확보하는 것이다. 왜냐하면 판매 시장과 생산요소 시장에서 경쟁력을 갖추는 것이 기업과 경영진으로 하여금 비영리적 관점을 고려하면서 주주들을 넘어 국민경제를 위해 가치를 창출하게 만들어줄 수 있기 때문이다.[28] 어떤 경제학자는 기업통제를 위한 시장에서 시행되는 적대적 인수 합병이 기업의 성과를 높일 수 있다고 주장하면서 그것을 적극 옹호한다.[29] 자본의 과도한 이윤 욕구를 충족시키고자 하는 경영자들의 행태도 적대적 인수 합병과 비슷한 기능을 수행한다. 실제로 자유 시장경제에서 자본은 경영자들로 하여금 자신의 과도한 이윤 욕구을 충족시키도록 만들 수 있는 모든 권력을 갖고 있다. 경영자가 좋은 실적을 내지 못하면 해당 기업의 주가는 하락한다. 이 경우 주주들은 더 좋은 실적을 내는 기업 쪽으로 이탈 선택을 한다. 적극적인 주주들은 가격이 하락한 주식을 사 모아서 자신들이 원하는 만큼 비영리적 관점을 제거해주는 새로운 경영진을 선발한다.

---

28 ) C. C. von Weizsäcker, "Marktzutrittsschranken", in: P. Oberender (Hrsg.), Effizienz und Wettbewerb, Berlin 2005, 57.

29 ) D. C. Mueller, "Wettbewerb und Leistung auf zwei ungewöhnlichen Märkten", in: Perspektiven der Wirtschaftspolitik, Bd. 8, Sonderheft (2007), 134, 139.

## 책임자 부재와 물적 강제의 내면화

이제까지 서술된 내용을 요약하면 다음과 같다. 노동자들에게 압력을 행사하고 경쟁 압력을 만들어내고 기업에게 경쟁을 강요하면서 경제 성장을 가져오는 것은 자본이다. 그리고 자본에 우호적인 대학들[30]에서 교육받은 경영자, 은행가, 애널리스트, 컨설턴트 등이 자본에 봉사하면서 그것을 돕고 있다.

이런 시각은 근본적으로 옳다. 하지만 너무 단순한 것일 수 있다. 우리는 현재 새로운 시장경제적 변환을 경험하고 있다. 곧 사회적 시장경제에서 자본, 그리고 자본에 고분고분하면서 그것의 이윤 추구를 도와주는 봉사자들이 우위를 점유한 자유 시장경제로의 전환을 경험하고 있다.

이런 전환에 관해서는 6장에서 상술할 것이다. 단지 여기서는 이런 전환이 시장 기능의 측면에서 정상적인 것이 아니라는 사실을 지적하고 싶다. 일반적으로 압력의 원인자들은 확인되기 어렵다. 이를 해명하기 위해서 실물경제로 눈을 돌려보자.

자본은 비용을 줄이고자 한다. 예를 들어 노동자의 해고를 통해 임금을 줄이고자 한다. 그리고 실제로 자본은 경쟁력을 높이기 위해 비용을 줄일 수 있다. 그래서 기업과 노동자는 압력을 받는다. 그런데 이런 압력은 탐욕으로 인해서만 생겨나는 것은 아니다. 기업의 필요에 의해서도 발생된다. 일반적으로 경영진은, 자신들조차도 경쟁 압력 아래 놓여 있다는 사실과 이런 경쟁 압력이 힘 있는 주주들로부터 나오는 것이 아니라는 사실을 지적

---

30 ) R. Walter, "Wenn Hürlimann jodelt", Freitag, 19. April 2009, www.freitag.de.

한다. "우리가 수 백 명의 노동자들을 해고하지 않거나 조업단축을 실시하지 않는다면 미래에 우리는 보다 극단적인 조처를 취해야만 할 것이다." 경영진은 이런 식의 논리를 내세우고 있다. 하지만 이런 경쟁 압력이 발생하는 결정적 이유는 주주들이 더 많은 이윤을 얻으려고 하기 때문이다(여기서 우리는 기업의 필요에서 생겨나는 압력과 탐욕이나 무절제함에서 생겨나는 압력을 구분하는 것은 윤리적 판단을 포함하는 규범적인 구분 방식이라는 점을 분명히 할 필요가 있다. 압력이 기업의 필요에서 생겨나는지 아니면 탐욕에서 생겨나는지는 쉽게 관찰되거나 측정될 수 있는 문제는 아니다. 그럼에도 이 양자를 구분하는 것은 불가피하다. 만일 이 둘을 구분하지 않게 되면 무절제한 이윤 추구가 정당한 것으로 간주될 수밖에 없기 때문이다). 알리안츠<sup>Allianz</sup> 그룹은, 인원 감축이 남아 있는 노동자에 대한 이사회의 책임과 부합한다는 논리를 제시했다(《함부르거 아벤트블라트<sup>Hamburger Abendblatt</sup>》, 2006년 6월 1일자).

여기서는 압력이 불특정한 무리로부터 나온다고 가정된다. 그런데 이것이 시장이고 구조 변화이고 경쟁이다. 더 정확히 말해서 이것은, 우리 모두가 크고 작은 매매 행위를 통해 추진하고 있는, 상호 의존적이고 복잡하게 얽혀 있는 시스템이다. 이것은 우리를 이전에는 찾아볼 수 없을 만큼 엄청난 정도의 상호 의존성으로 빠져들게 만든다. 물론 이런 상호 의존성은 특정한 틀에 따라 성립되는데 이 틀은 윤리적으로 중립적이지 않다.

물론 우리는 이런 시스템이 실제로 존재하는지 물을 수 있다. 여기서 우리는 위르겐 하버마스<sup>Jürgen Habermas</sup>의 의사소통행위이론을 살펴볼 필요가 있다. 일반적으로 경제를 포함해서 사회는 생활 세계<sup>Lebenswelt</sup>로 기능한다. 생활 세계란 우리가 매일 타인과 함께 혹은 타인을 향해 수행하는 모든 행동들로 구성된, 우리에게 친숙한 사회적 세계를 가리킨다. 생활 세계는 확실히 평화, 즐거움, 팬케이크로 상징될 수 없다. 생활 세계는 크고 작은 범죄를 저지른 자들을 확인하고 그들에게 책임을 지우고 해명과 답변을 요구할 수 있는 세계다. 다르게 표현하면 생활 세계는 우리의 관여를 통해 형성되는 품위 있는 사회다.

하지만 많은 행동들을 통해 우리의 의도나 행동 근거와 다르게 제3의 불투명한 권력이 형성될 수도 있다. 물론 이런 권력 형성의 원인 제공자는 우리임에 분명하다. 하지만 우리는 직접적인 원인 제공자는 아니다. 이런 권력은 많은 행동들의 합성물이다. 그리고 이런 권력은 시스템이다. 중요한 것은 시장 혹은 경쟁이 이런 시스템적인 권력을 형성한다는 사실이다.

사람들이 인지할 수 있는 바와 같이 문제는 주체들이 모든 책임을 면제받는다는 데 있다(하지만 우리는 시스템이 주체가 된다는 사실에 유의해야 한다). 그런데 이럴 경우 시스템으로서의 시장의 특성을 얘기하는 것은 이데올로기적인 것이 된다. 물론 나는 그런 제3의 권력이 실제로 존재한다고 생각한다. 한편으로 우리의 자유와 대립되는 이런 권력을 권력으로 지칭하는 것이 중요하다. 만일 우리가 권력으로 지칭하지 않는다면 우리는 그것을 인지하지 못한 채 그것에 굴복해버리고 말 것이다. 다른 한편으로 이런 권력의 유지와 강화에 관심을 갖는 세력을 지칭하고 이런 권력이 수행하는 행위의 책임성을 묻는 것도 중요하다.

불가리아 작가 블라디미르 자레프Vladimir Zarev의 관찰을 통해 우리는 이런 권력을 조금이나마 이해할 수 있다. 유럽의 다른 국가들과 마찬가지로 불가리아도 사회복지 축소, 민영화, 감세 등과 같은 신자유주의적인 정책들을 시행했다. 그 결과 실업률이 높아지고 소득 격차가 확대됐다. 자레프는

소설《몰락》에서 이런 상황을 다음과 같이 묘사한다.[31]

> 공포는 우리를 소심하게 만든다. 그것은 우리를 침묵하게 만든다. 1989년 이전의 공포는 이와는 다른 것이었다. 그것은 어쨌든 더 뻔뻔스럽고 경박했다. (중략) 그 당시 우리는 시스템(시장 시스템이 아니라 당黨을 의미함 – 저자 첨가)을 책임적으로 만들 수 있었다. 하지만 지금은 책임이 우리에게 전가되고 있다. 그런데 이처럼 우리 모두에게 책임이 있다고 한다면 실제로 책임을 지는 사람은 하나도 없게 된다.

이렇게 책임의 소재가 희미해지는 곳에서, 더 이상 책임 추궁을 당할 어떤 사람도 발견되지 않는 곳에서 사람들은 다른 책임 감당자를 찾을 수밖에 없다. 여기서 말하는 다른 책임 감당자는 모든 사항들에 대해 자기가 책임을 지는 주체를 가리킨다. 따라서 위와 같은 공간에서는 자기 책임성만 존립하게 된다. 경쟁적 시장에서 왕, 당, 중앙위원회 등과 같은 과거의 지배 주체는 설 자리가 없다. 그 대신 단순한 자유가 아닌 익명적 강제, 곧 물적 강제가 들어서게 되었다.

피상적으로 접근하면 물적 강제는 자연스러운 것으로 보인다. 그래서 그것은 더 이상 강제로 느껴지지 않는다. 이런 까닭에 사람들은 물적 강제를, 현실을 직면할 때 생겨나는 도전이나 필연성으로 인식한다. 여기서 현실은 자연스러운 현상이 아니라 인간들의 사회적 관계에서 발생되는 현상임에도 불구하고 사람들은 이것을 단순하게 하늘에서 내려온 것으로 생각한다.

---

31 ) V. Zarev, Verfall, Köln 2007.

로타르 슈페트Lothar Späth가 필연적 개혁에 관한 글에서 서술한 바와 같이 이런 현실에 대항하는 모든 것은 항상 무참히 깨져버린다.[32]

세계화에 반대한다는 것은 궂은 날씨에 대해 불평하는 것과 같다. 구조 조정은 반드시 실현되어야 한다.[33]

막스 베버는 우리 모두가 연루되어 있는(그리고 우리 모두를 연루시킬 수 있는) 시장 관계를 '주인 없는 노예제도'로 규정했다.[34] 하지만 오늘의 성숙한 국민경제에서 노예제도는 더 이상 적절한 개념은 아니다. 성숙한 국민경제에서 대부분의 경제주체들은 더 이상 육체노동을 악착같이 할 필요가 없고 단지 책상 앞에 앉아 분주하게 다른 사람과의 약속을 잡으면 된다. 주인 없음은 결정적으로 경쟁 과정의 심급 부재를 뜻한다.

시장은 (중략) 인간적 권위에 의한 직접적 강제를 (중략) 알지 못한다. 시장은 이런 강제 대신에 완전히 비인간적인 형태를 띠면서 순수한 경제법칙에 부응한 강제 상태를 낳는다. 그래서 이런 강제 상태는 원칙적으로 기업가 같은 노동자와 소비자 같은 생산자를 인정하지 않는다.[35]

그런데 이런 강제 상태에 들어간 이들은 어떤 이유에서 항의하지 않는

---

**32** ) L. Späth, "Die Wahrheit ist nicht populär", Handelsblatt, 15. Oktober 2003.

**33** ) N. Piper, "Angstfaktor Weltmarkt", Die Zeit, 5. April 1996, 17 이하.

**34** ) M. Weber, Wirtschaft und Gesellschaft, 71.

**35** ) M. Weber, Wirtschaft und Gesellschaft, 440.

가? 물론 그들은 때때로 파업을 통해 항의한다. 하지만 그들의 불만을 받아 줄 주체가 없다. 왜냐하면 그들의 직접적인 대화 파트너들, 곧 경영자들이 이런 불만에 거의 무관심하기 때문이다. 아니면 이런 대화 파트너들이 너무 많기 때문이다. 그렇다면 우리는 경쟁이 상품의 가격을 낮출 수 있음에도 불구하고 고객들에게 경쟁 상황을 이용하지 말라고 부탁해야 하는가? 혹은 우리는 경쟁 관계에 있는 기업들에게 싼 가격에 상품을 공급하지 말라고 부탁해야 하는가? 그들이 시장의 틈을 발견한다면 기뻐할 것이다. 왜냐하면 이런 틈에서 그들은 경쟁 압력으로부터 벗어나 있어서 해고되지 않을 것이기 때문이다.

우리는 경쟁 압력을 수용한다. 왜냐하면 예외적인 경우를 제외하고 우리는 경쟁 압력에 대한 책임적인 원인자를 알 수 없기 때문이다. 우리가 규제를 간청할 수 있고 공정성을 요구할 수 있는 주체는 존재하지 않는다. 결국 강제는 내면화된다. 우리는 아래에서 강제의 내면화 사례를 발견할 수 있다.

> 변화에 저항하려는 유혹은 매우 강하며 종종 과정의 처음부터 존재한다. 하지만 과정의 끝에 가면 변화가 불가피했다는 사실이 드러난다.[36]

예를 들어 자기 개발을 의식적으로 시도하고 지속적으로 교육받고 비판적으로 질문하는 것은 불가피한 일이다. 시장에서 이용될 수 있는 자기 기술의 관점에서 스스로를 이해해야 한다. 그렇지 않으면 실업이나 파산 혹은 경쟁력 약화가 초래될 수 있다. 우리는 우리에게 요구되는 능력과 관점을

---

36 ) O. V., Das neue Bild der Arbeit, in: VSAM Revue, Nr. 3 (1998), 11.

얻기 위해 인적 자본에 투자해야 한다. 그래야만 우리는 내일도 소득을 얻고 사전에 소득 감소를 방지할 수 있다. 그리고 그렇게 자주 공언된 성장률에 도달할 수 있다. 경쟁 과정이 심급 없이 진행되고 이와는 다른 진행 방식이 시도되지 않기 때문에 우리는 이런 성장률을 달성하게 된다. 이런 의미에서 경쟁 과정의 심급 부재는 성장의 원천이다.

그런데 성장이나 그것과 관련된 소비 증가는 무엇을 희생시키면서 달성되는 것인가? 이상하게도 이 문제는 거의 제기되지 않고 있다. 경제적 관점에서 경쟁 과정과 분명하게 연관되어 있는 자유의 상실이 인식되지 않고 있다. 이런 문제점은, 경쟁 과정이 애덤 스미스 이래로 처음부터 잘못된 범주에 의해 조명되어왔다는 사실과 연관된다. 다시 말해서 그것은, 경쟁 과정의 문제가 밝은 상태가 아닌 어두운 상태에서 접근되어왔다는 사실과 연결되는 것이다. 이제 잠시 움직임을 멈추고 시장 과정과 경쟁 과정을 암묵적으로 인정하거나 도덕 원칙으로까지 끌어올리는 함축적 윤리를 비판적으로 검토해보자. 이런 검토 작업은 경제 윤리, 곧 보통의 경제 이론에 대한 비판적 성찰에 속한다. 경제 윤리는 시장 과정과 경쟁 과정을 냉철하게 판단하는 것을 목적으로 한다. 여기서 우리는 우선적으로 일반적 의미의 윤리에 관해 우리의 논의와 관련된 사항을 중심으로 간략하게 서술하려고 한다. 그런 다음 우리는 함축적이고 때로 축소되고 잘못된 경제 윤리에서 출발해서 분명하고 충분히 성찰된 경제 윤리에 도달하려고 한다. 이런 경제 윤리를 통해 우리는 시장 과정과 경쟁 과정을 판단할 것이다. 판단은 언제나 윤리적 작업이다.

# : 4 :

# 왜 다시
# 윤리인가?

우리는 지금 종교적인 것 혹은 종교적 근본주의의 르네상스를 경험하고 있다. 그런데 이 르네상스는 더 나은 지식에 반대하기 때문에 그 자체로 근본주의적인 성격을 지닌다. 우리가 종교들이 거대한 윤리적 전통을 지닌다는 명제를 고려한다고 하더라도 종교적 근본주의의 성격을 지닌 오늘의 르네상스는 바람직하지 않다. 왜냐하면 이런 종류의 르네상스는 인간을 자신에게 부과된 미성숙으로부터 탈출시키는 계몽의 관점과 모순되기 때문이다. 이마누엘 칸트는 다음과 같이 주장한다. "아는 데 용감하라Sapere aude! 즉 네 자신의 오성을 사용할 용기를 가져라!" 하지만 종교적 신앙은 우리에게 의무의 방향성을 제공할 수 있어야만 하는 타자적인 초인간적 심급이 존재한다고 전제한다.

물론 종교적인 것의 르네상스 뒤에는 매우 정당하고 중요한 관심사가 숨겨져 있다. "아직 고정되지 않은 동물(니체)"로서의 인간은 지향성을 필요로 한다. 우리는 더 이상 본능에 의해 결정되지 않고 이와 다르게 행동할 수 있기 때문에 지향성의 보증을 필요로 하고 추구한다. 우리는 자의적이지 않고 구속력 있는 판단 기준을 갖는데 이 판단 기준의 도움으로 우리나 다른 사람들의 행동이 옳은지 아니면 그른지를 분별할 수 있다. 이런 과정에서 우리는 자연히 윤리와 관련을 맺게 된다. 계몽주의가 전하는 복음은 우리가 단지 우리 자신으로부터만 판단 기준을 도출해낼 수 있다는 것이다. 여기에는 초인간적인 권위가 전혀 없다.


## 그래도 윤리가 기초

윤리는 일종의 반성적 작업이다. 윤리는 우리의 행동을 지배해야 하는 결정적이고 표준적인 원칙을 묻는다. 윤리에서는 일반적으로 당위가 중요하다. 그래서 윤리의 우선성이 주장된다(여기서 윤리의 우선성은 윤리학자의 우선성이 아니다). 이는 단순히 논리의 문제이다. 우리는 우리 행동의 최종적 표준을 묻거나 묻게 할 수 있다. 분명 이런 최종적 표준은 존재한다. 하지만 우리가 그것을 묻지 않으면 그것이 존재하는지 존재하지 않는지 알 수 없다.

여기서 우리는 이미 나와 있는 몇 가지 비중 있는 입장들을 살펴볼 필요가 있다. 우선 비윤리적인 행동은 존재하지 않는다는 입장이다. 하지만 이런 입장을 가진 사람들은 대부분의 경우 비도덕적이고 무책임하고 정당하지 않은 행동 방식, 즉 윤리적으로 잘못된 행동 방식을 지향하게 된다. 이런 입장을 내세우는 사람들은 이렇게 주장한다. '윤리는 아무런 역할을 하지 못하고 행동은 윤리적으로 중립적이다.' 이런 입장은 분명하게 정식화되지 않고 있음에도 불구하고 실제로 우리는 그것을 인식할 수 있다. 전 경제기

술장관 베르너 뮐러Werner Müller는 다음과 같은 주장을 펴고 있다.[1]

윤리적 관점에서 보면 경제 그 자체는 중립적으로 간주될 수 있다.

이런 주장을 통해 뮐러는 우리에게 무엇을 전달하고 있는가? 그는 경제 그 자체(이런 표현은 순수한 시장 논리가 존재함을 전제한다)가 잘 돌아가고 있다는 사실을 전달하고 있다. 따라서 우리는 아무런 걱정을 할 필요가 없다. 모든 것이 잘 되고 있다. 그런데 여기서는 통틀어서 정당화하는 시도가 문제가 된다. 하지만 옳고 그름을 넘어서는 윤리적 중립성은 존재하지 않는다. 뮐러는 경제라는 인간의 행동 영역에 관해 언급한 것이지 광물이나 자연에 관해 이야기하는 것은 아니다. 막스 베버의 주장을 들어보자.[2]

모든 행동, 그리고 상황에 따라서 행동하지 않음은 결과적으로 어떤 특정한 가치를 옹호하면서 다른 가치에 한결같이 반대하는(오늘날 이 부분은 자주 부인되고 있다) 당파성을 드러내게 된다.

이런 중립성의 거부는 윤리가 다른 영역과 병렬될 수 있는 하나의 영역이 아니라는 사실을 의미한다. 그런데 도이체 방크는 〈사회적 책임〉이라는

---

1 ) W. Müller, Ethik der Kapitalanlage, in: Student Business Review. Wirtschaftsmagazin der studentischen Unternehmensberatung ESPRIT, Nr. 1.

2 ) M. Weber, Die Objektivität sozialwissenschaftlicher und sozialpolitischer Erkenntnis, in: Gesammelte Aufsätze zur Wissenschaftslehre, 5. Aufl., Tübingen 1982, 150.

책자에서 다음과 같이 이야기하면서 오류를 범하고 있다.[3]

도이체 방크에게 지속 가능성은 경영 정책적 의미를 지닌다. 그래서 경제적 기준 외에 생태적이고 사회적이고 윤리적인 관점이 우리의 내부적 과정과 경영 결정에서 수용된다. 그럼으로써 지속 가능한 행위는 은행의 경영 성과에 추가적으로 기여하게 된다.

그런데 이런 경제적 기준의 윤리적 질은 어떻게 되는 것일까? 그것은 윤리적으로 중립적인가? 그것은 전체적이고 원칙적으로 윤리적 숙고 없이 사용될 수 있는 것일까? 경영 정책은 그 자체로 어떤 윤리적 숙고도 필요치 않은 것일까? 도이체 방크의 주장처럼 윤리적 숙고는 경제적 사고와 병렬되는 것일까? 생태적이고 사회적 관점이 윤리적 숙고에서 나오는 것이 아니라면 우리는 왜 이런 관점을 고려하는 것일까? 그렇다면 우리가 잘 알고 있는 다른 숙고가 존재하는 것일까? 그리고 이런 숙고들 사이에 갈등은 없는 것일까? 만일 갈등이 존재한다면 그것은 윤리적 숙고를 기준으로 해서 조정되어야 하는 것은 아닐까?

여기서 경솔함이 언급될 필요가 있을 것이다. 그리고 기업들이 내세우는 입장이 지닌 함축적인 중립성이 체계를 갖추고 있을 것이다.

우리는 옳거나 그른 행동에 관한 물음이 항상 윤리적 성격을 지니고 있음을 의식하고 있어야 한다. 하지만 우리가 윤리나 도덕 또는 올바른 행위들의 총합을 지시하는 개념들에 관해 명확하게 언급할 필요는 없다. 여기서

---

3 ) Deutsche Bank, Gesellschaftliche Verantwortung. Bericht 2005, www.deutsche-bank.de.

는 유명한 예 하나를 들어보자.

먹는 것이 우선이고 도덕은 그다음이다.

많은 사람들은 베르톨트 브레히트Berthold Brecht가 지은 '인간은 무엇으로 사는가라는 질문에 대한 담시譚詩'《서푼짜리 오페라, 1928》에 나오는 이 문장에 동의할 것이다. 이 문장의 포인트는 두 가지이다. 첫째, 사람들이 자신의 이해관계, 곧 밥그릇을 생각하는 것은 용인될 수 있다. 둘째, 사람들이 여분의 무엇을 갖게 되면 그것을 여기저기에 기부할 수 있는데 여기서 도덕이 성립한다. 그런데 브레히트는 도덕을 일차적으로 고려하지 않는다. 다음의 인용문을 읽어보자.

너희가 우리에게 알려준 너희의 주인에게 물어보자.
사람이 어떻게 용기 있게 살 수 있는지.
그리고 사람이 어떻게 죄와 악행을 피할 수 있는지.
먼저 너희는 우리에게 먹을 것을 주어야 한다.
그래야만 너희는 이런 물음에 대한 답변이 무엇으로 시작하는지 말할 수 있다.
너희의 위胃와 우리의 용기를 사랑하는 너희는
어떻게 인생을 살아가야 하는지 확실히 알고 있다.
먹는 것이 우선이고 도덕은 그다음이다.
먼저 가난한 사람들도 큰 빵 덩어리로부터 자기 몫을 떼낼 수 있어야 한다.

사람이 살아가는 데 필요한 물질을 갖고 있지 않다면 범행을 저지르는 것은 용서될 수 있다. 예를 들어 곤궁 때문에 도둑질하는 것은 관용될 수 있다. 이 인용문은 이런 사실을 강조하는 것이다. 여기서 브레히트는 근본적 부정의를 책망한다. 여기서 말하는 근본적 부정의는 기회와 소득의 불공정한 분배를 의미한다. 또한 그것은 브레히트가 주인이라고 부르는 사람들, 곧 공동적 가치 창조에 대한 자신의 정당한 몫을 주장하는 가난한 고용인들을 배제시키면서 자기 배를 두드리는 사람들의 탐욕을 가리킨다. 이런 부정의가 제거될 때에야 비로소 우리는 사람들이 도둑질하는 것을 중지하고 반란과 거리를 두는 상황을 기대할 수 있을 것이다.

전체적으로 보면 이런 기대는 도덕적이고 윤리적인 의미를 지니고 있음에 분명하다. 브레히트에 따르면 이런 불의한 상황을 유지하는 것은 명백하게 비도덕적이고 부당하다. "먹는 것이 우선이고 도덕은 그다음이다." 물론 이 문장은 학문적으로 엄밀하게 표현된 것은 아니다. 이런 방식으로 표현하는 것은 예술가의 자유이다. 우리는 이런 사항을 염두에 두면서 이 문장을 읽어야 그것의 의미를 빠르게 이해할 수 있다.

## 윤리와 도덕의 차이점

도덕Moral과 윤리Ethik의 차이점은 무엇인가? 수많은 사람들이 낭패를 보지 않기 위해 둘 중에 하나는 맞을 것이라는 생각으로 "윤리적·도덕적ethisch-moralisch"이란 형용사를 사용한다. 물론 이 경우 "비윤리적unethisch"이란 형용사를 쓰는 것은 피해야 한다. 도덕과 윤리는 행동의 옳음을 가리킨다. 이 두 개념은 어원상 동일한 의미를 갖는다. 도덕의 어원은 '(좋은) 관습'을 뜻하는 라틴어 mos이다. 윤리의 어원은 '익숙한 자리', '습관', '관습'을 의미하는 그리스어 thos이다. 사람이 자기 집에 있는 것처럼 거주할 때, 좋은 관습이 통용될 때, 사람들이 품위 있게 서로 교류할 때 도덕이나 윤리이란 개념이 떠올려지는 것이다.

오늘날 도덕은 에토스Ethos와 동일하게 실제로 존재하는 관습과 관례를 지칭하는 개념으로 사용되고 있다. 나아가 도덕은 사람들을 옳은 행동으로 이끄는 동인動因으로 이해되고 있다. 사람들은 도덕적으로 선한 의지를 갖고 있어서 고결함이나 도덕성을 구현한다. 이런 점에서 도덕은 실천적 측면을 지닌다.

반면 윤리는 이론적 측면을 갖는다. 윤리는 옳은 행동이 무엇인지에 관해 비판적으로 숙고한다. 왜냐하면 널리 통용되는 관습과 관례는 윤리적으로 옳지 않을 수 있기 때문이다. 이데올로기들이나 잘못된 도덕관념들이 존재할 수 있다. 브레히트가 말하는 주인들의 주장, 곧 현재의 사회관계가 공정하고 정의롭다는 주장은 옳지 않다.

상황이 항상 공정하고 정의로운 것은 아니라는 이런 인식으로부터 철학의 한 분과로서의 윤리가 발전되어왔다. 우리가 널리 통용되는 도덕관념이 윤리적으로 올바른 요구를 하고 있는지 알고 싶다면 우리는 그것에 관해 비판적으로 숙고할 필요가 있다. 윤리와 도덕의 관계는 이론과 실천의 관계와 같다. 윤리는 널리 행해지는 실천에 관한 비판적 이론이다. 윤리는 도덕을 반성하는 이론이다.

## 서로 충돌하는 심정 윤리와 책임 윤리

우리가 윤리적 성찰은 포기하고 도덕에만 의존한다면 우리는 잘해야 선입견에 사로잡히거나 최악의 경우 윤리적 이성이 자신을 편든다고 주장하는 이데올로기에 빠지게 된다. 우리가 윤리를 추구할 때, 곧 올바른 행위에 대한 윤리적 주장을 내세우면서 윤리적 관점에서 도덕 혹은 도덕성을 해명할 때 도대체 무엇이 남을 수 있을까?

이런 의문을 갖는 것이 경제 윤리 안에서 우리가 다루게 될 도덕 없는 윤리의 입장이다. 이런 입장은 경제주의 혹은 시장 맹신의 입장과 일치한다. 이런 입장은 종종 막스 베버가 시도한 심정 윤리Gesinnungsethik와 책임 윤리Verantwortungsethik의 구분과 연결된다. 그런데 심정 윤리는 '속'으로, 책임 윤리는 '겉'으로 분류될 수 있다.

> 우리는 윤리적 지향성을 가진 모든 행위들이 중재될 수 없을 만큼 서로 반대되는 두 가지 규준에 의해 분류된다는 사실을 분명히 밝혀야 한다. 그것들은 심정 윤리적인 행위들과 책임 윤리적인 행위들로 구분될 수 있다. (중략) 사람들이 심정 윤리적 규준에 따라 행동하는 것(종교적으로 말하면 '기독교인은 옳은 행위를 하되 그 결과는 하나님께 맡긴다')과 책임 윤리적 규준에 따라 행동하는 것(사람들은 자기 행위의 예상되는 결과에 대해 책임을 져야 한다)은 완전히 상반된다.[4]

---

4 ) M. Weber, Politik als Beruf, in: Gesammelte Politische Schriften, 5. Aufl., Tübingen 1988, 551 이하.

‘자기 행위의 결과에 대해 책임을 진다는 것’은 좋게 들린다. 하지만 여기서 왜 선한 의지를 가지려는 심정에 대한 하나의 대립물이 상정되고 있는가?(물론 베버는 하나의 대립물이 아닌 여러 가지 대립물들을 생각하고 있었다) 선한 의지나 도덕적 각오 없이 자기 행위의 정당성이나 책임성을 묻는 것은 윤리적으로 좋은 결과를 가져오지 못한다. 또한 좋은 결과가 무엇인지는 그리 쉽게 판별될 수 없다. 나아가 좋은 결과는 홀로 영향을 미치지도 못하고 평가받지도 못한다. 오히려 좋은 결과는 선한 의지, 올바른 심정, 선한 심정을 필요로 한다.

한편 우리는 자기 행동의 결과와 상관없는 순수한 심정 윤리가 실제로 존재해왔는지도 물을 수 있다. 순수한 심정 윤리의 존재를 긍정하는 입장은 의미를 갖지 못한다. 자신의 행동이 다른 이들이나 환경에 대해 미치는 결과를 고려하지 않는 사람은 올바른 심정을 지니고 있다고 할 수 없다.

물론 여기서 베버는 정치의 일반적 경우를 형성하는 특별한 상황을 염두에 두고 있다. 이런 상황에 연루되는 경우, 특히 사람들이 선한 의지를 거의 지니지 못하고 윤리적 관점에 접근하지 못한 채 행동하는 경우, 윤리적으로 책임적인 정치가는 때에 따라 (혹은 일반적으로) 옳지 않아 보이지만 그 결과가 윤리적으로 정당화되거나 나타나는 일을 수행할 필요가 있다.

궁한 나머지 하게 되는 거짓말을 예로 들어보자. 거짓말은 윤리적으로 옳지 않은 것이다. 왜냐하면 거짓말은 정당화될 수 없기 때문이다. 게슈타포Gestapo, 곧 나치 독일의 비밀 국가경찰이 문 앞에 서서 안네 프랑크Anne Frank에 관해 묻는다면 사람들은 당연히 거짓말을 할 것이다. 그런데 이런 거짓말은 윤리적으로 허용될 수 있다. 책임 윤리가 의도하는 바는 바로 이런 것이다.

이번에는 피랍을 예로 들어보자. 독일 역사상 가장 지성적인 수상이었던 헬무트 슈미트Helmut Schmidt는 항상 막스 베버, 그리고 그가 시도한 심정 윤리와 책임 윤리의 구분을 언급하였다. 슈미트는, 1977년 가을에 서독의 극좌파 무장단체였던 독일적군파RAF에 의해 피랍·살해되었던 한스 마틴 슐라이어Hans Martin Schleyer의 경우에 관해서도 마찬가지였다. 슈미트는 이 피랍사건을 회고하면서 자신이 그 당시 도움이 되는 대안들과 그것들이 초래하게 될 결과들을 고려하였다는 사실을 강조한다.[5] 슈미트에 따르면 정치가는 선거하는 시민들과 자신의 양심 앞에서 이런 결과들에 대해 철저하게 책임을 진다. 그는 도덕적 딜레마의 상황에서 정치가는 불가피하게 공범이 된다는 사실을 강조한다(최악의 경우 피랍자를 희생시키는 경우가 발생할 수도 있었는데 이는 그 뒤로 피랍 사건의 모방자를 만들어내지 않기 위함이었다. 이런 희생을 통해 더 이상의 피랍 사건이 사전에 방지되는 '결과'가 생겨났다).

슈미트의 경우 심정 윤리와 구분되는 이러한 책임 윤리는 윤리적 관점을 도외시하는 주체들(예를 들어 테러리스트들)이 존재한다는 사실에 근거하지 않는다. 그에게 책임 윤리는 이런 주체들의 권력과 무분별에 직면한 정치가가 자신이 의도하는 결과를 위해 도덕적 권리의 심각한 훼손을 감수해야 한다는 사실에 기초한다. 슈미트는 포기될 수 없는 (베버적 의미의) 심정과 자발적인 결정 혹은 결정하는 데 도움을 주는 단순한 규칙을 동일시한다. 그러면서 심정을 합리적 고려 및 이성의 노력과 분리한다.

심정을 이성적 근거와 분리하는 것은 전근대적인 윤리 이해의 잔재이다

---

5 ) H. Schmidt, Verantwortung und Gewissen des Politikers, Rede anlässlich der Verleihung der Ehrenpromotion der Universität Marburg, 27. Februar 2007, http://spdnet.sozi.info/nrw/bochum/dl/ redeschmidt27022007.pdf.

(이 문제의 원인을 전적으로 슈미트에게 돌릴 수는 없다). 이 문제로 다시 돌아가
보자. 물론 이런 식의 책임 윤리가 분명 필요하다. 하지만 근본적인 관점에
서 보면 선한 결과를 선한 심정과 대립시키는 시도는 무의미하다. 전자는
후자 없이 주어질 수 없다. 사람들은 심정 혹은 도덕적 의지 없는 윤리적 이
성에 전혀 관심을 갖지 않는다.

## 목록에 갇힌 전근대적 윤리와 논쟁하는 근대적 윤리

세계에 윤리적으로 옳은 일들이 확산되어 가고, 정의가 세상을 지배하게
되고, 사람들이 서로 공정한 관계를 맺게 되는 데 선한 의지 혹은 도덕성은
포기될 수 없다. 선한 의지나 도덕성은 단지 윤리 자체와만 관계가 있는 것
은 아니다. 케이크를 굽는 것과도 관계가 있다. 케이크는 스스로 구워지는
것이 아니다. 인간이 그것을 원해야 한다.

선한 의지 개념과 옳은 심정 개념은 우리가 보통 회피하길 원하는 함의
를 갖는다. 이런 개념들은 엄숙주의에 따라, 곧 강철 같은 의지에 따라 불리
한 여건들을 개의치 않으면서 기존의 고정된 규범들을 엄격히 준수하는 상
태를 연상시킨다.

선한 의지를 이렇게 해석하는 것은 전근대적인 도덕 이해에서 비롯된 것
이다. 여기서 윤리는 준수해야 할 규범들의 목록에 불과하다. 다시 말해서
그것은 알맞은 것을 행하는 일을 의미한다. 선한 의지가 부족해서 이런 알
맞은 것을 행하지 않는 사람은 악한 사람이다. 그리고 이런 사람은 제명당

한 존재로 생각되어 사람들은 더 이상 그와 말을 섞지 않는다.

근대 이후 사람들은 선함과 옳음을 이런 규범들의 목록에 고정시킬 수 없게 된다. 왜냐하면 개방적이고 다원적인 사회에서 윤리는 근본적으로 논쟁의 여지가 있는 것이 되기 때문이다. 관습들은 되물어진다. 의견의 다양성이 존재한다. 그런데 민주주의 안에서 이런 다양성은 논증적으로 표현된다. 제명은 허용되지 않는다.

전근대적인 목록 윤리는 결국 좌초하고 만다. 완벽한 규범들의 목록이 존재하지 않기 때문이다. 우리가 어떻게 도덕적 의무들을 확정할 수 있겠는가. 소크라테스Socrates이래로 철학은 윤리 문제에 관해 여러 방안들을 제시해왔다.

주지하는 바와 같이 우리는 서로 논쟁한다. 다시 말해서 윤리적으로 옳은 것에 관해 논쟁한다. 우리는, 자신이 논의하는 대표적 관점들이 실제로 이성적인 것인지에 관해 서로 논쟁한다. 우리는, 자신이 취하고 있는 입장들과 위치들의 근거를 제시하거나 다른 입장들과 위치들에 의해 도전받는다.

근대적 이성 윤리는 도덕적 의무들을 이런 과정에 고정시킨다. 이 윤리는 자신의 자리를 더 이상 고정된 규범들의 목록에 한정하지 않고 규범들의 근거를 제시하는 원칙에 기초한다. 이러한 근대적이고 탈관습주의적인 윤리(이 개념은 도덕심리학자 로렌스 콜버그Lawrence Kohlberg, 1927~1987에서 유래함)의 초점은 규범들에서 도덕 원칙으로 이동하는 것이다. 그렇다고 이 윤리가 규범들이 중요하지 않다고 주장하는 것은 아니다. 이 윤리에서도 중요한 것은 옳은 행위임에 분명하다. 하지만 규범들만 가지고 방향성이 제시될 수는 없다.

선한 의지는 근대적 이성 윤리에서도 필수적이다. 하지만 여기서 말하는 선한 의지는 관습주의에서 이야기되는 그것과 다르다. 기존의 관습들은 항상 의심스러운 것이고, 그래서 재검토될 필요가 있기 때문에 선한 의지는 더이상 규범들에 고정될 수 없다. 오히려 선한 의지는 윤리적 관점들을 찾아낼 준비를 한다. 우리는 선한 의지가 더 높고 깊은 요구를 하는지에 관해 서로 논쟁한다. 선한 의지는 근거 지어질 수 있는 관점들에 따라 행동하는 의지를 포괄한다. 우리는 선한 의지 대신에 성실성에 관해 이야기할 수 있다. 성실성은 자신의 행동을 정당성과 책임성에 연관시키려는 의지이다. 무엇이 정당하고 책임적인 것인지는 근거를 제시하는 과정, 곧 담론에서 밝혀져야 한다.

## 선을 추구하는 목적론적 윤리와 정의를 추구하는 의무론적 윤리

여기서 윤리라는 것은 항상 의무론적 윤리를 의미한다. 의무론적 윤리라는 개념의 어원은 그리스어 deon인데 이는 의무를 뜻한다. 의무론적 윤리의 근본적 문제는 다음과 같다. '우리의 의무는 무엇인가?' 우리는 이것을 다음과 같은 질문으로 바꿔볼 수 있다. '다른 사람들은 어떤 권리를 갖고 있는가?(예를 들어 그들은 속임을 당하지 않을 권리를 가진다)' 다른 사람들이 도덕적 권리를 갖고 있기 때문에 우리는 의무를 지니는 것이다. 우리가 다른 사람들의 권리를 만족시키면 우리의 행위는 정당하고 책임적인 것으로 평가받는다(윤리적 옳음과 동일시되는 정당성은 단순히 기존의 법들에 따라 행동하는 적법성과 혼동되어서는 안 된다).

안타깝게도 철학적 논쟁에서 의무론적 윤리의 정의와 경계를 둘러싸고 의견이 분분하다. 그런 가운데 의무론적 윤리는 대체로 위에서 언급된 책임 윤리와 같이 도덕 원칙을 결과주의적으로 해석하는 윤리에 의해 경계가 지어진다(책임 윤리에서는 행위와 무위無爲의 결과에 대한 책임이 중요시된다). 앞에서 필자는 의무론적 윤리로부터 완전히 독립적인 책임 윤리가 가능하다는 주장을 의심하였다. 물론 의무론적 윤리도 책임 윤리로부터 완전히 벗어날 수 없다. 왜냐하면 우리는 자기 행동의 결과를 고려해야 하는 의무를 지니기 때문이다.

정확히 말해서 의무론적 윤리는 목적론적 윤리에 의해 경계가 지어진다. 목적론적 윤리에서는 우리의 의무가 무엇인지에 관한 여러 가지 입장들과는 완전히 다른 문제 제기가 중요시된다.

목적론적 윤리라는 개념의 어원은 그리스어 télos인데 이는 목적을 뜻한다. 이 윤리에서 중요한 질문은 다음과 같다. '우리는 무엇을 추구하느냐?' 이 물음에 대해 아리스토텔레스는 '선善'이라고 대답한다. 우리는 선한 삶을 영위하길 원한다. 그럼에도 우리는 선한 삶을 진부한 것으로 여기기 쉽다. 우리는 선한 삶에 대해 묻기도 하고 묻지 않기도 한다. 그런데 우리가 선한 삶에 대해 묻지 않는다면 우리는 그것을 영위하기 힘들다. 선한 삶이 어떻든 간에 말이다. 목적론적 윤리에서 우리는 다른 문제를 제기한다. 곧 우리가 무엇을 소망하는지가 그것이다. 목적론적 윤리에서 우리는 현실적인 소망이 아니라 우리의 진정한 희망 혹은 선호와 일치하는 소망을 묻는다. 엄격하게 말하면 이는 (문학을 포함한) 미학의 문제이다.

반면 의무론적 윤리는 우리가 어떻게 선한 삶을 살기 원하는지를 묻지 않고 우리가 어떻게 행동해야 하는지를 묻는다. 우리는 소망과 관련해서는 어떤 의무도 요구할 수 없다. 나에게 좋은 것이 다른 사람들에게도 좋을 필요는 없다. 따라서 선한 삶의 기획은 복수로 나타나게 된다(하버마스).

그렇다고 의무론적 윤리와 목적론적 윤리가 서로 아무런 관련성이 없는 것은 아니다. 우리는 선善이 도덕적 허용된 존재와 갈등 관계에 들어갈 수 있음을 인식할 필요가 있다. 만일 이런 존재가 거짓말을 한다면 사람들은 이를 좋은 것으로 느끼게 된다. 목적론적 진술들은 항상 충족적이지 못하다. 이런 윤리를 주장하는 사람들은 이렇게 말한다. '그것은 나에게 좋거나 우리에게 좋다.' 그런데 그것은 모두에게 좋을까? 더 정확히 말해서 그것이 정당한 요구들을 모두 만족시킬 만큼 공정한가? 의무론에 대한 목적론의 우선성은 의심스럽다.

목적론적 윤리의 미흡함은, 이것이 좋거나 저것이 좋다고 주장될 때 분명히 드러난다. 그런데 이것이나 저것은 누구에게 좋은 것인가? 이 질문이 바로 공정과 정의에 관한 의무론적 윤리의 질문이다. 물론 선善, 가치, 진정한 선호에 관한 질문은 중요하다. 왜냐하면 우리가 그것들을 모른다면 우리는 어떤 사항에 대해 제대로 판단하지 못하게 되기 때문이다. 예를 들어 우리는, 관련된 이들을 해고시키는 것이 좋은 것인지 아니면 나쁜 것인지를 모르게 된다. 그리고 우리는, 경쟁 과정에서 자기를 주장하는 것이 자신의 생각에 따라 자신의 삶을 살아갈 수 있는 자유를 표현하는 것인지 아니면 반대로 이런 자유를 제한하는 것인지를 모르게 된다. 또한 우리는, 이런 자기주장이 경제주체들에게 자유의 표현으로 느껴지는지 아니면 자유의 제한으로 느껴지는지도 모르게 된다.

그런데 이런 가치들이나 이해관계들을 다른 가치들이나 이해관계들과 관련해서 사고하는 것은 공정의 문제이고 의무론적 윤리의 문제이다. 의무론적 윤리에서는 요즘 많이 언급되는 가치가 문제가 되는 것이 아니라 권리, 정의, 정의의 원칙들이 중요시된다.

## 정의란 무엇인가?

우리의 의무는 무엇인가? 우리의 의무들은 얼마나 좁은가 아니면 넓은가? 이런 질문은, 우리의 행위와 무위가 정당한 것이 될 수 있기 위해서 우리가 수호해야 할 다른 사람들의 권리에 관한 물음과 동일한 의미를 지닌다. 여기서 정의의 광범위한 차원들이 어떻게 나뉠 수 있는지 알아보자.

### 무간섭의 윤리인 소극적 정의

다음의 문장은 유명한 것으로 의무에 관한 매우 협소한 이해를 대표한다. "한 사람의 자유는 다른 사람의 자유에서 그 한계를 발견한다." 그럼으로써 정의는 만족된다. 일단 자유란 우리가 좋을 대로 하는 것을 의미한다(엄밀히 이야기하면 이것은 제멋대로 하는 자유이다). 그러면서 동시에 자유는 절대적이지 않다. 자유는 윤리적으로 우리가 다른 사람들에게 영향을 미칠 수 있다는 사실에 의해서 제한된다. 그런데 우리는 가능한 한 다른 사람에게 영향을 미치지 않도록 해야 한다(물론 이런 권고는 정당방위와 같은 중요한 행위들과 대립할 수 있다).

이런 권고와 관련된 정의가 소극적 정의이다. 여기서 '소극적'이란 '우리가 다른 사람에게 영향을 미칠 수 있는 무엇을 하지 않을 의무가 있는 것'을 의미한다. 따라서 소극적 정의에서 말하는 의무는 하지 않는 것이다. 이런 의미에서 소극적 정의를 내세우는 윤리는 무간섭의 윤리로 불린다.[6] 다른 사람에 대해 폭력을 가하지 않고 그와 평화롭게 지내야만 하는 의무가

---

6 ) C. Gilligan, Die andere Stimme. Lebenskonflikte und Moral der Frau, München 1988, 33.

지고하고도 유일한 도덕적 명령이 된다. 따라서 우리는 조용히 자기 이익을 극대화하는 일은 할 수 있지만 남의 머리를 때리는 일을 해서는 안 된다.

### 연대의 의무인 적극적 정의

소극적 정의만이 강조되는 사회는 비인간적일 수 있다. 소극적 정의를 내세우는 무간섭의 윤리에 따르면 형편이 나빠 곤경에 처해 있는 사람은 우리를 괴롭혀서는 안 된다. 흔히 이야기되는 것처럼 각자가 자기 행복의 개척자이다. 다시 말해서 내가 다른 사람들에게 해를 끼치지 않는 한 책임 감당이란 각자가 자기 행복에 대해 책임을 지는 것을 의미한다.

반면 우리가 원조나 후원의 의무, 곧 다른 사람들과의 연대하는 의무를 지닌다는 입장이 강조될 수 있다. 여기서는 적극적 의무, 즉 행동의 의무가 중요시된다. 이런 의무는 도덕적 구속력이 없는 취향과 관련이 없다. 이마누엘 칸트Immanuel Kant는 이런 의무를 소극적 정의에 부합하는 '협의의 의무' 혹은 '남겨주지 않을 의무'와 구분되는 '광의의 의무' 또는 '공로가 되어야 할 의무'로 간주하였다.

적극적 정의의 문제는 쉽게 간과될 수 없다. 이런 문제에는 보다 높은 정도의 의무가 부여된다. 어떤 곤경의 발생이 자신과 상관없음에도 불구하고 그 곤경에 처해 있는 다른 사람들을 후원하는 사람은 사회 전체를 위해 그러는 것이다. 이 경우 물론 의무가 중요함에도 그 의무의 정도는 그리 높지 않다. 왜 그럴까? 누가 연대적 행동의 의무를 지니는지가 불분명하기 때문이다. 결국 여기서는 관련 없는 사람들이나 전혀 모르는 사람들에 대한 사랑의 행위가 문제가 된다. 이런 식의 연대 의무의 모범적인 사례가 기부이다. 누구에게 이런 연대 의무가 요청되는가? 원칙적으로 모두에게 요구된

다. 그럼에도 유복하여 다른 사람들과의 연대에 부담감을 느끼지 않는 사람
은 높은 정도의 의무감을 가져야 마땅하다.

물론 우리는 정의의 이런 두 가지 차원만을 가지고서는 매우 불완전한
그림을 그릴 수밖에 없다. 이 두 차원들이 전제하는 사회 모델은 로빈슨 사
회이다. 소극적 정의가 추구하는 사회의 경우 로빈슨들은 자기 섬에 머물러
야 하며 다른 사람들에게 피해를 주어서는 안 된다. 적극적 정의가 추구하
는 사회의 경우 사람들은 병이 들거나 먹을 것이 떨어진 인접해 있는 섬에
사는 로빈슨을 찾아가 도와주어야 한다. 하지만 그들은 도움을 준 뒤 다시
로빈슨의 섬을 떠나야 한다. 그리고 더 이상 간섭해서는 안 된다.


### 공정은 자기 지분의 요구

이런 사회 모델은 우리가 항상 상호적으로 행동하고 함께 살아가고 협력
하여 일한다는 사실을 진지하게 고려하지 않는다. 그런데 이 사회 모델은
왜 이런 사실을 고려하지 않는지에 관해 답변하지 않는다. 그저 이런 사실
을 고려하지 않는다고 주장할 뿐이다. 하지만 언어를 사용할 수 있는 능력
을 지닌 인간은 개인적 정체성의 개발과 보존의 측면에서뿐만 아니라 경제
적 측면에서도 공동 작업과 상호작용에 의존해 있다.

여기서는 경제적 측면에 집중해보자. 공동 작업이 서로에게 이익이 된다
는 사실은 주장될 수 있다. 하지만 이 사실이 각자의 이윤 추구가 최종적 기
준이 될 수 있음을 의미하는 것은 아니다. 왜냐하면 그렇게 될 경우 더 강한
쪽의 권리가 일방적으로 실현되기 때문이다. 나아가 이 사실은 실제로 존재
하는 시장경제에서 이윤 추구가 최종적 기준이 될 수 있음을 의미하는 것
도 아니다. 앞에서 우리는 시장이나 이윤 추구와 거리를 두는 관점을 서술

하였다. 여기서 우리는 이런 관점과 관련된 공정의 관점을 내세울 수 있다.

가계, 기업, 시장, 세계시장에서 경제활동은 항상 노동 분업적으로 이루어진다. 그래서 공동 작업의 결실이 어떻게 분배되어야 하는지가 문제시된다. 또한 부담이 어떻게 분배되어야 하는지도 문제시된다. 이는 재분배의 문제가 아니라 원초적인 분배 정의 및 부담 배분 정의의 문제이다. 다시 말해서 공정의 문제이다.

공정은 한편으로 적극적 정의와 관련된다. 공정은 단지 다른 사람들에게 피해를 주지 않는 것을 의미하지 않는다. 동시에 공정은 단순히 곤궁한 이들에게 무엇을 제공하거나 관여하지 않은 이들에게 선물을 주는 것을 의미하지도 않는다. 왜냐하면 최종적인 차원에서 모든 이들이 관여하게 되기 때문이다. 따라서 그들은 공동의 가치 창조에 대한 지분을 갖고 있다. 그 결과 그들은 자기 지분을 요구할 수 있다. 그들이 제외되거나 착취당할 이유는 없다.

흔히 지적되는 바와 같이 시장경제 질서의 윤리적 결점은 연대성의 부족이나 결핍이 아니다. 연대성의 부족이나 결핍을 내세우는 것은 문제가 있다. 연대성의 의무가 관련 당사자나 제3자에 의해 주장되는 것은 그리 큰 설득력을 지니지 못한다. 반면 공정의 의무를 도덕적으로 요구하는 것은 높은 설득력을 지닌다. 여기서는 앞에서 서술된 바 있는 '남겨주지 않을 의무'가 중요시된다. 왜냐하면 경제적으로 창조된 가치들을 모든 관련 당사자들에게 분배하는 공정의 문제가 제기되기 때문이다.

오히려 시장경제의 윤리적 결점은 공정의 결핍이나 부재이다. 주류 경제학이 주장하는 바와 같이 합리적 경제주체들이 자신의 이윤을 최대화하는데만 관심한다면 시장에서의 교환은 불공정해질 수 있기 때문이다. 그들이 자기 이윤의 최대화에만 몰두한다면 공정이 고려될 여지가 전혀 없어지기 때문이다. 이렇게 이윤 추구가 결정적 척도로 통용될 경우 사회적 강자 혹은 시장 지배자의 권리가 공정한 것으로 간주되게 된다.

### 시장에서 자유는 무조건 보장되어야 하는가?

시장 논리를 정당화하는 전략들은 대부분 공정을 부정한다. 이런 전략을 구사하는 사람들은 소극적 정의와 적극적 정의 혹은 강제력 부재와 연대성, 곧 이타주의 가운데 하나를 선택해야 한다고 믿는다. 그들에 따르면 소극적 정의는 시장에서의 교환을 통해 훼손되지 않는다. 그리고 사람들은 이런 시장적 교환을 통해서 남의 머리를 때리지 않을 수 있다는 것이다. 한편 이런 전략을 구사하는 이들은, 적극적 정의를 지지하는 한 사람들이 자기를 스스로 배려할 수 없음을 인정해야 한다고 주장한다.

그러나 시장 논리를 정당화하는 이들은 소득이 경제주체 혼자의 힘으로 얻어진 것이 아니라 노동 분업적으로, 곧 다른 경제주체들과 협력하거나 경쟁해서 얻어진 것이라는 사실을 잊고 있다. 그래서 그들의 경우 소득이 얼마나 공정하게 획득되었고 획득되고 있는가라는 문제는 전혀 제기되지 않는다.

우리는 공정의 문제를 수용하지 않는 최근의 예로 경영자의 매우 높은 보수에 대한 비판이 비판가들의 시기심에서 나온 것이라고 주장하는 견해를 들 수 있다. 그런데 이런 견해를 제시하는 사람들은 다소 용기 있어 보인다. 독일의 경영 자문 회사 키엔바움<sup>Kienbaum</sup>에 따르면 독일의 100대 기업 이사들의 경우 노동자 보수의 43배를 받고 있다. 1990년 중반만 하더라도 그들은 노동자보수의 20배 정도를 가져갔다. 또한 최고경영자들은 노동자 보수의 100배를 받고 있는데 이런 사실을 감안하면 시기심을 내세우는 견해는 무시될 수 없다.

　이런 견해에서 우리는 소득 획득과 관련된 일종의 정글 이론을 발견할
수 있다. 이 이론에 따르면 각자는 자신의 소득을 혼자의 힘으로 획득할 수
밖에 없다. 그러면서 각자는 협력 파트너 혹은 경쟁자로서의 다른 인간들을
만나는 것이 아니라 단지 동물들만을 만날 뿐이다. 이런 현실은 수렵 채집
에 비유될 수 있다. 어떤 사람들은 다른 사람들보다 더 성공적이다. 그들은
기름진 노획물을 집으로 가져온다. 그들은 아마 사슴 한 마리를 잡았을 것
이다. 반면 능력이 부족하고 게으른 다른 이들은 더 작은 노획물을 가져온
다. 그들은 아마 약간의 딸기류의 열매들을 땄을 것이다.

　시기심을 내세우는 이론가들에 따르면 능력이 부족한 이들은 자신들의
작은 노획물에 불평하면서 능력이 많은 사람들에게 그들의 기름진 노획물
중 일부를 나누어달라고 요구한다. 그러면서 전자는 후자에게 연대를 요구
하는 것이다. 하지만 후자는 이런 요구를 고려하지 않은 채 전자를 향해 이
렇게 이야기한다. "이 시기심 많은 바보들아, 스스로의 힘으로 너희의 노획
물을 늘려라! 우리처럼 하란 말이다."

　시기심을 강조하는 이론은 소득이 항상 노동 분업적으로 창출된다는 사
실과 소득이 인간 없는 정글에서 홀로 생겨날 수 없다는 사실을 간과한다.
따라서 여기서 공정의 문제, 곧 공동으로 창조해낸 가치들을 공정하게 분배
하는 문제가 제기된다. 하지만 몇몇의 경영자들은 자신들이 혼자의 힘으로
아무것도 없는 상태에서 수십억 유로에 해당하는 가치를 창조하였다고 믿
는다. 따라서 그들은 자신들이 수백만 유로를 보수로 받는 것은 노력에 비
해 너무 작게 취하는 것이라고 생각한다. 그러면서 그들은 노동자들을 공동
의 가치 창조에 기여한 동료가 아니라 사업에 투입되는 대중으로 간주한다.
기업의 구성원들 모두가 이런 이해를 충실히 수용하면 할수록 자칭 가치

창조의 주역이 받는 보수는 더 많아진다. 냉소주의가 이익을 가져다줄 수 있는 것이다.

일반적으로 공정 문제의 방어는 자유에 관한 논의와 관련된다. 이 논의에서 시장은 무엇보다도 먼저 자유경제체제의 표현으로 나타난다. 이 논의에 따르면 순수 시장 논리에서 벗어나는 것은 부자유를 의미한다. 여기서 자유는 순수하게 소극적인 것으로 정의된다. 그런데 우리는 '새로운 사회적 시장경제를 지향하는 모임Initiative Neue Soziale Marktwirtschaft, INSM'의 웹 사이트에서 개인적 자유의 한계를 발견한다. INSM에 따르면 개인적 자유의 한계는 다른 사람들의 자유를 침해하는 곳에서만 설정된다.[7] 다른 사람들에게 피해를 주지 않는 한 개인 행위의 정당성은 유지된다. 그럼으로써 연대의 요구뿐만 아니라 공정의 요구도 배제된다.

자유를 말한다는 자체가 자유가 지배적이어야 한다는 것을 함축한다. 이런 의미에서 자유는 규범적이고 윤리적인 개념이다. 그런데 자유 개념은 윤리적으로 술책을 부릴 수 있다. 그래서 자유가 도덕 주체의 측면에서 언급되는 것인지 아니면 권리 행사자의 측면에서 언급되는지가 분명하지 않다. 도덕 주체는 의무를 생각하는 사람이고, 행동하거나 행동하지 않아야 하는 사람이고, 책임적이고 정당한 행동을 요청받는 사람이다. 권리 당사자는 도덕적 권리가 제공되어야 하는 사람이다(우리는 도덕 객체에 관해서도 언급할 수 있다. 그리고 주체들과 인간들도 문제가 된다. 따라서 여기서는 권리 당사자라는

---

**7 )** www.insm.de/insm/Wissen/Lexikon/f/Freiheit.html. INSM은 연매출액이 83억 6,000만 유로 정도 되는 금속 및 전기 산업의 고용주들이 설립한 싱크 탱크이다. 이 싱크 탱크는 전문적 소통 방식을 통해 공론장에 영향을 미침으로써 시장경제의 개혁을 추구한다. 이에 관해서는 www.insm.de, Leitbild und FAQs를 참조할 것.

개념이 선택된 것이다). 물론 우리는 언제나 이 두 가지 측면을 동시에 갖고 있다. 즉 우리는 책임적 행위를 요청받은 사람인 동시에 요구할 권리를 가진 사람이다.

자유가 소극적 측면에서 강제력의 부재로 정의되거나 축소된다면 권리 당사자는 더 이상 자신의 몸이나 삶이 공격받는 것을 두려워할 필요가 없다. 또한 그럴 경우 도덕 주체는 다른 사람들에 대해 강제력을 행사하는 의무로부터 벗어나 있다. 나아가 어떤 사람들은 공동으로 창조해낸 가치의 90 퍼센트를 차지하는 데 반해 다른 사람들은 똑같은 정도로 노동함에도 불구하고 이런 가치의 10퍼센트만을 가져간다고 하더라도 도덕 주체는 창조된 가치의 공정한 분배에 마음을 쓸 필요가 없다. 여기서 도덕 주체가 다른 사람들에게 물리적으로 영향을 미치려고 하는 경우에만 그의 자유는 제한될 수 있다.

이렇게 자유의 보전을 통해 시장 논리를 정당화하는 것은 매우 거친 정당화 시도이다. 이런 시도를 통해 경제적 강자들, 즉 지불 능력이 높고 경쟁력이 뛰어난 사람들은 공정 문제를 고려해야 하는 부담에서 벗어날 수 있다. 또한 그들은, 왜 자신들이 높은 지불 능력과 뛰어난 경쟁력을 보유하게 되었는지를 설명해야 하는 부담에서도 자유로울 수 있다. 여기서 경제적 인간의 효용 극대화를 정당화하려는 시도가 중요해진다. 경제적 인간은 무제약적인 거래의 자유를 보유해야 한다. 이를 위해 경제적 인간은 무엇인가를 요구할 필요가 있다. 따라서 이 자유는 (권리주체로서의 우리에게 유익한 것처럼 보이지만) 실은 시장 권력으로 번역될 수 있다. 다시 말해서 이 자유는 시장에서 교환관계를 성립시키고 해체시킬 수 있는 권력 혹은 경제주체들을 서로 경쟁시킬 수 있는 권력으로 번역될 수 있는 것이다.

그런데 시장 권력은 비인간적으로 느껴지기 때문에 시장변증론은 시장에서의 무제약적 자유를 정당화하는 술책을 고안해내었다. 이런 맥락에서 INSM은 높은 정도의 주관적 자유가 높은 정도의 자발적 사회참여와 결합될 수 있음을 강조한다. 같은 의미에서 게르하르트 슈바르츠Gerhard Schwarz는《노이에 취르허 차이퉁》에서 자유로운 질서가 비사회적이지만은 않다고 주장한다.

> 사회주의자들은 국가, 집단적 해결책, 강제적 연대를 향해 돌진한다. 반면 자유주의자들은 개인, 자기책임, 관용, 인간성, 자발적 연대를 향해 나아간다. 그래서 자유주의자들은 국가의 도움을 보조적인 것으로 간주한다.[8]

여기서 슈바르츠는 사회주의자들이 돈 잘 버는 사람, 부자, 투기자, 착취자라고 부르면서 적으로 생각하는 이들의 기부 행위를 염두에 두고 있다.

하지만 적극적 정의를 곤경에 처해 있는 사람들을 위한 사회적 도움으로 축소시키는 태도는 술책에 불과하다. 이런 태도는, 그들이 멀리 떨어져 있는 섬에 살고 있다는 사실과 착취자나 다른 시장 참여자들이 그들을 도움이 요청되는 (해고와 같은) 곤경으로 몰아넣지 않았다는 사실을 전제한다. 그런데 착취자가 착취될 수 있는 모든 것을 착취하는 태도를 포기하는 편이 사회가 그들을 도와주는 것보다 더 정의로울 것이다. 하지만 적극적 정의의 경우 착취자가 착취를 포기하는 길은 고려될 수 없다.

적극적 정의에서 연대성의 정도는 약한 편이다. 그래서 타인에 대한 지

---

8 ) G. Schwarz, "Vom liberalen und sozialen Staat", Neuer Zürcher Zeitung, 22. Oktober 2005.

원은 자발적이고 선호나 취향의 문제가 된다. 그리고 경쟁의 공정성이 개인적 차원에서뿐만 아니라 정책적 차원에서도 실현되어야 하기 때문에 사회복지국가가 내세우는 강제적 연대는 무시된다. 적극적 정의의 관점에서 보면 강제적 연대는 진정한 의미의 연대일 수 없다. 이런 의미에서 슈바르츠는 다음과 같이 주장한다. "국가의 익명성과 관료주의는 자선과 공동 인간성보다 더 차갑다."

일반적으로 이런 정의관을 주장하는 사람은 자유주의자로 분류된다. 자유주의자들은 자유 개념을 잘못된 방식으로 선점하고 있다. 자유를 강제로부터의 자유로 축소하고 이것을 넘어선 모든 도덕적 의무를 부인하는 사람은 실은 자유주의자가 아니라 자유지상주의자이다. 이런 정의관을 내세우는 사람들은 시장에서의 무조건적 이익 추구, 곧 착취에 대해 갈채를 보낼 뿐만 아니라 실업수당과 공공부조가 이웃들의 기부로 대체되길 원한다고 말하기도 한다. 사람들은 굴욕감을 느끼면 느낄수록 희망 없음에 관해 보다 더 침묵하게 되는 법이다.


## 처방이 아닌 성찰인 현대 윤리


독자들에게 이런 물음이 생길 수 있을 것이다. 앞에서처럼 공정이 남겨주지 않을 의무라면 무엇이 공정한 것인가라는 물음이 그것이다. 이사들이 20억 유로의 보수를 받는 것은 불공정한가, 아니면 정당한가? 노동자들이 시간당 임금으로 4.35유로를 받고 초과근무를 하는 것은 불공정한가, 아니면 공정한가? 윤리가 이런 물음들에 답변하지 못한다면 그것은 정말로 무의미한 것이 될 수 있다.

실제로 윤리 혹은 경제 윤리는 이런 구체적인 문제들에 대해 답변할 수 없다. 어쨌든 의무 문제에 관해서는 그렇다. 만일 윤리가 이 문제들에 대해 답변할 수 있다면 앞에서 거부된 곧바로 적용될 수 있는 규범 목록을 소유할 수 있을 것이다. 공정 문제가 중요하다고 말해지는 것과 동일한 정도로 모든 가능한 상황들을 고려하면서 이런 구체적 문제들이 답변될 수는 없다. 물론 필자의 이런 주장은 위의 문제들이 각자가 자신의 소원이나 이익을 위해 마음대로 할 수 있는 자의적 사항에 불과하다는 사실을 의미하지 않는다. 결정적인 것은 공정 문제의 고려가 우리가 위의 문제들에 관해 생각하고 이야기하는 방식을 바꾼다는 데 있다. 그리고 공정 문제의 고려가 어떤 행동도 불필요하다고 보는 입장들, 특히 윤리적 의무들에 대해 이의를 제기할 수 있는 어떤 행동도 불필요하다고 보는 입장들을 격퇴시킨다는 데 있다.

구체적 상황들에 대한 참여자들의 평가는 우리가 여기서 시도하는 윤리적 성찰에 의해 거부되지 않고 수행되어야 한다. 현대 윤리는 처방의 윤리가 아니라 성찰의 윤리이다. 현대 윤리는 윤리적 문제 제기를 명료하게 해주고 도덕 원칙의 근거를 제시한다.


## 보편과 목적의 정언적 명령

이마누엘 칸트는 《도덕형이상학 정초Grundlegung der Metaphysik der Sitten》

(1785)에서 도덕 원칙을 해명하였다. 이 책의 기본과 의미는 칸트에 관해 널리 퍼져있는 선입견이 시사하는 것보다 훨씬 더 실천적이다. 이 책은 일반적으로 알려진 의무 개념을 다루고 나서 우리가 이런 개념을 통해 무엇을 생각하는지, 그리고 이 개념이 무엇을 말하고자 하는지를 비판적으로 해명하고 있다.

의무 개념을 이야기하는 것은 최고의 실천적 원칙, 곧 도덕 원칙이 존재해야 한다는 사실을 전제한다(여기서 '실천적'이란 형용사는 '행동과 관련되고 그것의 정당성이 문제가 되는'이란 의미를 지닌다). 도덕 원칙은 무엇이 결정적 작용을 해야 하는지, 무엇이 표준이 되어야 하는지, 무엇이 의무를 요구할 수 있는지에 대해 답변한다.

의무 개념에는 도덕 원칙이 정언적, 곧 무조건적이어야 한다는 사실이 포함되어 있다. 옳은 것은 우연적 선호로부터 독립되어 있어야 한다. 만일 그렇게 되지 않을 경우 가언적 명령만이 성립하게 된다. 가언적 명령은 기술적인 규칙들 혹은 처방들로서 조건문으로 표현된다. 예를 들어 가언적 명령은 '내가 A를 원한다면 나는 B를 해야 한다'는 식으로 표현된다. 윤리적으로 보면 가언적 명령은 가정된 목적이 정당한 특정 조건 아래서만 성립한다. 정당성 문제는 어떤 목적과 어떤 행동이 정당한지를 묻는 문제이다. 우리는 정당성 문제를 우리의 이해관계에 의존적인 것으로 만들어서는 안 된다. 이것이 핵심 사항이다. 왜냐하면 이해관계의 정당성을 해명하는 것이 중요하기 때문이다.

칸트에 따르면 정언명령 혹은 도덕 원칙에는 세 가지 표현 방식이 있다. 이 가운데 가장 유명한 것은 다음과 같다.

네 의지의 준칙이 동시에 보편적 입법의 원리에 타당하도록 행동하라.

이 원칙은 보편화 법칙 혹은 일반화 원칙으로서 하나의 행위가 모든 사람들을 염두에 두면서 실행될 때에만 정당화될 수 있다는 사실을 드러낸다. 이와 다른 모든 입장들은 특수주의적인 것으로서 거부되어야 마땅하다. 이 원칙이 정확히 무엇을 의미하는지는 아직 이야기되지 않았다. 그러면서 이 원칙은 많은 오해를 불러왔다. 이 원칙은 우리 모두가 동일한 규범들이나 규칙들(법칙들)을 준수해야 한다는 사실을 강조하는 것은 아니다. 그 이유는 뒤에서 밝혀질 것이다. 혹시 우리는, 이 법칙이 부자와 빈자에게 동일하게 다리 밑에서 잠을 자고 길에서 구걸하고 빵을 훔치는 것이 금지되어 있음을 보여준다는 식의 결론에 도달할는지도 모른다. 하지만 아나톨 프랑스Anatole France는 모든 것을 동일한 것으로 취급하는 이런 기계적 동일시를 거부한다.

보편화 원칙은 논증 가능성의 원칙으로 이해되어야 한다. 올바르고 의무를 요구할 수 있는 것은 '이성적 존재(칸트)'에 의해 옳은 것으로 인정되고 인식될 수 있어야 한다. 그렇지 않으면 그것은 옳은 것이 아니다. 우리는 모든 인간들, 곧 '인간의 얼굴을 가진 모든 존재들(하버마스)'에 대해 적어도 잠재적인 의무를 갖고 있다. 우리의 행동이 정당한 것 혹은 유효한 것이 될 수 있기 위해서는 다른 사람들에게 정당화될 수 있어야 한다.

여기서 나는 정언적 명령에 담론 윤리적 의미를 부여한다. 이런 의미는 이미 칸트에서 발견된다. 칸트는 이성을 각자가 자신의 발언권을 갖는 일반적 인간 이성으로 정의한다.[9]

---

**9** ) I. Kant, Kritik der reinen Vernunft, Werkausgabe Bd. IV, Frankfurt a. M. 1981, 640.

칸트는 하나의 유일한 정언적 명령 혹은 도덕 원칙을 분명히 내세운다. 칸트의 이런 입장은 논리적이다. 왜냐하면 여러 가지의 도덕 원칙들이 존재한다면 그것들 사이에 갈등이 생길 수 있고, 그래서 그것들은 상위의 표준적 원칙에 따라 다시 선택되어야 하기 때문이다. 따라서 하나의 도덕 원칙만이 의무를 요구할 수 있다(메타 윤리도 존재할 수 없다. 왜냐하면 메타 윤리가 존재하게 되면 우리는 윤리의 일부가 아니면서 윤리에게 지시하는 상위의 숙고과정을 전제해야 하는데 이 경우 윤리의 논리적 우선성이 훼손되게 되기 때문이다. 통상적으로 메타 윤리에 다루어지는 주제는 윤리적 성찰 그 자체, 곧 도덕 원칙의 근거를 제시하고 도덕 원칙의 의미를 설명하는 것이다).

보편화 원칙 외에 도덕 원칙을 표현하는 방식에는 두 가지가 더 존재한다. 이런 사실은 동일한 도덕 원칙이 여러 가지 측면에서 표현되고 있음을 드러낸다. 정언명령의 두 번째 표현 방식은 다음과 같다.

> 너 자신과 다른 사람의 인격을 결코 단순히 수단으로 취급하지 말고 언제나 동시에 목적으로 대우하도록 행동하라.

이것이 소위 목적의 정식이다. 이 정식은 인간의 사물화를 금지시킨다. 인간은 사물이나 객체와 같이 취급되어서는 안 된다는 것이다. 다시 말해서 우리가 다른 사람들을 효과나 효용의 관점, 즉 수단의 측면에서만 바라봐서는 안 된다는 것이다. 오히려 그들에게 목적으로서의 존경과 인정을 돌려야 한다. 다시 말해서 우리가 그들을 목적적 존재 혹은 자기 생각을 가진 개인으로 간주해야 한다는 것이다. 우리가 다른 사람들과 인간적으로 교류할 때 우리는 그들을 그렇게 간주할 수 있다.

앞에서 서술된 경제적 인간의 행동 논리는 도덕 원칙을 명백하게 훼손시킨다. 그런데 이런 행동 논리는 합리적이어야 하고 이성을 통해 신성화되어야 한다. 칸트는 이런 행동 논리와 도덕 원칙의 차이점을 다음과 같이 이야기한다.

목적의 왕국에서 모든 것은 가격을 갖거나 아니면 존엄성을 지닌다. 가격을 갖는 것은 그와 동등한 것으로 대체될 수 있다. 반면 가격을 넘어서는 것은 동등한 것으로 대체될 수 없으면서 존엄성을 지닌다.

보편적인 관점에서 보면 여기서 목적의 왕국은 인간적인 사회를 의미한다. 하지만 이런 사회가 우리로 하여금 가격, 즉 비용과 수익을 따지는 방식에만 관심하도록 유도하게 될 경우 그것은 비인간화된다. 이 경우 인간은 교환 가능해지기 때문에 더 이상 자신만의 고유성을 지닐 수 없게 된다. 그리고 한 인간은 동일한 효용 혹은 더 높은 효용을 가져오는 다른 인간으로 변할 수 있다. 그런데 이런 변화는 우리에게 아무런 상관이 없다. 왜냐하면 우리는 그의 가격에만 관심을 갖게 될 것이기 때문이다. 하지만 이런 흐름은 안정적일 수 없다. 만인 사람들이 가격의 공정성에 관해 문제를 제기하게 되면 이런 흐름은 불안정해진다.

세 번째 정식은 자율의 정식이다. 이것은 위의 두 정식들과 마찬가지로 명령의 형태를 띤다. 세 번째 정식은 '도덕 원칙의 주체가 누구인가'라는 질문과 관련된다. 이 정식에서 도덕 원칙의 주체는 바로 우리 자신이다. 여기서 인간은 자신에게 고유하면서 동시에 일반적인(도덕적으로 근거 지울 수 있는) 도덕법칙의 지배 아래 있다. 그 자체로 존재하는 도덕법칙 외에 다른 어떤 도덕법칙도 따르지 않는 것은 우리가 의심할 여지없이 인간으로 간주하는 이성적인 존재의 존엄성과 관련된다.

우리 자신은 도덕적으로 옳은 것이 무엇인지, 도덕적 타당성을 요구할 수 있는 것이 무엇인지 아는 존재이다. 그런데 이런 앎은 우리의 자율성이나 자유의 표현이다. 이는 의무 개념에 이미 포함되어 있는 사실이다. 의무는 강제와 동일시될 수 없다. 그것은 자기가 원하는 무엇을 하기 위해 억지로 해야만 하는 것이 아니라 바람직하기에 해야만 하는 것을 의미한다.

억지로 해야만 하는 것은 가언적 명령이다. 가언적 명령은 A를 피하기 원한다면 B를 해야 한다는 식으로 표현된다. 예를 들어보자. 매우 권위적인 부모 밑에서 사는 한 학생은 친구들과 만나서 놀려면 먼저 숙제를 끝내야 한다. 이때 이 학생이 숙제를 해야 하는 것이 가언적 명령에 속한다. 반면 의무는 고차원적인 소망과 관련된다. 저차원적인 소망은 선호이며 자의적 자유이다. 따라서 우리의 의지를 근거 지우는 것이 중요하다. 그럴 경우에만 우리의 의지는 정당한 의지가 될 수 있다. 칸트는 여기서 한 발 더 나아간다. 그에 따르면 우리의 의지를 근거 지울 때에만 우리는 자율적으로 되며 진정으로 자유로워진다.

## 담론을 통한 도덕 원칙 근거 짓기

위르겐 하버마스와 카를오토 아펠Karl-Otto Apel이 주창하는 담론 윤리의 공헌은 무엇보다도 도덕 원칙 혹은 정언적 명령을 근거 지우고 동시에 보다 명료하게 해명했다는 점이다. 하지만 안타깝게도 담론 윤리에 관한 오해가 너무 많다. 내 생각으로는 담론 윤리가 가장 진보된 형태의 도덕 원칙을 제시하고 있다. 하지만 많은 학자들은 담론 윤리가 지닌 이런 가치를 제대로 인정하지 않고 있다.

담론 윤리의 출발점은 도덕이 논증을 통해 확고해질 수 있다는 직관이다. 위르겐 하버마스는 담화 안에 내재한 도덕에 관해 이야기한다.[10] 이 담화가 의사소통, 다시 말해서 근거 지어진 의사소통이며 논증이고 담론이다. 어떤 사람들은 논증을 통해 도덕이 발견될 수 있고 확고해질 수 있어야 한다는 사실을 이상하게 생각할 수 있다. 논증한다는 것은 논쟁하는 것이다. 영어에서 'we had argument'는 '우리는 서로 논쟁했다'는 의미를 지닌다.

우리는 논증 과정에서 참여자들이 우정을 맺을 필요는 없다는 사실을 알아야 한다. 하지만 우리는 논증 과정에서 참여자들이 공통의 문제를 지향한다는 사실은 이해해야 한다. 또한 더 나은 논증이 무엇인지, 어떤 해석이 타당성을 지닐 수 있는지를 분간해야 한다. 경험적 맥락에 대한 이론적인 담론들에서 우리는 어느 것이 참된 것인지, 어느 것이 거짓된 것인지 서로 논쟁한다. 반면 실천적인 담론들에서는 당위적인 것에 관해 논쟁한다. 즉 어떤 행동이 옳은 것(정당한 것, 책임적인 것, 공정한 것)인지, 어떤 행동이 그른 것인지에 관해 논쟁한다.

칸트가 주장한 바와 같이 우리는 자신이 옳다고 생각하더라도 논증의 파트너들 혹은 논쟁의 적수들을 목적으로 인정해야 한다. 우리는 그들과 거리

---

10 ) J. Habermas, "Konventionelle oder kommunikative Sittlichkeit, in: K.-O. Apel (Hrsg.), Praktische Philosophie/Ethik 1, Frankfurt a. M. 1980, 42.

를 두면서도 교제해야 한다. 그들은 우리의 흥미를 유발하는 의견을 갖고 있으며 무언가를 말해야 하는 존재이기 때문이다. 그런데 그들은 어떤 영향력을 갖고 있기 때문에 우리를 흥미롭게 하는 것은 아니다. 만일 그들이 어떤 영향력을 행사한다면 우리는 아마 전략적인 토론술을 구사하면서 상대편을 속이게 될 것이다. 우리에게 일반적으로 유익한 것이 무엇인지가 상대편에게 분명히 드러나서는 안 된다면 우리는 단순히 상대편의 견해에 관심을 갖는 것처럼 행동하면 된다. 왜냐하면 상대편은 우리를 용인할 준비가 되어 있기 때문이다. 윤리적 관점에서 보면 이 경우 우리는 상대편과 관계를 끝낸 것이다(헤겔).

진정한 논증 과정에서는 참여자들의 권력, 지불 능력, 생산력이 중요시되지 않는다. 단지 더 나은 논증이라는 강제 없는 강제만이 고려된다(하버마스). 좋은 논증은 어쨌든 강요적이다. 좋은 논증은 우리를 설득한다. 우리가 우리 자신에게 정직하게 된다면, 비록 우리가 이전에 다른 생각을 가졌다고 하더라도, 우리는 좋은 논증을 수용할 것이다. 담론 윤리적인 관점에서 정언적 명령은 다음과 같이 표현될 수 있다. '권력이 아니라 좋은 근거를 생각하라.'

우리는 무엇이 옳고 참되고 이성적인 것인지에 관한 논증, 사고, 숙고의 과정에서 우리의 직접적인 논증 파트너들이 동일한 존엄성을 지님을 인정한다. 뿐만 아니라 우리 자신의 인격과 다른 이들의 인격 안에 있는 인간성을 지닌 모든 이성적 존재들도 동일한 존엄성을 지닌다는 사실을 인정한다. 그런데 좋은 근거는 모든 사람들을 설득할 수 있다. 참되거나 옳은 것은 오성을 가진 모든 사람들에 의해 이해될 수 있어야 한다. 진리나 타당성은 다른 것을 의미하지 않는다. 진리나 타당성은 더 이상 이의가 제기될 수 없는 견해이다. 그래서 우리는 논증에서 보편화의 원칙도 인정한다. 논증은 하나의 보편주의적인 과업이다. 우리에게만 타당한 논증은 다른 사람들에 의해 동의를 받을 수 없기 때문에 좋은 논증이라고 볼 수 없다.

담론은 특별히 근대적인 현상이다. 담론을 통해 우리는 더 이상 상식을 단순히 받아들이지 않고 비판적으로 되묻는다. 우리는 단순히 낯선 권위를 따르지 않고 오로지 자신의 판단과 이성만을 의지한다. 이성은 자기 외의 다른 어떤 심판관도 인정하지 않으면서 다시금 그 안에서 각자가 자기 소리를 가진 보편적인 인간 이성으로 된다.[11] 정언적 명령의 자율성의 정식 또한 담론에서 발견될 수 있다.

그런데 논증 파트너들은 이런 작업들이 완전히 무익한 것은 아니라는 사실을 생각해볼 필요가 있다. 도덕을 둘러싼 논쟁은 최종적으로 해결될 수 없다. 베버가 이야기한 바와 같이 이런 논쟁은 중재될 수 없다. 결국 도덕은 최종적으로 개인의 양심에 근거한 결정과 관련된다. 각자는 자신의 고유한 입장을 갖고 있다. 따라서 이 경우 도덕적 의무는 성립할 수 없다. 개인심리학적 관점에서 관례존중주의의 동요는 윤리적 프로젝트의 거부로 이어진다.

이렇게 윤리적 프로젝트를 거부하는 입장은 비인지주의로 규정될 수 있다. 비인지주의를 고수하면 윤리에는 인식될 수 있는 것은 전혀 없고 오로지 결정될 수 있는 무엇만이 존재한다(결단주의). 비인지주의에서 도덕의 근거는 존재할 수 없다. 그런데 결정은 원래 언제나 자의적이다. 따라서 여기서 자유란 자의적 자유 외에 다름이 아니다. 비인지주의는 상대주의(모든 문화와 시대는 자기만의 고유한 도덕을 지닌다) 혹은 주정주의主情主義. 도덕은 감정적인 것이다로 이어질 수 있다.

---

**11** ) I. Kant, Kritik der reinen Vernunft, Werkausgabe Bd. IV, Frankfurt a. M. 1981.

비인지주의는 어떤 도덕도 존재하지 않는다고 주장함으로써 자신을 논증하기 시작하자마자 좌초된다. 깊이 생각해보면 윤리에 대한 회의론자도 논증을 시도하게 될 경우 도덕 원칙을 인정할 수밖에 없기 때문이다. 윤리 회의론자도, 분명히 의식하지는 못하지만 자신의 논증 파트너들이 단순한 수단이 아닌 동등한 존엄성을 지닌 존재로 대우받아야 한다는 사실을 전제한다. 그러므로 우리는 도덕 원칙을 전제하지 않고서는 그것에 대해 이의를 제기할 수 없다. 여기에 바로 담론 윤리의 핵심적 근거가 존재한다.

이런 맥락에서 칼오토 아펠은 윤리의 최종 근거를 이야기한다. 그래서 담론 윤리는 엄격주의적이라는 평판 혹은 아는 체한다는 평판을 얻게 되었다. 어쨌든 앞에서 언급된 도덕 원칙의 근거는 항상 가르쳐져야 한다. 이를 통해 우리가 추구하는 방향성과 확실성이 얻어질 수 있다(그런데 많은 사람들은 더 이상 찬성하거나 반대하는 논증을 시도할 수 없는 종교적 확신을 통해 이런 방향성과 확실성이 발견될 수 있다고 생각한다).

그렇다면 도대체 무엇이 근거 지어지는가? 오직 도덕 원칙뿐이다. 도덕 원칙은 세상 밖에서 생겨나는 것이 아니며 발견될 수 있는 것도 아니다. 우리는 단지 도덕 원칙의 의미를 이해하고 도덕 원칙을 지향할 수 있을 뿐이다. 우리의 행동이 윤리적이라는 평가를 받으려면 우리는 도덕 원칙을 준수해야 한다. 도덕 원칙은 아무것도 아닌 것이 아니다. 우리는 도덕 원칙에 관한 잘못된 견해들을 거부할 수 있다.

예를 들면 '경제적 인간homo oeconomicus'을 합리성 혹은 윤리적 비합리성의 진수로 이해하는 견해를 거절할 수 있다. 또한 근거를 내세우지 않으면서 감정에 의존하는 견해, 더 정확히 말해서 선입견에 의존하는 견해도 받아들이지 않을 수 있다. 그리고 우리에게 중요한 것만을 중시하는 견해, 곧 보편주의적 도덕 개념 대신에 특수주의적 도덕개념을 중시하는 견해를 거부할 수 있다. 나아가 비인지주의도 거절할 수 있다.

불가피한 것으로 분류될 담론 원칙은 결코 처방이 아니다. 또한 그것은 우리가 단지 적용하거나 변화시켜야만 하고 윤리적으로 옳은 것으로 드러나는 절차도 아니다. 담론 윤리는 민주적인 사회질서를 근거 지울 수 있다. 그럼에도 담론 윤리는 우리에게 끊임없이 담론을 진행시키고 회의를 개최할 것을 요구하지 않는다. 오히려 담론 윤리는 근거 지움의 원칙을 실천적으로 지향할 것을 요구한다. 그런데 우리가 사고하거나 숙고할 때 우리는 이미 이런 실천적 지향을 실현하게 된다. 왜냐하면 사고하는 것은 결국 관여하는 것이기 때문이다.

하지만 그렇다고 해서 우리가 분명하고 의식적으로 담론 원칙을 지향하고 있는 것은 아니다. 만일 우리가 이런 방식으로 담론 원칙을 지향하고 있었더라면 우리는 '경제적 인간'이란 개념이 이성에는 적합하지 않다는 사실을 이미 알고 있었을 것이다.

여기서 '경제적 인간'은 다른 사람들이 수단으로서 쓸모가 있는지에만 관심을 가질 뿐 그들이 권리를 가질 수 있는지에는 무관심한 존재이다. 간단히 말해보면 담론 윤리는 우리로 하여금 자신의 도덕적 직관과 공통의 도덕관념을 보다 잘 이해하게 함으로써 지향성을 획득하도록 도와준다. 그렇다고 담론 윤리가 도덕 원칙으로부터 어떤 탁월한 규범을 도출해낼 수 있는 것은 아니다. 우리는 이런 문제에 관해 아주 실제적으로 담론을 진행시킬 필요가 있다.

# : 5 :

왜 경제에도
윤리가
필요한가?

경제 영역에서 정상적 상태가 존재하는가? 정당하고 책임적일 수 있는 경제란 어떤 것인가? 경제 윤리는 이런 물음들에서 출발한다. 우리는 이런 물음들을 지속적으로 묻는다. 왜냐하면 우리가 특정한 관점에서 경제를 정당화하거나 비판하지 않은 채 경제에 관해 이야기하는 것 자체가 불가능하기 때문이다.

나는 5장에서 경제를 정당화하려는 시도들과 대결하려고 한다. 왜냐하면 이런 시도들은 경제 윤리의 핵심 질문, 곧 우리가 경쟁의 패배자들과 어떤 관계를 유지해야 하는지에 대한 우리의 관심을 약화시키기 때문이다.

경제 윤리는 시장이론이 지닌 암시적 윤리를 평가하기 위해 그것을 명시적으로 만든다. 윤리와 경제의 관계를 설정하는 입장에는 크게 세 가지가 있다. 이런 세 가지 입장들 안에는 우리가 다양한 맥락들에서 항상 만나게 되는 전형적인 사고방식들이 반영되어 있다. 우리가 이 입장들을 이해할 때 범할 수 있는 오류를 피하고자 한다면 우리는 이런 사고방식들 혹은 패러다임들을 이해해야 한다. 뒤에서 상술하게 될 세 가지 입장들 가운데 두 가지는 분리주의와 경제주의이다. 분리주의와 경제주의는 시장을 변론하는 특징을 지닌다. 다시 말해서 이 두 입장들은 시장 논리를 정당화한다. 차이

점은 분리주의가 시장 논리를 암시적으로 정당화하는 데 반해 경제주의는
명시적으로 정당화한다는 데 있다. 세 번째 입장은 통합적 경제 윤리[1]로서
앞의 두 입장들이 지닌 오류를 피하고 있다.


## 시장 이성을 믿는 경제주의


### 기업 윤리는 방해 요소일 뿐

사회적 책임에 대해 기업들이 내놓는 입장들은 서로 유사하다. 크레디
스위스Credit Suisse 그룹은 자신의 사회적 책임에 관해 다음과 같이 서술하고
있다.


> 우리의 가장 큰 사회적 책임은 우리 기업을 성공적으로 경영하는 데 있다.
> 이것이야말로 우리의 고객들, 주주들, 노동자들 그리고 사회에 도움이 되는
> 것이다.[2]


같은 맥락에서 도이체 방크의 회장 요제프 아커만Josef Ackermann도 은행
혹은 은행 주주의 이익과 만인의 복리 사이에 어떤 갈등도 없다고 주장한
다. 지속적으로 도이체 방크의 부가가치가 창출됨으로써 도이체 방크가 세

---


**1** ) P. Ulrich, Integrative Wirtschaftsethik. Grundlagenden einer lebensdienlichen Ökonomie, 4. Aufl.,
Bern/Stuttgart/Wien 2008; U. Thielemann/P. Ulrich, Standards guter Unternehmensführung. Zwölf
internationale Initiativen und ihr normativer Orientierungsgehalt, Bern/Stuttgart/Wien 2009.

**2** ) www.credit-suisse.com/responsibility/de/banking/overview.html.

계 금융을 이끌어가는 글로벌 은행으로 성장하면 할수록 도이체 방크의 이익은 더 증가한다는 것이다.

우리의 가장 중요한 사회적 책임은 국제경쟁력을 강화하고, 이익을 더 많이 창출하고, 은행을 성장시키는 데 있다. 그렇게 될 때에만 우리는 주주들, 고객들, 노동자들 그리고 사회 전체를 위해 장기적으로 가치를 창출할 수 있을 것이다.[3]

모든 경제학도들과 마찬가지로 요제프 아커만도 더 많은 이익을 얻기 위한 경쟁이 인류를 보다 성장시켜오고, 이런 경쟁을 통해 은행들이 그간 많이 기여하려고 했던 복지가 구현되고 있다고 믿고 있다. 이런 이유에서 아커만은 25퍼센트의 이윤율을 탐욕으로 간주하지 않고 오히려 성공을 위한 노력의 표현으로 이해한다. 물론 양자 사이에는 차이가 존재한다.

1970년대 초 밀턴 프리드먼Milton Friedman은 위와 같은 신조를 기업 윤리적인 형태로 다음과 같이 표현하였다. "기업의 사회적 책임은 이윤을 증가시키는 것이다." 독일 경영학의 대가 호르스트 알바흐Horst Albach는 다음과 같은 결론에 도달하고 있다.[4]

기업 윤리에 몰두하는 것은 불필요한 일이다 …… 경영학은 이미 기업 윤리이다.

---

3 ) www.deutsche-bank.de/csr/de/downloads/DBF_CSR08_DE_72dpi.pdf.

4 ) H. Albach, "Betriebswirtschaftslehre ohne Unternehmensethik", in: Zeitschrift für Betriebswirtschaft, Jg. 75, Nr. 9.

알바흐에 따르면 경영학의 과제는 기업의 자본 가치를 최대화시키는 방안을 제시하는 것이다. 그의 이런 입장은, 현재 경영학도들이 대학을 졸업하고 기업에 들어가기 위해 이수해야 하는 실습 과정에 그대로 반영되어 있다. 따라서 경영진은 단지 이윤 획득에만 집중하면 될 뿐 굳이 기업 윤리에 관심을 가질 필요가 없다. 기업 윤리는 방해 요소에 불과하다. 이윤 획득 이외에 다른 것들은 경영학 안에서 더 이상 자리를 차지할 공간이 없게 된다. 하지만 정말로 기업 윤리에 몰두하는 것이 불필요한 일일까? 기업 윤리에 몰두하는 것이 어디에 불필요하다는 것일까?

기업 윤리에 몰두한다는 것은 주체들이 자신의 행동이 정당한 것인지, 자신의 영업 방식이 책임적인지를 묻는다는 것을 의미한다. 알바흐와 그가 주장하는 경제주의에 따르면 선한 의지, 도덕, 도덕성 또는 성실성은 윤리적으로 불필요하다. 우리는 경제활동에서 윤리적으로 옳은 일을 하길 원하고 그런 일을 하기 위해 노력할 필요가 없다. 이런 윤리적으로 옳은 일은 다른 힘, 곧 시장의 '보이지 않는 손'이 우리가 헤아리기 어려운 뛰어난 지혜를 가지고 감당할 것이다. 그런데 이런 보이지 않는 손은 경제주체들이 이윤 증가에 일관되게 집중하면 할수록 더 잘 기능하게 된다. 윤리는 결과적으로 시장 논리의 기능 외에 다름이 아니다. 이런 의미에서 경제주의는 기능주의라고도 할 수 있다.

여기서 문제가 되는 것은 도덕 없는 윤리이다. 윤리적 관점에서 보면 영리 활동은 정당하고 책임적으로 전개되어야 한다. 하지만 경제주의에서 인간적인 경제주체는 정당하고 책임적인 영리 활동을 원하거나 전개할 필요가 없다. 초인간적인 경제주체, 곧 시장 혹은 경제가 이러한 영리 활동을 이미 수행했기 때문이다.

경제주의는 자신을 현대적인 입장으로 간주하고 있지만 객관적인 관점에서 보면 그것은 철저하게 형이상학적이고 전근대적이고 전계몽주의적인 사고에 빠져 있다. 형이상학은 이성적인 것을 결정하고 지키는 초인간적인 힘이 존재한다고 가정한다. 이런 사이비 신적인 힘이 바로 시장이다. 이런 힘에 대한 믿음이 시장 맹신이자 경제주의이다.

실제로 시장 맹신의 지도자인 프리드리히 아우구스트 폰 하이에크Friedrich August von Hayek는 경쟁 과정을 초인간적인 신으로 이해한다.[5] 다시 말해서 우리가 미성년자처럼 이런 신에게 겸손히 복종하고 시장이 결정한 것을 모두 수용할 때에만 경쟁 과정은 초인간적인 신으로 기능한다는 것이다. 뒤에서 상세히 살펴보겠지만 우리는 자신을 자기가 소유한 인적 자본의 운영자로 받아들임으로써 하이에크가 이야기하는 경쟁 앞에서의 겸손을 실현하게 된다.

하지만 이런 기능은 필요한 경우에만 발휘될 수 있다. 왜냐하면 경제주의가 뛰어난 이성의 손으로 간주하는 '보이지 않는 손' 뒤에 경쟁 과정의 무질서가 숨겨져 있기 때문이다. 무엇보다도 경쟁을 파괴한 주체가 보이지 않는다. 한스베르너 진Hans-Werner Sinn은 이런 현상을 다음과 같이 분명히 표현한다.[6]

노동 집약적인 산업은 사양 산업에 속한다. 이런 산업은 드러나지 않은 채, 곧 노동자들에 의해 인식되지 않고 직접투자에 관한 통계에 잡히지 않은 채

---

5 ) F. A. von Hayek, Die Verfassung der Freiheit, 2. Aufl., Tübingen, 1983, 135.

6 ) H-W. Sinn, "Sonntagsreden", in: WirtschaftsWoche, 22. Januar 2007, 138.

외국으로의 아웃소싱을 통해 그들의 일자리를 잃어버린다.

이런 과정은 직장을 잃는 노동자들에게는 드러나지 않는다. 다시 말해서 확실하지 않은 것이다. 물론 일자리 상실에 대해 책임을 질 수 있는 주체도 발견되기 어렵다.

경쟁의 패배자가 존재하는 것은 분명하다. 따라서 만인을 위한 복리, 곧 보편적 복리를 실제적인 목표로 삼는 경제주의는 부정될 수밖에 없다. 경제주의의 문제점은 그것이 논리상 필연적으로 형이상학적 특성을 지닐 수밖에 없는 잘못된 개념을 포함하고 있다는 데 있다. 경제주의가 주장하는 바와 같이 우리가 자율적으로 윤리적인 것을 결정하고 보증할 수 있어야 한다는 것이 성립하지 않는다면 우리는 초인간적인 힘을 상정해야만 한다. 도덕 없는 모든 윤리는 근본적으로 형이상학적이다.

이런 사실은 단지 학문의 상아탑에서 이국적인 매력을 느끼게 하는 '경제학의 규범적 토대'에 관한 정신과학적 세미나에만 해당되는 것이 아니다 (이런 세미나는 실제의 삶과 분리된 강좌로 이해될 수 있다). 시장형이상학은 경제주체들의 행동을 실제적으로 유도하는데 이는 앞에서 이미 인용된 입장들에서뿐만 아니라 스위스의 대형 은행인 UBS의 다음과 같은 공식적 입장에서도 확인될 수 있다.[7]

우리는 주주들을 위해 부가가치를 창출함으로써 모든 다른 이해 당사자들을 위해서도 부가가치를 창출하게 된다.

---

7 ) UBS, Kunden, Mitarbeiter, Aktionäre und die Gesellschaft. Unser Engagement 1999/2000, Zürich 2000.

주주들을 위해 부가가치를 창출하는 것은 이윤이나 자본소득으로서 개인적 복리와 관련된다. 그리고 부가가치의 창출은 그 한계가 분명하지 않기 때문에 이윤 극대화에 의해 추동된다. 동시에 은행의 경영진은, 은행이 결코 자신이 의도하지 않은 방식으로 보편적 복리를 촉진하거나 모든 다른 이해 당사자들을 위한 부가가치를 창출하거나 모든 정당한 요구를 들어주는 과정에서, 사람들이 보이지 않는 손에 의해 인도된다는 사실을 확신하고 있다.

이해 당사자들이란 표현은 미스프린트된 것이 아닐까? 이해 당사자들이란 영어의 'stakeholder'를 번역한 것인데 기업에 대해 정당한 요구를 할 수 있는 사람들을 의미한다. UBS는 거대한 부를 관리하는 세계적 은행이기에 개념들을 재정의할 수 있는 권력을 갖고 있다. 그 결과 고객, 노동자, 하청 업자, 시민, 사회 등과 같은 이해 당사자들은 UBS에 대해 어떤 요구도 할 수 없다. UBS와 대결하는 것은 그리 의미 있는 일이 아니다. 물론 이해 당사자들은 UBS에 조용히 요구할 수 있다. 다시 말해서 UBS가 많은 사람들의 삶의 조건에 영향을 미침으로써 공식적인 논의의 대상이 될 경우 이해 당사자들은 UBS에 조용히 요구할 수 있다. 이때 이해 당사자들은 시장 맹신을 가진 사람들이 선포하는 다음과 같은 복음을 듣게 될 수 있다. '경제적 인간에게 좋은 것은 만인에게도 좋은 것이다.' 막스 프리쉬Max Frisch식으로 표현하면 '이익을 가져오는 것이 이성적인 것이다.'

이제 사람들은 다음과 같은 명제를 받아들이게 된다. '주주들에게 부가가치를 창출해주기 위해 이용할 수 있는 모든 가능성을 활용하라.'[8] 이 명제는 이윤 혹은 주주 가치를 최대화하라는 명령 외에 다름이 아니다. 이 명제에

---

8 ) UBS, "Grundsätze des Finanzmanagements", 2001, www.ubs.com.

따르면 우리는 주주들을 가능한 한 더 부유하게 만들기 위해 모든 것을 다 해야 한다. 이것이 효율적 자본 관리이다. 그런데 이것은 이윤 극대화로도 지칭될 수 있는데 이런 표현은 항상 진지하게 않게 들린다. 그래서 사람들은 이윤 극대화보다 기업 경쟁력의 보장이나 상승이란 표현을 선호한다. 이런 표현들을 통해 최대한의 투자 수익을 무제한적으로 지향하는 것이 윤리적으로 재가된다. 또 하나의 예를 들어보자.

> UBS처럼 자본을 관리하는 것은 주가에 직접 영향을 미친다. 비효율적인 자본 할당은 구조적인 자본의 과잉투자를 초래하게 된다. 무엇이든 과잉되는 것은 언제나 좋지 않다. 그래서 우리는 기회비용을 생각하면서 더 많은 이윤이 기대되는 다른 곳에 자본을 투자한다. 결국 자본 관리 전략은 모든 이해당사자들의 이해관계를 고려하게 되는 것이다.[9]

사람들은 더 이상 이런 주장의 근거를 제시할 필요가 없게 된다. 최종적인 시장의 성과를 표시해주는 높은 주가는 사람들이 모든 일을 올바로 했음을 드러낸다. 여기서 '올바로'란 모든 이들의 정당한 요구를 고려하는 보편주의적 윤리의 의미에서의 '올바로'를 뜻한다. 어떤 것을 자신에게 유리하게 관철시키는 경쟁은 '발견적 과정(하이에크)'이 된다. 그런데 여기서 발견되는 것은 이성적인 것, 보다 정확히 말해서 윤리적으로 이성적인 것이다. 물론 이것은 경제주체들의 관심을 일으키지 않는다. 여기에 시장형이상학의 교활함이 존재한다. 자기 이윤의 최대화를 정당화하는 이론은 유용하

---

9 ) UBS, "Grundsätze des Finanzmanagements", 2001, www.ubs.com.

다. 도덕 없는 윤리에는 어떤 모순도 존재하지 않는다. 하지만 이런 윤리는 더 이상 윤리가 아니다. 단지 자기 이해관계를 관철시키려는 전략에 불과할 뿐이다.

### 장기적으로는 윤리가 이득이 될까?

경제주의는, 자신의 시장조화주의적 복음이 대중에게 더 이상의 설득력을 지니지 못할 때 모순에 빠지게 된다. 경제주의가 대중의 요구에 시장 조화의 기쁜 소식으로 응답하는 것만으로는 대중의 충분한 지지를 얻을 수 없다. 대량 해고가 기다리고 있고 경영진이 이윤 극대화를 계속 추구하기 위해 기업의 사회적 책임이 이윤 극대화라고 선언하는 것을 상상해보라. 이것은 일종의 재앙일 것이다. 우리가 3장에서 확인한 바와 같이 노키아Nokia의 경영진은 자본시장을 향해 자신들의 행동 방향을 분명히 표현하는 것에만 관심을 기울였다. 그들의 이런 행태는 재앙이 아닐 수 없다. 한 통계 조사에 따르면 노키아가 노동자들을 해고하기 전 독일인 응답자들의 8퍼센트만이 이 회사의 미래가 불투명하다고 대답한 반면, 해고 후 9개월이 지난 다음에는 독일인 응답자들의 35퍼센트가 이 회사의 미래가 어둡다고 대답하였다.[10] 아마도 이런 이유로 인해 노키아의 시장점유율이 44퍼센트에서 36퍼센트로 주저앉은 것이리라. 경제 잡지 《캐피털Capital》에 따르면 이런 시장점유율 감소로 생겨난 손실이 2억 2,000만 유로에 달한다. 우리가 단지 단기적인 이윤 극대화에만 집착할 때 실패할 수밖에 없는 것일까?

이윤 극대화의 정당화 문제와 관련해서 이와는 다른 이론도 존재한다.

---

10 ) Capital, "Handy-Weltmarktführer Nokia büßt Marktanteile ein", 2008, www.capital.de.

언뜻 보면 이런 이론은 기능주의와 정반대되는 것으로 보일 수 있다. 이 이론을 제시하는 학자는 앞에서 언급한 바 있는 호르스트 알바흐인데 그에 따르면 윤리는 이제 더 이상 쓸모없는 것이 아니라 오히려 필수적이다. 무엇을 위해서 그런가? 이윤을 얻기 위해서 윤리가 필수적이라는 것이다.

장기적 관점에서 윤리가 이득이 된다는 가정은 기업 윤리를 둘러싼 거의 모든 논쟁을 지배하고 있다. 또한 이런 가정은 기업 밖의 영역에도 널리 퍼져 있다. '장기적 관점에서 윤리는 이득이 된다.' 이 명제는 현대인의 지혜에 속한다. 이 명제에 따르면 우리 인간은 장기적인 전망을 가지고 사고해야 한다. 독일 법무장관 브리기테 치프리스Brigitte Zypries도 이런 충고를 받아들이고 있다.[11]

> 모든 이들은, 한 기업이 단기간에 성과를 올리는 데 관심을 갖지 않고 오히려 장기적 입장, 즉 경제 윤리적 입장을 취하게 되면 이득을 얻게 된다는 사실을 알고 있다.

실제로 경영자들도 거의 예외 없이 이런 사실을 인지하고 있다. '장기적으로 보면 윤리 없는 성과는 불가능하다.' 2006년까지 폭스바겐의 대표이사를 지낸 베른트 피쉐츠리더Bernd Pischetsrieder는 이 명제에 대해 확신을 갖고 있다. 그리고 알리안츠Allianz의 감독위원회 위원장인 헤닝 슐테노엘레Henning Schulte-Noelle도 마찬가지인데 그는 다음과 같은 주장을 내세운다.

---

11 ) B. Zypries, "Chefetagen dürfen keine Kuschelecken sein", Interview, Süddeutsche Zeitung, 29. Januar 2009.

기업은 모든 이해 당사자의 정당한 이해관계들을 고려할 수 있을 때에만 지속 가능한 성과에 도달할 수 있다.

슐테노엘레가 '모든 이해 당사자의 정당한 이해관계들'이라고 표현하고 있다. 그런데 그는 정말 실제적으로 모든 이해 당사자의 정당한 이해관계들을 고려하고 있는 것일까? 철학자들은 도대체 이해 당사자들의 정당한 이해관계들이 무엇인지를 둘러싸고 논쟁한다. 그리고 우리는 정치와 삶의 영역에서 이 문제에 관해 보다 치열하게 논쟁한다. 그런데 슐테노엘레는 이런 정당한 이해관계들을 모두 알고 있다는 것이다. 어떻게 그는 그것들을 알아낸 것일까? 그는 성과, 곧 주주 가치나 이윤을 지속적으로 증가시킴으로써 그것들을 알아냈다고 한다. 여기서 '지속적으로'란 1992년 리우 유엔환경개발회의에서 이야기하는 것처럼 높은 윤리적 가치를 지닌 표현은 아니다. 오히려 그것은 성과를 장기적으로 혹은 지속적으로 낼 수 있다는 의미를 지닌 표현이다. 만일 윤리적으로 책임 있게 행동하는 것이 이득이 된다면 그렇게 행동하는 것은 그릇된 것이 아닐 수 있다. 이런 입장에서 보면 윤리는 마케팅, 부기, 인력 관리 등과 같이 경쟁력을 키우기 위한 도구에 불과하게 된다.

여기서 우리는 이윤 추구 혹은 이윤 극대화를 정당화하려는 시도와 대면하게 된다. 위에서 서술된 입장은 도구주의로 지칭될 수 있다. 그런데 도구주의는 이윤 극대화를 정당화하려고 한다는 점에서 기능주의와 명확히 구분되기 힘들다. 도구주의와 기능주의에서 기업을 비롯한 모든 시장 참여자들은 이윤을 추구하고 있다. 더 정확히 말해서 그들은 이윤 외에 다른 어떤 것은 추구하지 않는다. 둘 사이에 차이점이 있다면 그것은 이윤을 획득하거나 증가시킬 수 있는 방법 혹은 불필요한 손실을 방지하는 방법이 다르다는 것이다. 도구주의에서 모든 정당한 요구들을 실현하는 것으로서의 윤리는 이윤 추구의 도구에 불과하다.

기능주의와 마찬가지로 도구주의는, 기업이 경영전략을 구사하는 과정에서 윤리적으로 정당한 일을 해나가고 모든 이해 당사자들을 공정하게 다루되 경영진에게 고결함을 요구하지 않는다는 입장을 취한다. 도구주의에게 이런 고결함은 해가 되는 것은 아니지만 무조건적으로 요구될 수는 없는 것이다. 기업은 장기적으로 자신의 이해관계, 다시 말해서 자본가의 이해관계를 추구해야 한다.

그런데 왜 윤리는 단기적이 아닌 장기적으로만 이득이 되어야만 하는 것일까? 세계의 저반과 거의 모든 기업 경영자들은 경제적인 논거를 통해 윤리를 지지해줄 수 있다고 믿는다. 그러나 필자가 아는 한 지금까지 어느 누구도 이 문제를 제기하지도 않았고 이에 관해 답변을 제시하지도 않았다.

우리는 여기서 몇 가지 오해들, 정확히 말해서 두 가지 오해들을 해명할 필요가 있다. 먼저 도구주의가 거부하는 단기적 이윤 추구에 관해 생각해보자. 도구주의에서 사람들은 단지 장기적으로만 이윤 극대화를 추구한다. 하지만 이런 사람들은 이윤 극대화가 무엇인지 이해하지 못하고 있는 것이다. 도구주의의 경우 내일 엄청난 이윤을 얻기 위해 오늘 무엇을 하는 사람은 모레 이런 이윤보다 더 큰 손실을 보게 된다. 다시 말해서 단기적으로 행동하는 사람은 이윤 극대화를 실현하지 못하면서 자신의 이해관계를 관철시키지 못한다. 왜냐하면 이 사람의 이윤은 그가 아무것도 하지 않았을 때보다 더 적어진다. 따라서 단기적 이윤 극대화는 어불성설이다. 장기적 이윤 극대화는 하얀 백마처럼 하지 않아도 좋은 군더더기 말이다. 이윤 극대화는 그 자체로 이미 '장기적'이란 의미를 내포하고 있다. 그렇지 않으면 이윤은 전체적으로 그리 높아지지 않는다.

물론 사람들은 '장기적'이라는 것이 얼마나 오랜 기간을 의미하는지에 관해 논쟁할 수 있다. '장기적'이란 것은 구체적으로 5년 혹은 10년 아니면 15년을 의미하는가? 인간은 영원히 살 수 없다. 하지만 기업은 인간보다 더 오래 존속할 수 있다. 그런데 이런 장기간의 지속에서 궁극적으로 중요한 것은 기업이 아니다. 여기에 두 번째 오해가 존재한다. 도구주의의 논리에서 사람들이 자기 돈을 투자한 기업의 존속이 중요한 것은 아니다. 투자자에게 해당 기업은 언제든 바꿀 수 있는 여러 가지 투자 대상 가운데 하나일 뿐이다. 이윤 극대화를 추구하는 투자자는 더 높은 이윤을 산출할 가능성이 있는 다른 기업이 나타나면 투자 대상을 그 기업으로 바꾸어버린다. 기업의 장기적 존속이 그리 중요하지 않다는 사실은 많은 경우 기업을 폐쇄하거나 매각하는 것이 더 유리할 수 있다는 것을 의미한다.

장기적 지속은 기업과 직접 관련이 없다(노동자들이나 사업 관계와 더불어 기업이 지속하는 것은 상대화될 수 있는 윤리적 가치 혹은 보호할 만한 가치이다. 따라서 기업의 지속을 윤리와 관련짓는 것은 의미가 없다. 왜냐하면 기업이 지속하는 경우 우리는 이미 윤리 안에 들어온 것이기 때문이다). 오히려 장기적 지속은 투자자의 장기적이고 지속 가능한 대차대조표와 관련된다. 부가가치를 추구하면서 가능한 한 많은 돈을 벌어들이기 위해 여기저기 투자하고 재정적 수단을 가져오거나 가져가는 자본의 이해관계가 중요한 것이다.[12]

장기적 지속의 강조는 근본적으로 매우 철저하고 엄격한 자기 이해관계

---

12 ) R. Simon/H. Mintzberg/K. Basu, Memo to: CEOs, 2002, www.fastcompany.com.

추구와 연관된다(장기적 지속을 통해 기업의 보존을 목표로 삼지 않는다면 말이다. 이때 기업은 자신의 보존을 추구하지 않는다고 아주 분명히 말해야 한다). 그런데 이런 철저한 형태의 자기 이해관계 추구가 정당한 것으로 재가되어야 하는가? 여기서 도대체 무엇이 문제인가?

이제 투쟁이 일어난다. 기업의 활동이 다른 경제주체들로 하여금 자신이 부당하게 대우받았다고 느끼게 한다면 그것은 저지당하게 된다. 그런데 기업의 활동이 저지당하게 될 때까지 어느 정도의 시간이 필요하다. 예를 들어 생태 운동이 일어나려면 많은 시간이 필요하다. 오늘날 생태 운동은 기업이 거쳐야 할 권력이 되었다. 생태 운동과 마찬가지로 현재 인권 운동도 기업을 압박하고 있다.[13] 노동자들은 자신이 부당하게 대우받았다고 느끼게 될 경우 기업을 위해 최선을 다해 일하지 않게 된다. 이것은 이윤 극대화를 추구하는 기업에게 리스크가 된다. 아마도 단기적으로 노동자들은 이런 리스크를 어느 정도 완화시킬 수 있지만 시간이 흐르면 결국 해고를 당한다. 아니면 그들은 노동시장 상황이 자신에게 유리해지면 스스로 직장을 그만둔다. 아니면 그들은 노동자 평의회Betriebsrat를 조직한다. 윤리가 그들을 노동자 평의회와 분리시킬 수 있을까? 소비자들이 책임적이지 못한 경영자들을 더 이상 보호하지 말아야 한다는 시민 의식을 가지면서 곧바로 관련 기업들의 상품 구매를 포기할 수 있을까? 그런데 그러기 위해서 소비자들은 기업들의 경영 행태에 관한 지식을 가져야만 한다. 대중매체들은 잘못된 경영 행태에 관해 보도함으로써 시민들이 이를 문제 삼을 수 있어야 한다. 이럴 경우 해당 기업의 평판이 나빠지게 된다. 상황이 이렇게 전개되기까지

---

**13** ) 이에 관해서는 www.business-humanrights.org를 참조할 것.

필요한 것은 시간이다.

단기적인 이윤 추구와 장기적인 이윤 추구의 차이는 잠재적인 반대 세력이 자신의 권력을 실질적으로 행사하게 되는 데까지 필요한 시간이다. 이는 권력이 없는 자는 어떤 권한도 없다는 사실을 의미한다. 다시 말해서 영향력이 없는 자는 말할 것이 없다는 사실을 의미한다. 이런 사람의 관심사는 아무리 정당하더라도 고려의 대상이 되지 않는다. 따라서 도구주의는 강자의 권리의 윤리로 귀착된다.

어떤 관심사가 고려되려면 정당성이 아닌 수익성을 가져야 한다. 장기적으로 윤리가 이득이 된다는 것은 다음과 같이 표현될 수 있다. '우리는 장기적으로 이득이 되는 그런 윤리를 실천한다' 혹은 '우리는 우리 자신의 이윤 극대화를 방해할 수 있는 권력을 가진 이들의 요구를 고려한다'

놀랍게도 도구주의를 옹호하는 많은 기업들은 약간의 단서를 단 채 이런 명제를 내세운다. 그러면서 적절한 이해 당사자들에 관해 언급한다. 그런데 이들은 무엇에 적절한 사람들인가? 물론 기업 이윤에 적절한 사람들이다. 따라서 이들 외에 다른 모든 경제주체들은 부적절하다.

적절한 이해 당사자들은 경영권을 양도한다. 그런데 경영진은 언제 경영권을 얻게 되는가? 기업의 생존에 영향을 미칠 수 있는 권력을 가진 이해 당사자들의 기대가 충족될 때이다.[14]

이해 당사자들, 곧 노동자, 고객, 시민 등의 관심사가 고려되려면 수익성을 가져야 한다는 것은 독일 텔레콤의 웹 사이트에 나오는 다음과 같은 주장이 암묵적으로 지지되고 있음을 뜻한다. "경쟁력(장기적인 기업성과 혹은

---

14 ) www.stakeholderview.ch.

지속적으로 상승하는 기업 가치)과 사회적 책임은 함께 가는 것이라는 명제는 우발적으로 생긴 것은 아니다. 왜냐하면 책임의 수행은 (유일한) 공동의 목적, 곧 기업 가치의 지속적 상승에 기여하기 때문이다."

여기서 사회적 책임은 기업 가치의 상승과 동일시되고 있다. 텔레콤이 펴낸《2007년 기업 책임 보고서》에는 기업의 책임을 통해 자원의 절약, 비용의 절감, 가치 창조 과정에서의 리스크의 최소화가 실현될 수 있고 시도되어야 한다는 것 외에 다른 주장이 발견되지 않는다. 하지만 비용, 특히 인건비는 노동자들에게는 소득이 된다. 따라서 비용 절감은, 텔레콤이 전제하는 바와 같이, 모두에게 이로운 것은 아니다. 2007년 텔레콤 노동자 투쟁에서 노동자 임금은 40퍼센트까지 축소된 데 반해 기업 이윤은 수십억 유로로 달하였음이 드러났다.

그런데 우리는 도구주의가 시도하는 가치 개념에 대한 재정의에 유의할 필요가 있다. 도구주의에서 이해 당사자들의 요구의 정당성은 그들이 제공하는 자원에 대한 경영진의 관심에 근거한다.[15] 어떤 요구가 정당한 것인지는 이해 당사자들이 얼마만큼 유용한 것을 제공하는지에 달려 있다. 물론 여기서 기능적으로 유사한 능력을 보유하면서 경쟁의 대상이 되는 다른 공급자들과 비교가 이루어진다. 바로 이런 것이 경제주의의 핵심이다.

이제까지의 내용을 요약해보자. 도구주의의 입장에서 기업은 이윤 극대화 추구와 윤리적 책임 감당을 동시에 실현할 수 없다. 이런 맥락에서 지멘스Siemens는 자신의 비전을 다음과 같이 표현한다. "우리는 주주들에게 가

---

15 ) S. Schaltegger, "Wann ersetzen Stakeholder Marktprozesse durch Macht?", in: A. Brink, O. Karitzki (Hg.), Unternehmensethik in turbulenten Zeiten, Bern/Stuttgart/Wien 2004, 172.

능한 한 많은 가치를 창조해주고 싶다. 동시에 우리는 수준 높은 가치들, 곧 인간적임, 기회균등, 엄격한 기업 윤리적 표준을 지니고 싶다."

하지만 양자는 조화될 수 없다. 도구주의적 조화 명제 혹은 경제주의적 조화 명제는 실패한 것임에 분명하다. 기업 경영에 유리한 윤리는 결코 윤리라는 명칭에 걸 맞는 윤리가 아니다. 도구주의에 따르면 장기적으로 윤리가 이득이 되지 않는다는 것을 경험적으로 증명하려는 사람은 분명 실망하게 된다(장기적으로 이득이 되지 않는 것이 윤리라는 것을 경험적으로 증명하려는 사람도 마찬가지로 실망하게 된다). 이런 사실은, 준수되는 것이 이득이 되지 않는 규범임이 분명히 밝혀지고 이런 규범과 관련된 모든 질문들이 분명하게 답변된다는 것을 전제한다(예를 들어 노동자를 해고해서는 안 된다는 규범을 어기면서 노키아 보훔 공장을 폐쇄한 일은 의심할 여지없이 무책임한 것이었는가? 노키아의 경영진은 인터뷰에서 비상 상태였기에 어쩔 수 없었다고 주장했다. 그리고 루마니아에서 새로이 창출된 일자리에 관해 이야기했다). 또한 사람들은, 이런 규범을 준수하지 않는 경우가 그것을 준수하는 경우와 비교해볼 때 비용이 더 적게 든다는 사실을 분명히 이야기할 수 있어야 한다(잡지《캐피털Capital》이 조사한 바에 따르면 노키아가 공장을 루마니아로 옮겼을 때 발생한 매출손실은 2억 2,000만 유로로 집계되었다. 그리고 노키아가 해고한 보훔 공장 노동자들에게 지불한 사회적 비용은 2억 유로로 추산되었다. 그렇다면 노키아가 루마니아로 공장을 이전한 후 벌어들인 이익이 4억 2,000만 유로보다 더 많았을까? 우리로서는 이 물음에 답변하기 힘들다. 설령 우리가 이런 문제와 관련된 통계자료들을 모두 입수한다고 하더라도 이 물음에 정확히 대답하기는 어렵다. 왜냐하면 이 물음에 답변하기 위해서는 나쁜 평판으로 인해 생긴 손실을 고려해야 하는지를 결정해야 하기 때문이다).

이와 관련해서 다음의 사실을 언급할 필요가 있다. 정유 회사 쉘Shell은 여러 가지 스캔들을 통해 어마어마한 이익을 거둬들였다. 2008년 이 회사의 순이익은 260억 달러에 달했다. 그런데 이 회사는 최근까지 기후 문제의 심각성을 인식하면서 신재생에너지 부문에 엄청난 정도로 투자해왔다. 이 회사의 최고경영자 예룬 판데어 페어Jeroen van der Veer는 웹 사이트에 다음과 같이 적고 있다. "우리 기업과 관련해서 기후변화를 둘러싼 학문적 논쟁은 이미 끝났다. 이제 문제는 우리가 기후변화를 저지하기 위해 무엇을 할 수 있는지에 있다." 최근 5년 동안 쉘은 신재생에너지 부문에 17억 달러를 투자했다. 절대적 측면에서 보면 이는 큰 액수이다. 하지만 상대적 측면에서 보면 이 금액은 이 회사의 전체 투자액의 2퍼센트 정도에 불과하다(《한델스블라트Handelsblatt》, 2009년 3월 18일자).

2009년 3월 쉘은 놀랍게도 신재생에너지 부문에의 투자를 중단했다. 대안 에너지를 개발하기 위한 투자가 더 이상 가치가 없어졌다는 것이 그 이유였다. 회사 관계자 린다 쿡Linda Cook은 신재생에너지 부문에서 나오는 이윤이 석유나 가스 분야에서 나오는 이윤과 보조를 맞출 수 있는 경우에만 전자에 대한 투자가 이루어질 수 있다고 주장했다. 그렇지 않을 경우 투자 기회, 더 정확히 말하면 이윤 획득 기회는 존재할 수 없다는 것이다. 여기서 우리는 기회비용을 중시하는 진영의 경제적 극단주의를 확인할 수 있다.

쉘의 웹 사이트에는 경제적 책임과 사회적이고 생태적인 책임 사이에 어떤 대립도 존재하지 않는다는 주장이 명기되어 있다. 하지만 경제주의적 조화주의에서 나온 이 주장은 잘못된 것이다. 따라서 이 회사는 이런 주장을 삭제할 필요가 있다.

쉘은, 이산화탄소를 비롯한 기후변화를 초래하는 가스들의 방출을 통제할 수 있는 효과적인 정책적 틀을 지지하는 문제도 고려해야 한다. 그런데 이 경우 이윤 획득과 정당성 확보 사이에 갈등은 없는 것일까? 최고경영자 예룬 판데어 페어는 다음과 같이 이야기한다. "이산화탄소 방출을 규제하는 것은 쉘과 같은 기업에게 최고로 좋은 소식일 수 있다."《하이드로카본 프로세싱Hydrocarbon Processing》2009년 4월 3일자) 이런 그럴듯한 이야기를 통해 그는, 이윤을 추구하는 동시에 책임적으로 행동하는 쉘과 같은 기업을 옹호하고 있는 것이다.

이런 이야기가 진정성을 가지려면 쉘이 기회비용을 중시하는 사고와 결별해야 한다. 그래서 쉘은 더 이상 차변의 수치를 최대화하려고 노력해서는 안 된다. 왜냐하면 판데어 페어가 주장한 것처럼 정부가 정유 기업들을 규제한다고 하더라도 쉘은 여전히 이윤을 얻을 수 있기 때문이다. 물론 정부가 규제하지 않아 화석연료가 더 빨리 고갈될 경우 앞으로 20~30년 동안 쉘의 이윤은 더 높아지게 될 것이다. 이 경우 판데어 페어의 주장은 기회 손실을 초래한다.

지금까지의 내용을 요약해보자. 도구주의(그리고 일반적 의미의 경제주의)는 경영진에게 복음을 전해준다. 이 복음에 따르면 이윤 극대화는 계속될 수 있다. 제어되지 않은 이윤 추구는 정당화될 수 있다는 것이다. 왜냐하면 이윤 극대화는 윤리적으로 그른 것을 산출할 수 없기 때문이다. 경제주체가 자기 이해에 충실하면 할수록 그는 윤리에 더욱 부합하게 된다. 성실성이나 선한 의지는 불필요하다(도구주의와 기능주의 사이에 차이점이 있다면, 그것은 전자가 윤리적으로 보이는 무엇인가를 행하는 데 있다). 하지만 도구주의가 이렇게 윤리적으로 되기 위해 노력하는 과정에서 다음의 사항을 분명히 할 필요가 있다. '윤리를 추구하는 모든 곳에 윤리가 들어 있는 것은 아니다.'

이런 도덕 없는 윤리의 입장은 좌초될 수밖에 없다. 경영은 성실성을 동반해야 한다. 이는 단지 그렇지 않을 경우 윤리가 아니라 권력이 결정적이게 되고 정당성이 아니라 수익성이 중요하게 되기 때문만은 아니다. 무엇보다도 성실성, 다시 말해서 정당성과 책임성을 설명하려는 태도가 필수적이다. 왜냐하면 책임적 경영이 무엇인지가 원래부터 확정되어 있는 것은 아니기 때문이다(마찬가지로 무엇이 이득이 될 수 있는지도 명확하지 않다). 기업은 다양한 이해관계들이 서로 갈등하는 복잡한 상황에서 움직인다. 독일 텔레콤의 파업을 예로 들어보자. 잡지《스테른 Stern》은 텔레콤의 파업에 관해 다음과 같이 이야기했다.

고객들은 낮은 가격과 좋은 서비스를 원한다. 주주들은 높은 주가와 배당금을 소망한다. 그리고 노동자들은 안정된 일자리를 원한다. 하지만 이 모든 요구를 하나로 통합하는 것은 거의 불가능하다. 그래서 그런 것일까? 대표이사는 아직 한 번도 이런 통합을 시도하지 않은 것 같다.

이런 모든 요구들의 정당성을 해명하는 것은 매우 어려운 과제이다. 그런데 성실성이 없다면, 다시 말해서 이윤에 대한 윤리적 관점의 우선성을 인정하지 않는다면 이런 과제는 해결될 수 없다.

## 경제 윤리와 기업 윤리는 다른 것일까?

시장변증론은 아직 항복할 필요는 없다. 시장변증론은 시장 논리를 명시적으로 혹은 정면으로 정당화하는 대신 그것을 암묵적으로 이미 주어진 것으로 가정할 수 있다. 사람들은 시장이 만인의 복지에 기여한다고 주장하는 대신 다음과 같이 이야기한다. '우리는 글로벌 경쟁이 강제되는 상황에 적응해야 한다.'

체계적으로 관찰해보면 여기서 우리는 두 영역론과 만나게 된다.[16] 두 영역론에서는 윤리의 영역과 경제의 영역을 분리시킨다. 그 결과 경제는 중립적인 것, 곧 전체적으로 정당한 것으로 이해된다. 경제 그 자체가 윤리적이고 비판적인 성찰로부터 벗어나 있는 것이다. 이런 사고방식은 두 가지 기본 형태들로 나뉠 수 있다. 이들 형태에 대한 경영학적 사례와 경제학적 사례를 살펴보기로 하자.

### 이윤 추구의 면죄부가 된 기부

몇몇 기업들은 기부 활동을 통해 자신들의 사회적 책임을 다할 수 있다고 믿고 있다. 경영학자 디터 슈나이더Dieter Schneider가 이미 오래 전에 정식화한 기부 윤리의 모토는 다음과 같다.

이윤을 얻은 자만이 그것을 좋은 목적에 사용할 수 있다.

이 모토는 이윤을 얻은 자만이 윤리적으로 책임 있는 행동을 할 수 있다는 사실을 드러내준다. 왜냐하면 그런 사람만이 이런 책임적 행동을 위한

**16** ) P. Ulrich, Integrative Wirtschaftsethik. Grundlagenden einer lebensdienlichen Ökonomie, 4. Aufl., Bern/Stuttgart/Wien 2008, 109.

수단을 보유하고 있기 때문이다. 이런 논리에 충실하면 다음의 주장이 가능해진다. '이윤이 많으면 많을수록 더욱더 윤리적일 수 있다.' 이런 맥락에서 크레디트 스위스Credit Suisse는《2007년 기업 시민 보고서》에서 아래와 같이 주장한다.

> 우리가 고객들과 주주들의 이해관계를 고려하면서 우리의 핵심 과제를 성공적으로 수행하고 우리의 최고 기준에 근거해서 우리 자신을 평가할 때에만 모든 사회 집단들의 정당한 요구를 들어줄 수 있을 것이다.

여기서 '우리의 최고 기준'이란 크레디트 스위스가 올릴 수 있는 최대의 이익 외에 다름이 아니다. 따라서 이런 이야기가 가능하다. '먼저 이윤을 최대화해라. 그런 다음 이윤을 자선 활동에 돌려라.'

하지만 안타깝게도 여기에는 사고의 오류가 존재한다. 왜냐하면 사람들이 돈을 기부하지 않고 재투자해야만 장기적으로 이윤이 더 많아지기 때문이다. 따라서 모든 사회집단들은 인내하며 기다려야 한다. 하지만 그렇게 되면 케인즈가 말한 바와 같이 "장기적으로 우리 모두는 죽는다."

이렇게 보면 기부가 이루어질지 혹은 이루어지지 않을지는 불분명하다. 그런데 이보다 더 큰 문제가 있다. 기부 윤리의 경우 기부가 영리 활동과 분리된다는 것이 그것이다. 이것이 기부 윤리의 결정적 문제점이다. 뮌헨 저축은행Kreissparkasse München의 대표이사 칼루드비히 캄프라트Karl-Ludwig Kamprath에 따르면 기부 윤리에서 도덕적 평가는 돈을 버는 행위 자체에 대해서가 아니라 돈을 가지고 하는 행위에 대해서 이루어진다(《쥐드도이체 차이퉁 Süddeutsche Zeitung》2008년 10월 12일자). 이런 견해는 그만의 고유한 것이 아니라 많은 경영자들이 공유하고 있는 것이다. 그를 비롯한 많은 경영자들은 이윤 추구 자체가 중립적이라고 생각한다. 그래서 그들은 이윤 추구에 대해 윤리적으로 성찰할 필요가 없다고 본다.

기업 윤리를 기부 윤리로 환원시키는 이들은 다음과 같이 주장한다. "우리는 일자리의 절반을 아웃소싱하고, 남은 일자리의 경우 노동 강도를 높이고, 25퍼센트의 수익률을 보이는 생산방식을 포기한다. 이를 통해 우리는 이윤을 두 배로 증가시킬 수 있다. 이렇게 증가된 이윤을 가지고 우리는 스포츠 부문과 문화 부문을 훨씬 더 많이 후원할 수 있다."

하지만 기업 윤리적 관점에서 볼 때 중요한 것은 이윤의 크기가 아니라 경영의 윤리적 질이다. 따라서 노동자, 고객, 하청 업자 등이 기업의 이윤 추구에 얼마나 도움이 되느냐를 기준으로 해서 평가하는 것은 옳지 않다. 물론 이 경우 기업은 그들에게 이윤이 산출되면 노력에 대해 보상해줄 것이라고 약속한다. 하지만 대체로 이 약속은 이행되지 않는다. 기업이 기부 윤리에 집착하는 것은 사람들로 하여금 본래의 경영 목적을 알아차리지 못하도록 하기 위함이다. 그런데 기업이 비인간적인 이미지에서 벗어나기 위해 문화 재단과 아동 복지시설에 통 크게 기부하는 것이 경영 자체를 윤리적으로 하는 것보다 훨씬 싸게 먹힌다. 이러고 보면 기부 윤리는 제대로 된 기업 윤리일 수 없다. 오히려 기부 윤리는 도구주의에 기여하게 된다.

우리는 기부 윤리를 자주 발견한다. 우리는 이미 2장에서 소위 칼도어와 힉스의 보상 기준에 관해 배웠다. 이 보상 기준은 다음과 같다. '먼저 파이를 키워라. 그런 다음 가능하다면 패자에게 보상해주어라.' 우리는 이와 비슷한 사고를 2005년 11월 30일 앙겔라 메르켈Angela Merkel이 공표한 성명서에서도 발견한다.

성명서에 따르면 우리는 더 많은 자유를 부여할 필요가 있다. 그럴 때 노동과 자본의 모순이 완화되면서 성장의 장애물이 제거될 수 있다는 것이다. 그리고 경제의 음지에 있는 사람들이 도움을 받을 수도 있다는 것이다. 하지만 이는 잘못된 주장이다. 실제로 꽤 많은 이들이 여전히 경제의 음지에 있게 될 것이다. 왜냐하면 자본가들은 그들을 아웃소싱할 자유를 갖고 있기 때문이다. 이 성명서는 경제적 강자들이 더 강해져야 경제적 약자들을 도와줄 수 있다고 주장한다(그리고 그래야만 경제는 항상 제대로 된 방향으로 성장하게 된다는 것이다). 그러나 이런 과정을 통해 더 많은 경제적 약자가 생기게 된다.

냉정히 판단해보면 실업이나 상대적 빈곤과 같은 폐해는 부분적으로 기부 윤리가 강조하는 시장 메커니즘 혹은 경쟁의 창조적 파괴를 통해 형성되는 것이다. 따라서 원인을 제대로 파악하고 있는 문제 해결 방안은 기부 윤리의 해법과는 다른 것으로 보인다.

동일한 오류가 테오도어 호이스Theodor Heuss에 의해 제안된 해결 방안에서도 발견된다. 그에 따르면 "최상의 사회정책은 좋은 경제정책이다." 여기서 좋은 경제정책이란 가능한 한 큰 파이를 만드는 경제정책을 의미한다. 그러나 이런 좋은 경제정책은 별도의 사회정책을 필요로 한다. 왜냐하면 분배되어야 할 총생산은 그냥 존재하기만 하거나 커지기만 하기 때문이다. 다시 말해서 시장에서 주어지는 다양한 주체들의 소득은 각 주체의 소원이나 욕구를 충분히 고려하지 못하기 때문이다.[17] 보다 정확히 말해서 어떤 경제주체들이 다른 주체들을 그들의 소원이나 욕구를 고려하지 못한 채 경쟁

---

17 ) F. A. von Hayek, Die Anmaßung von Wissen. Neue Freiburger Studien, Tübingen 1996, 189.

상황으로 밀어 넣기 때문이다.

이 대목에서 우리는 기부 윤리의 특징인 성찰의 중지를 발견하게 된다. 여기서는 경제주의와 달리 도덕의 주체, 곧 기부자나 사회정책이 존재한다. 그런데 기부 윤리에서 사회정책은 납세자들에게 결코 투자일 수 없다(그렇게 되면 우리는 사회적 평화를 정착시키기 위해 경제주의가 내세우는 도덕 없는 윤리로 기울게 된다). 그러면서 기부 윤리는 암묵적으로 시장 논리를 정당화하게 된다. 다시 말해서 그것은 시장 논리를 날씨와 같이 윤리적 성찰이 가해질 필요가 없는 사실로 간주한다. '선성장 후분배'라는 슬로건의 경우 성장의 비용이 은폐된다(이에 관해서는 7장을 참조할 것). 그렇지 않으면 성장을 통해 증가된 복리가 성장의 비용을 상쇄하거나 상쇄할 수 있다고 주장된다. 그런데 이런 주장은 성찰될 필요가 없는 판단이며 강요되지 않은 것으로 간주된다.


**불가능성의 정리, 그리고 경제학의 거대한 물적 강제 담론**

시장 논리에 대한 성찰 중지는 다음과 같은 논법에서도 확인된다. "너희는 옳을 수 있다. 하지만 너희의 요구에 부응하는 것은 우리에게는 불가능하다." 이에 관한 구체적인 예를 들어보자. "점증하는 경쟁 압력에 직면해 있는 우리가 너희의 해고를 철회하는 것이 불가능하다."

하지만 이런 윤리의 불가능성은 숙고되지 않은 것이다. '윤리적으로 옳은 일을 하는 것은 결코 불가능하지 않다. 그것은 기껏해야 어려울 뿐이다.' 윤리적으로 옳은 일을 하는 것은 매우 어려울 수 있다. 하지만 그것은 불가능하지 않다. 불가능성이란 개념은 윤리에서 찾아질 수 없다. 그것은 자연과학에서 나오는 개념이다. 물론 윤리에서도 불가능성의 개념이 사용된다. 그런데 이 경우 그것은 어떤 행동의 정당성이 부여되지 않는 것을 의미한다. 따라서 윤리에서는 책임적 행동이 가능한지, 불가능한지가 아니라 그것이 요구될 수 있는지, 요구될 수 없는지가 중요하다. 윤리적 물음은 가능성과는 다른 차원의 질문이며 열린 질문이다. 불가능하다고 선언된 것이라고 하더라도 그것은 요구될 수 있다. 윤리적 물음은 윤리적 책무를 묻는 질문이다. 윤리적 물음은 또한 도덕의 주체들, 예를 들어 기업 경영자들이나 자본가들에게 허용된 권리에 관한 질문이기도 하다(물론 오늘날 자본에게 권리가 과도하게 허용되어 있다).

하지만 윤리적 물음은 불가능성의 주장을 통해 규칙적이고 무차별적으로 도덕의 주체들의 이해관계, 곧 책임적 행동을 요구받는 그들의 이해관계를 위한 질문으로 바뀌어버린다. 그럼으로써 그들은 모든 책임으로부터 벗어난다. 그들의 저항과 권력은, 그 자체로 이의가 제기될 수 없을 만큼 올바른 해결책을 불가능하게 만든다. 그렇게 되면 강자들의 법이 존중된다(이 법에 따르면 시장 논리는 순수하게 운영될 때 제대로 기능하게 된다).

이런 불가능성의 주장을 내놓는 학자들 가운데 하나가 한스베르너 진 Hans-Werner Sinn이다.[18] 어떤 경제 전문가에 따르면 모든 사람이 자신의 노동으로 살아갈 수 있어야 한다. 그리고 기업들은, 자신이 노동자들에게 제공한 낮은 임금을 국가가 보완해주는 경영 모델을 만들어내서는 안 된다. 같은 맥락에서 프랭클린 델러노 루스벨트 Franklin Delano Roosevelt는 노동자들에게 충분치 못한 생활비를 제공하는 기업들은 자국에서 존립할 권리를 더 이상 가질 수 없다고 주장한다. 그런데 진은 이런 경제 전문가와 루스벨트

---

18 ) H.-W. Sinn, "Der dümmste Spruch des Jahres", in: Süddeutsche Zeitung, 28. Dezember 2007, 2.

가 자신들의 소망과 실제의 현실을 혼동하고 있다고 비판한다. 진에 따르면 정부의 보조금 지급 외에 실업자들에게 소득과 빵을 제공해줄 가능성은 존재하지 않는다. 자본의 몫은 그리 높지 않으며 노동의 몫은 그리 낮지 않기 때문이라는 것이다.

경제학자들은 시민들과 정부에 이런 불가능성을 보여주는 것이 자신의 과제라고 생각한다. 시장이 만인의 복지에 봉사한다는 명제는 점점 설득력이 없어지고 있다. 페터 다우젠트Peter Dausend의 관찰에 따르면 독일 자유민주당FDP 당수 귀도 베스터벨레Guido Westerwelle의 연설에서 신자유주의적 레토릭이 사라져버렸다. 이제 '시장이 만인에게 좋다'는 복지 명제 대신에 '우리에게 다른 길은 남아 있지 않다'는 물적 강제 명제가 등장하고 있다.

경제적 강자의 저항은 곧바로 사실로 선포된다. 이 사실을 이해하지 못하거나 수용하지 않는 자는 《함부르크 호소》에 서명한 243명의 유명 경제학자들에 의해 경제학적 지식이 부족한 사람으로 비판된다.[19]

> 노동시장 상황의 향상(여기서는 고용의 질에 대한 고려 없이 실업자의 수가 줄어드는 상태를 의미)은 단지 저임금 지급 혹은 임금격차를 통해서만 성취될 수 있을 것이다. 그런데 저임금 지급이나 임금격차의 문제를 조금이나마 해소하기 위해서는 노동시간을 늘리고 휴가 일수를 줄이고 성과를 높여야 한다.

노동자들은 지금보다 더 오래도록 강도 높게 일해야만 더 많이 벌 수 있

---

19 ) M. Funke/ B. Lucke/ Th. Straubhaar, Hamburger Appell, 2005, http://www.uni-hamburg.de/IWK/appell.htm.

다. 그들은 아마 두 가지 일을 해야 할지도 모른다. 왜 그래야 하는가? 노동 자들이 다른 산업입지의 노동자들보다 기업에게 더 높은 이윤 획득의 가능 성을 제공할 때에만 기업은 그들을 해고하지 않고 고용할 것이기 때문이다 (여기서 기회비용이 상기될 필요가 있다). 이런 사고방식을 비판하기만 하는 것은 바람직하지 않다. 왜냐하면 경제학자들이 싫어하는 계급투쟁론은 산업 입지를 옮기는 문제에 대해 그리 의미가 없기 때문이다. 그렇다면 자유 시장경제에 대해서는 어떠한가? 먼저 여기서 말하는 자유는 정치적 자유를 의미하지 않음에 분명하다.

규모가 큰 경제 연구소들의 소장들과 디렉터들은 공동으로 최저임금제의 도입에 우려를 표하고 있다(이런 우려는 일반적으로 하나의 권력이 수용되고 있음을 전제한다).

(저임금을 받는 이들의 최저임금을 도입함으로써 발생하는) 높은 노동비용이 상품 가격에 전가된다고 하더라도 이는 심대한 부작용을 낳게 된다. 곧 가격 상승으로 인한 수요의 감소가 그것이다.[20]

기업들이 가능한 한 최대의 수익보다 더 낮은 수익에 만족할 수 있다는 것은 결코 가능한 일이 아니다. 마찬가지로 노동자들에게 상당한 정도의 임금이 제공될 수 있다는 것도 거의 가능한 일이 아니다. 따라서 최저임금제의 도입은 자본으로 하여금 대항 권력을 행사하도록 만든다.

---

**20** ) U. Blum u. a., "Gemeinsamer Aufruf der Präsidenten und Direktoren der Wirtschaftsforschungsinstitute vom 12. März 2008, www.cesifo-group.de.

노동비용의 상승분을 가격에 전가할 수 있는 가능성은 종종 제한된다(덧붙여 말하자면 이런 가능성을 이용하는 것은 의지를 요구한다). 그래서 기업들은 강력한 합리화를 시도하고, 기계를 들여와 노동자의 수를 줄이고, 산업입지를 이전하게 될 것이다.[21]

기업들은 이와 같이 반응하게 될 것이다. 그런데 이것은 경제학자들이 가치중립적으로 서술하는 하나의 사실이다. 예를 들어 다시 말하면 이것은 망치로 손가락을 때리면 손가락에 멍이 드는 것과 같은 사실이다. 경제학자들은 자신의 학문 분과에 관해 잘못 생각한 것인가? 그렇다. 경제학은 사회과학이지 자연과학은 아니다(사회과학에서는 의미 관계가 중요하고 자신의 감각과 지성에 의존할 수밖에 없는 주체들의 행동과 상호작용도 중요하다. 반면 자연과학에서는 명확한 작용관계와 사실이 중요하다). 경제학의 오류는 자신의 기원인 윤리학과 결별하였다는 데 있다.

경제학은 사실 확인으로만 끝나지 않는다. 후술될 것이지만 윤리와 사실로서의 경제를 떼어놓는 분리주의적 사고는 포기되어야 한다. 윤리와 경제의 차이를 강조하는 분리주의적 사고의 예를 들어보자. 여러 해 동안 천만 유로 이상의 연봉을 받아온 전 크레디트 스위스 CEO이자 현 UBS CEO인 오스발트 그뤼벨Oswald Grübel은 다음과 같이 이야기한다.

사람들은 외부에서 오랫동안 내 연봉이 정당화되지 않는다고 비판할 수 있

---

**21** ) U. Blum u. a., "Gemeinsamer Aufruf der Präsidenten und Direktoren der Wirtschaftsforschungsinstitute vom 12. März 2008, www.cesifo-group.de.

다. 물론 이것은 정당화되지 않았다. 과도한 면도 존재하였다. 하지만 이는 시장의 원리에 따른 결과였다. 당신도 시장의 원리에 대항해서는 아무것도 할 수 없다.[22]

분리주의적 사고에 따르면 어떤 것이 불가능하고 실현될 수 없고 적용될 수 없고 그것에 대항해서는 아무것도 할 수 없다고 하더라도 그것은 옳을 수 있고 정당화될 수 있다. 반면 경제주의는 분리주의적 사고에서 더 나아간다. 경제주의에 따르면 어떤 것이 교환될 수 없다면 그것은 윤리적으로 그른 것이 된다.

카를 호만<sup>Karl Homann</sup>은 경제주의적 논의에 유효성의 사고를 도입한다.

현대의 조건 아래서는 규범의 실행이 그것의 타당성을 유효하게 만든다.[23]

여기서 현대의 조건이란 경제적 인간이 제어하기 어려운 이윤 추구의 조건을 의미한다. 경제적 인간이 제어하기 어려운 이윤 추구의 조건 아래서 어떤 규범(예를 들면 공정한 보상)이 실현될 수 없다면, 다시 말해서 반대에 부딪혀 관철될 수 없다면, 그 규범은 윤리적으로 옳지 않은 것, 곧 윤리적 타당성을 잃은 것이 된다. 이런 입장에 서면 우리는 강자의 권리를 옹호하는 윤리를 대변하게 된다.

---

22 ) O. Grübel, "Dasüsind Hirngespinste, weit weg von der Realität", Tages Anzeiger, 27. Februar 2009.

23 ) K. Homann/I. Pies, "Wirtschaftsethik in der Moderne. Zurökonomischen Theorie der Moral", in: Ethik und Sozialwissenschaften, H. 1, 5.

《노이에 취리허 차이퉁》의 경제부장 게르하르트 슈바르츠Gerhard Schwarz는 이런 입장을 다음과 같이 정식화한다. 시장경제의 원칙들을 어기려는 모든 시도들은 조만간 현실에 의해 비판받게 된다. 예를 들어 이런 시도들은 많은 이윤을 산출하기 위해 산업입지들을 서로 경쟁시키는 투자자들이 존재하는 현실에 의해 논박된다. 물론 슈바르츠는 이런 입장과 거리를 두고 있다.

실제로 글로벌한 차원에서 사회적 표준 혹은 노동자의 권리를 세우려는 시도는 윤리적 논증을 통해서가 아니라 경제적 권력관계를 통해서 논박되고 있다. 지치지 않고 자유무역을 옹호하는 자그디시 바그와티Jagdish Bhagwati가 주장하는 바와 같이, 윤리적으로 사고한다는 시민으로서 이런 사회적 표준을 제안하는 자는 자신의 제안이 얼마나 도덕적인지를 물어야 한다.[24] 바그와티에 따르면 보다 엄밀히 관찰해보면 이런 사회적 표준은 개발도상국의 빈민들에게 도움을 주기보다는 피해를 주게 된다(왜냐하면 자본이 투자되지 않거나 자본이 철수됨으로써 노동자들이 해고되기 때문이다).

분리주의적 윤리에 서 있는 사람은 이런 사실에 집착하면서 유감의 뜻을 표시한다. 반면 경제주의자는 바그와티처럼 이런 사실로부터 다른 결론을 도출한다. 바그와티와 마찬가지로 경제주의자는 사회적 표준의 도입을 도덕적으로 악한 것으로 간주한다. '도덕적으로 악한 것'이라는 표현이 그리 경멸적으로 느껴지지 않을 경우 바그와티는 다음과 같은 주장을 첨가할 수 있을 것이다. '사회적 표준이 관철되지 않는다는 것은 사회적 표준이 없는 현재의 현실이 해당 국가의 특수한 문화라는 사실을 의미한다.' 그래서 그

---

24 ) J. Bhagwati, "Introduction", in: J. Bhagwati/R. Hudec, eds., Fair Trade and Harmonization, Cambridge 1996, 1f.

나라 사람들은 하루에 2달러를 받으면서 일하고 싶어 하고, 1주일에 6일 하루 12시간동안 일하고 싶어 하고, 사회법과 노동법의 보호를 받지 못한 채 일하고 싶어 한다는 것이다. 한마디로 이 모든 것이 그들의 문화적 선호라는 것이다. 이렇게 보면 이런 강제, 제한 혹은 경제적 권력관계는 윤리적 성찰로부터 벗어나 있고 사람들의 선호를 그대로 반영하고 있는 셈이다.

강자의 권리를 옹호하는 윤리의 형태 중 가장 인기 있는 것은 경제주의적 정당화론이 내세우는 관점이다. 이 관점은 행위자와 희생자를 전도시킨다. 이 관점에 따르면 근자에 들어 임금 협상이 제대로 되지 않는 것은 무엇보다도 능력이 부족한 노동자들에게 부담이 되고 있다. 만일 기업들이 아웃소싱을 하지 않았더라면 이런 노동자들이 그 부담을 감당해야 했을 것이다. 그리고 노동조합은 기존의 권력관계라는 조건 아래서 상당한 정도의 임금 축소를 수용해야 했을 것이다.

이런 원인과 결과의 전도 현상을 받아들이게 되면 실업에 대한 책임은 최저임금제에 있게 된다. 따라서 임금이 떨어질 때 노동자들을 고용하고, 임금이 올라갈 때 그들을 해고하는 기업에게는 실업에 대한 책임이 없게 된다.

최저임금제는 사회적 시장경제에 독이 된다. 왜냐하면 그것은 능력이 부족한 사회 구성원들을 실업 상태로 몰아넣기 때문이다.[25]

그런데 실제로 누가 그들을 실업 상태에 몰아넣는 것일까? 최저임금제를 도입한 주체들이 아니라 해고를 감행하는 고용주들이 그러는 것이다. 그런

---

25 ) H.-W. Sinn, "Zu stolz zum Dienen", WirtschaftsWoche, 17. Februar 2007, 178.

데 대부분의 고용주들은 경영적인 필요에 의해서 노동자들을 해고하는 것은 아니다. 고용주들이 경영 논리에 충실하다면 그들은 노동자들을 실업 상태에 몰아넣기 어려울 것이다.

위의 인용문에서 한스베르너 진은 최저임금제가 추가적으로 실업을 일으킨다고 주장한다. 그리고 자신의 이런 주장이 여러 계량경제학적 연구들에 의해 증명되었다고 이야기한다. 하지만 실제로 추가적인 실업을 일으키는 것은 투자자들의 욕심이라는 사실이 경험적으로 밝혀졌다. 그럼에도 경제학자들이 실업 문제를 분석하는 과정에서 투자자들은 전혀 고려되지 않는다. 그들에게 투자자들은 어떤 특별한 요구를 하지 않고 단순하게 행동하는 주체일 뿐이다. 투자자들은 최저임금제가 추가적으로 실업을 일으킨다는 사실을 윤리의 조건으로 받아들일 뿐이라는 것이다. 이 경우 투자자들은 보이지 않는 물적 강제 뒤에 숨게 된다. 그런데 투자자들은 단독으로 그러는 것이 아니라 기업가들과 함께 그러는 것이다. 그럼에도 해고를 공언하고 필요나 욕심에서 기업을 운영하는 주체인 기업가들도 투자자들과 마찬가지로 고려의 대상이 되지 않는다. 하지만 윤리적으로 진지하게 판단해보면 이런 경향은 문제가 아닐 수 없다.

강자의 권리를 옹호하는 윤리의 또 다른 형태는 규범들이 생산성을 저해한다는 주장에서 발견된다. 앞에서 인용한 바 있는 한스베르너 진의 주장을 들어보자.

> 희소성의 법칙이 명령하는 방식(비시장적인 관점들을 제거하는 국제적 경쟁이 강제하는 방식)과 다르게 임금을 구조화하려는 모든 시도들은 경제적 왜곡과 실업으로 불가피하게 귀결된다. 시장에서 낮은 임금을 받는 사람들에게

좀 더 높은 임금이 제공될 경우 그들에게는 실업이라는 벌이 내리게 될 것이다.[26]

진에 따르면 이런 시도들은 저임금 노동자들을 돕고자 하는 의도를 가지고 있음에도 불구하고 결과적으로 그들에게 손해를 입히고 있다. 이런 방식으로 그들을 돕고자 하는 규범은 생산을 저해함으로써 윤리적으로 잘못된 것임이 드러난 셈이다. 그런데 이로부터 어떤 결론이 도출되는가? 생산적인 것으로 입증되어 상대방에게 이익을 약속하는 규범들만이 옹호되어야 한다는 것이 그것이다. 《함부르크 호소》가 주장한 바와 같이 우리는 가계를 파트너로 삼겠다고 나서야 한다. 하지만 이런 입장을 취할 경우 모든 규범들과 의무 관계들은 사라지게 된다. 그리고 이익 교환 및 그것과 연결된 강자의 권리가 남게 된다.

이런 논리를 극단화하면 그것은 다음의 문장으로 표현될 수 있다. '선한 것은 선한 의도와 반대된다.' 이런 문장을 통해 규범들이 생산성을 저해한다는 입장이 정식화될 수 있다. 그런데 이런 입장에 충실하면 우리는 선한 행동(윤리적으로 책임적인 행동)이 아니라 악한 행동(모든 윤리적 숙고를 거부하는 행동)을 해야 한다는 결론에 도달하게 된다. 그리고 이 경우 우리의 악한 행동은 허용될 수 있다. 나아가 이렇게 악하게 행동하는 것이 윤리적으로 옳은 것이 된다. 그런데 위의 문장은 다음과 같이 바꿔볼 수 있다. '선한 것은 나쁜 의도와 동일하다.' 여기서 우리는 도덕 과잉 현상과 마주하게 된다.

---

26 ) H.-W. Sinn, Basar-Ökonomie Deutschland. Exportweltmeister oder Schlusslicht?, ifo Schnelldienst Nr. 6, 2005, www.cesifo-group.de.

이제 시장형이상학이 우리를 반기고 있다.


## 기업 윤리도 정의로울 수 있나?

원래 옳은 것이 불가능한 것이라면 우리는 무엇을 해야 하는가? 그리고 어떻게 행동해야 하는가?

우선 우리는 다르게 판단할 필요가 있다. 관철될 수 없는 것 혹은 불가능하다고 간주되는 것은 옳지 않은 것이 아니다. 이런 관점을 취하면 강자의 저항은 암묵적으로 정당성을 획득하지 못한다(이때 강자의 저항은 분명히 기능하지 못한다. 왜냐하면 우리는 강자의 권리를 옹호하는 윤리가 반反윤리 외에 다름이 아니라는 사실을 알고 있기 때문이다). 오히려 강자는 의무를 지니게 된다. 이제 우리는 어떤 것이 얼마나 관철될 수 있는지를 묻지 않는다. 왜냐하면 이런 질문은 제대로 된 윤리가 아니라 기존의 권력관계를 변론해주는 분리주의적 윤리 혹은 함축적 경제주의와 관련되거나 명시적 경제주의와 연결되기 때문이다.


### 좋은 평판을 중요시하는 기업

기업에서 이윤 추구와 다른 관점이 발견될 때, 모든 것이 이윤에 종속되거나 이윤에 의해 희생되지 않을 때, 맥킨지McKinsey와 같은 글로벌 컨설팅 회사의 컨설턴트들과 그들의 컨설팅을 받는 기업가들이 탁월한 위치를 차지하기 위해 파괴해야 할 무엇이 존재할 때, 경제주체들에게 의무가 지워진다.

하지만 때로 기업가들과 경영자들이 스스로에게 의무를 지우는 경우가 있다. 예를 들면 연간 매출액이 2억 3,200만 유로에 달하는 윤활유 전문 석유화학 회사인 리퀴 몰리Liqui Moly의 경영자 에른스트 프로스트Ernst Prost는 프랑크푸르트 증권거래소에 상장되어 있는 한 기업이 수천 명의 노동자들을 해고함으로써 주주들에게 많은 이익 배당금을 제공하고 주가를 빠르게 상승시킨 것을 사악한 행위라고 비판하였다.[27] 도대체 이런 행위는 사회적 시장경제와 무슨 관련이 있는가? 우리는, 과거의 경영자들이 결코 동의할 수 없는 경제주의적 급진성이 주장된 때부터 이런 비판을 들어오고 있다.

다이믈러 벤츠의 전 회장인 에드차르트 로이터Edzard Reuter에 따르면 경영자의 가방에는 끔찍한 사례가 들어 있다. 자신의 욕망을 추구하는 과정에서 어떤 책임도 고려하지 않는 무시무시한 인간이 그것이다(《슈투트가르터 차이퉁Stuttgarter Zeitung》 2005년 4월 29일자). 스웨덴 실업가 마르쿠스 스토르크Marcus Storch에 따르면 소위 위기자본주의사회에서는 어떤 행동도 보편적인 유용성을 갖지 않는다. 이 사회에서는 자본의 재분배가 존재할 뿐 어떤 새로운 것도 형성되지 않는다는 것이다(《슈투트가르터 차이퉁》 2005년 6월 14일자). 그리고 이런 사회에서는 단지 이윤만 충분하다면 도덕이 더 이상 어떤 역할도 수행하지 못한다고 주장한다. 물론 현재 그는 과거와 달리 이런 도덕 무용론에 동의하지 않는다.

독일 베스트 란데스방크West Landesbank의 전 회장인 루트비히 포울라인 Ludwig Poullain은 〈은행과 에토스 – 분노에 찬 연설〉[28]라는 글에서 사회의 복

---

27 ) E. Prost, "Ethik und kluges Unternehmertum funktionieren im Einklang", April 2009, www.liqui-moly. de/liquimoly.

28 ) L. Poullain, "Bank und Ethos. Ungehaltene Rede", Frankfurter Allgemeine Zeitung, 16. Juli 2004.

리를 증진시켜야 하는 의무를 방기하면서 더 이상 제대로 된 은행가가 되려고 하지 않는 자신의 동료들을 신랄하게 비판하였다. 여기서 '분노'란 표현은 이중적 의미를 지닌다. 첫째, 그것은 지나간 20세기(구체적으로 1919년)에 대니 오랫동안 살아온 노장 포울라인의 분노를 표현한다. 둘째, 그것은 포울라인의 연설문을 읽고 난 뒤 그에 대한 초청을 취소한 노르트도이체 란데스방크Norddeutsche Landesbank에 대한 분노를 표현한다.

포울라인은 은행들의 에토스가 손상되었음을 지적한다. 그에 따르면 은행들은 스스로 행동의 도덕적 테두리를 만들어놓았어야 했다. 그런데 은행들이 이런 테두리를 만들어놓지 않았다는 것은 은행들이 묵시적으로 금지된 모든 사항들을 허용하고 있음을 의미한다. 그는 은행들이 경제적 사고와 행동이 가치중립적이지 않다는 사실을 진지하게 고려하지 않는 것 같다고 비판한다. 은행의 이런 행태는 다른 경제주체들의 정당한 이해관계를 실현하는 문제, 곧 공정성 문제와 관련된다. 포울라인은 은행 업무의 측면에서 부합계약附合契約. 계약의 내용이 당사자의 한쪽에 의해 미리 결정되어 있고, 상대방은 계약 내용을 결정할 자유를 갖지 않는 계약 – 역자 주, 고리高利, 사취詐取, 무지 이용, 초보자 유혹, 권력 남용 등을 언급한다. 그러면서 경영의 도덕성 혹은 성실성이 포기될 수 없다고 주장한다. 그리고 도덕적 경영 혹은 성실한 경영이 정당하고 책임적인 것으로 간주될 수 있어야 한다고 강조한다.

포울라인에 따르면 경제적 결정 주체들의 에토스는 포기될 수 없는 도덕적 코르셋으로서의 사회적 시장경제를 구성하는 요소이다. 그런데 이런 에토스는 다른 어떤 것(예를 들면 기업의 발전이나 주가)을 위해 기능적 역할을 수행하는 것이 아니다. 오히려 그것은 인간이 갖고 있거나 갖고 있지 않은 내적인 태도를 가리킨다. 그런데 그는 오늘날 내적인 태도로서의 에토스가 자주, 그리고 많이 부족하다고 비판하면서 다음과 같이 이야기한다.



기업이 잘 운영되려면 이익 없는 행동은 영향력이 없어야 한다. 구체적으로 주주 혹은 자본가의 이익에 도움을 주지 못하는 행동은 그래야 마땅하다. 다보스에서 열리는 세계경제포럼의 설립자이자 회장인 클라우스 슈밥Klaus Schwab에 따르면 기업 경영은 단지 주주에게만 이익이 되어서는 안 되며 기업과 관련된 모든 경제주체들에게 도움이 되어야 한다[29](물론 시민 사회 단체들은 세계경제포럼이 세계정부 행세를 하면서 자본의 이익에 봉사하고 있다고 비판한다).

경영진은 이윤 극대화를 포기해야 한다. 그런데 이는 단지 장기적 이윤 극대화를 위해 단기적 이윤 극대화를 포기해야 한다는 것을 의미하지 않는다(하지만 슈밥은 이윤 극대화의 포기를 이런 식으로 이해하고 있는 것으로 판단된다. 근자의 보너스 시스템이 주주의 단기적 이해관계만을 고려하고 있기 때문에 잘못된 것이라고 한 그의 진술이 그 증거가 된다). 오히려 이윤이 왕좌에서 쫓겨나야 한다. 이윤은 모든 것을 간섭하는 원칙의 위치에서 다른 것들과 병립하는 하나의 관점의 위치로 옮겨져야 한다. 그렇게 될 때 실행하거나 중단하기

---

29 ) K. Schwab, "Ein hippokratischer Eid für Manager", Tages Anzeiger, 22. Oktober 2008.

불가능하다고 간주되는 많은 것들이 바로 가능한 것으로 바뀔 것이다. 착취될 수 있는 모든 것을 착취하는 행위를 중단함으로써 많은 것들이 가능해질 것이다.

《쥐트도이체 차이퉁Süddeutsche Zeitung》의 경제부장 알렉산더 하겔뤼켄Alexander Hagelüken은 이런 문제를 애덤 스미스Adam Smith의 이야기를 인용하면서 해명한다. 스미스가 '우리의 빵은 빵 굽는 사람의 호의에서 나오는 것이 아니라 그가 자기 이해관계에 충실하려는 데서 나오는 것이다'라고 말했을 때 그는, 빵 굽는 사람이 최소한 25퍼센트의 수익률이 확보될 수 있을 경우에만 혹은 직원들의 임금이 최소화될 수 있을 경우에만 오븐을 가열한다는 사실을 간과했던 것이다.[30]

최근에 와서 경영자들과 기업가들에게 가능한 한 최고의 이윤을 추구하는 경영 방식을 거절할 수 있는 계기가 없었던 것은 아니다. 네덜란드 국영항공KLM의 전 매니저 도날트 칼프Donald Kalff는, 비록 이윤이 근본적 요소이지만 이윤 극대화를 경영의 궁극적 목적으로 삼고 주주의 투자 수익을 경영의 주요 과제로 설정하는 것은 위험하다고 경고한다.[31] 그런데 여기서 우리는 다음과 같은 질문을 던질 수 있다. 그렇게 하는 것이 무엇에 위험한 것일까? 기업의 가치에 위험한 것이다. 칼프에 따르면 주식시장을 통해 자금을 조달하는 것은 엄청난 종속성을 가져오며, 경영진으로 하여금 오로지 이윤지향적으로 일하도록 강요한다. 이 경우 슬로건은 성취와 이윤 극대화이다. 그런데 그는 이런 슬로건이 기업의 가치를 효과적으로 높이는 것과 상

---

30 ) A. Hagelüken, "Die Zeit der Gier ist vorbei", Süddeutsche Zeitung, 18. Mai 2008.

31 ) D. Klaff, "Europa, du machst es besser!", Cicero, Februar 2006, 101ff.

당한 거리가 있다고 주장한다.

칼프는 경영자와 노동자의 파트너십을 강조하는 시각을 내세우고 있다. 하지만 그렇다고 그가 이윤을 왕좌에서 끌어내리자고 주장하는 것은 아니다. 그에게 이윤 극대화는 측정 가능한 분기 이윤을 중시하는 것을 의미할 뿐 결코 경영의 최종적 척도로 기능하지 않는다. 그 결과 그의 경우 이윤은 다른 정당한 요구들과 갈등을 일으키지 않는다.

포르쉐Porsche 최고경영자 벤델린 비데킹Wendelin Wiedeking은 보다 분명히 이윤 극대화의 원칙을 거절한다.

> 이윤이 생기지 않는다면 아무것도 아니라는 사실을 누가 나보다 더 잘 안단 말인가. 하지만 가능한 한 높은 이윤을 추구하는 것이 기업의 유일한 목표가 될 수는 없다.[32]

여기서 우리가 주목해야 할 사항은 비데킹이 단지 단기적인 이윤 극대화를 추구하는 것을 거절했을 뿐만 아니라 이윤, 곧 자본에 귀착되는 소득을 기업의 최종적이고 유의미한 척도로 간주하는 것도 거부했다는 사실이다. 그는, 기업이 이윤 극대화의 원칙을 내세울 경우 해당 기업이 사상 최고의 이윤을 산출하는 동시에 수천 명의 노동자들을 해고하게 될 것이라는 사실을 인식하고 있는 것 같다. 그는 이런 사태가 비윤리적이라고 생각하기에 결코 이윤 극대화의 원칙을 내세우지 않았던 것이다.

루트비히 포울라인도 이윤 극대화의 원칙을 분명히 거부했다. 이런 거부

---

32 ) W. Wiedeking, "Auf welchem Stern leben wir", Der Spiegel, 25. September 2006.

가 최고의 교양을 갖춘 시민이며 칸트의 저술을 읽은 경영자로부터 나왔다
는 것은 결코 우연이 아니다.

칸트는 행동을 통해 실현될 수 있는 목적을 고려하지 않는다. 그에게 준칙은
의지의 원칙일 뿐이다. 준칙, 곧 최고의 원칙은 은행가들이 사용하는 언어로
들어가는 입구, 곧 이윤 극대화를 발견했다. 준칙이란 단어의 내용을 완전히
왜곡하여 모든 사물의 척도로 만드는 것은 단지 경솔한 태도일 수만은 없다.
그것은 성향의 표현이기도 하다. 이윤 극대화를 경영의 최고목표로 내세우
는 것은 기업가의 윤리적 의무를 무시하는 처사이다(그것은 도덕 원칙을 이윤
원칙으로 대체하는 처사이다).
그런데 '부자되세요'라는 덕담이 도덕적 제재 없이 건네질 수 있는 상황에서
도 은행은 왜 이윤 추구에 한계를 부여해야 하는가? 비윤리적인 것이 상법
이나 형법에 저촉되지 않음에도 불구하고 왜 은행은 도덕적이어야 하는가?
악하게 행동하는 것이 이윤을 가져옴에도 왜 은행은 선하게 행동해야 하는
가? 이런 기본적인 물음들에 답변하는 것은 매우 어렵다.[33]

물론 이 물음들에 대한 답변은 도덕적 자율성, 곧 자유로운 도덕적 판단
과 관련된다. 책임적 행동은 강요될 수 없다. 만일 그것이 강요될 경우 우리
는 다시 경제주의에 떨어진다. 다시 말해서 우리는 해당 요구들을 정당화하
기 위해 권력을 행사하는 오류에 빠지게 된다.

포울라인은 유감을 표현하면서 이제까지 경영자 단체가 경영자들의 규

---

**33** ) L. Poullain, "Bank und Ethos. Ungehaltene Rede", Frankfurter Allgemeine Zeitung, 16. Juli 2004.

범을 명문화하지 않았다고 주장한다(만일 명문화했더라면 이는 전문적인 직업 수행의 표시가 되었을 것이다).

그럼에도 불구하고 우리는 수치심을 느끼지 않은 채 자신의 방식에 따라 윤리적 원칙을 배제하고 …… 이윤 극대화에 헌신해도 괜찮을까?

포울라인이 이런 질문을 던지는 것은 그가 시장 맹신을 넘어서, 그리고 우리가 보이지 않는 손, 곧 시장의 권력관계에 전권을 위임하는 윤리에 대한 비이성적이고 전근대적인 믿음을 넘어서 이런 질문에 답변하기 위함이다.

우리는 이윤을 선한 기업적 행동의 최종적 기준으로 간주하는 입장에서 분명히 벗어나야 한다. 기업적 행동을 주도하는 사람들의 요구 혹은 그 행동에 관련된 사람들의 요구는 그것이 지닌 정당성에 비례해서 고려될 수 있다. 하지만 이런 요구는 그것이 가져오는 이익에 비례해서 고려되어서는 안 된다. 자유롭게 활동할 수 있는 공간을 많이 보유한 경영진에게는 이윤 혹은 주주 가치만이 중요하다. 그 외에는 어떤 것도 중요하지 않다.

국제금융 위기가 발발한 후 앨런 그린스펀Alan Greenspan이 받은 충격은 《인터내셔널 헤럴드 트리뷴International Herald Tribune》이 추측한 것처럼 자유시장이 불완전하게 기능한다는 사실에서 비롯된 충격이 아니다(여기서 자유란 무엇보다도 이윤 극대화의 자유를 의미한다). 그린스펀은, 사람들이 금융기관들 혹은 그 경영자들의 경영 방향을 그리 크게 신뢰하지 않는다는 미 하원들의 한 위원회의 보고를 듣고 충격을 받은 것이다. 금융기관들이나 그 경영자들이 오로지 주주의 이해관계만을 대변하기에 사람들은 그것들을 불신했던 것이다. 그린스펀은 경제의 의미가 오직 이윤이라는 사실을 의심하지 않았다(주류 경제학에서 주식은 시장에서 신호를 보내기 때문에 주식 거래에서 발생한 이윤은 정당한 것이라고 이야기된다). 자본 측에서 보면 이런 사실은 일종의 복음이다. 자본 측은 시장 맹신을 굳게 지키고 있다. 하지만 우리는 이와는 다른 (보다 나은) 입장을 필요로 한다. 이제 이윤 대신 기업의 이해관계가 강조되어야 한다.

> 우리는 주주들이나 노동자들과 같은 이익집단들에 초점을 맞추는 기업 경영보다는 기업 자체를 중시하는 기업 경영에 관심을 가져야 한다. 우리는 경영의 목표를 건강하고 활력 넘치는 기업을 만드는 데 두어야 한다.[34]

이런 입장은 하나의 진보이다. 기업의 이해관계, 곧 기업 자체를 중시하는 것은 독일 기업 거버넌스 강령이 제시하는 기업 가치의 지속적 증가와 동일시될 수 없다. 여기서 지속이란 막스 베버가 근대적인 자본주의적 기업 경영의 특성으로 지적한 이윤 산출의 지속을 의미한다. 독일 주식법에서 기업의 이해관계는 주주의 이해관계를 넘어선다.[35] 이런 맥락에서 주주의 이해관계를 일방적으로 앞세우면서 기업의 이해관계를 소홀히 하는 것은 주식법을 위반하는 것이다. 따라서 이윤 극대화의 추구는 독일법을 위반하는 행위이다.

그렇다면 경영진은 무엇을 지향해야 하는가? 주식법에 따르면 경영진은

---

34 ) F. Malik, "Muss der Kapitalismus vor den Kapitalisten gerettet werden?", Manager Magazin, 27. April 2005, www.manager-magazin.de.

35 ) J. Semler, "§ 161 AktG. Erklärung zum Corporate Governance Kodex", in: B. Kropff/J. Semler (Hrsg.), Münchener Kommentar zum Aktiengesetz, Bd. 5/1, 2. Auflage, München 2003, Rn. 258.

전체사회 및 해당 기업에 부합하는 이익을 지향해야 한다.[36] 물론 기업 경영 방식과 영업 방식을 둘러싸고 갈등이 존재한다. 그런데 이 경우 누가 우선적으로 권한을 갖는가? 어떤 집단도 우선적 권한을 가질 수 없다. 따라서 무엇보다도 먼저 관철되어야 할 어떤 결정적인 이해관계도 존재하지 않는다. 이해관계를 가진 기업은 결코 비인격체로 이해될 수 없다. 기업 자체가 이해관계의 담지자가 됨으로써 기업과 관련된 주체들과 마찬가지로 하나의 독립된 주체로 서게 되기 때문이다.

이상의 논의로부터 선하고 책임적인 기업 경영의 방향이 설정된다. 이사회의 의무와 권리는 다양한 이해관계들 사이에서 균형을 잡으면서 결정을 내리는 것이다. 다시 말해서 선하고 책임적인 기업 경영은 갈등하는 이해관계들 혹은 요구들 사이에서 공정한 균형을 잡기 위해 노력한다.

이제 우리가 구체적인 상황과 갈등들을 이해하지 않은 채 머릿속에서만 생각하는 것은 무의미하다. 미리 예상할 수 없는 갈등들을 공정하게 다루기 위해서는 책임적이고 정직한 기업 경영이 요구된다. 그런데 기업의 이해관계라는 개념이 최종적 판단의 근거인지는 분명하지 않다. 왜냐하면 여기서 기업의 이해관계는 기업의 존속을 의미하기 때문이다. 그런데 오래 역사를 가진 다각화된 기업들을 보유한 테크놀로지콘체른에서 노동자들의 30퍼센트를 아웃소싱하면서 새로운 통신 회사를 만듦으로써 기업명을 유지하는 것이 기업의 존속일 수 있을까?

물론 이런 시도는 하나의 책임적인 선택일 수 있다. 그리고 이런 사업 방식이 책임적인 선택임을 보여주는 사례들도 존재한다. 위에서 언급한 방적

---

36 ) U. Hüffer, § 76 AktG, Aktiengesetz, 7. Auflage, München 2006, Rn. 12-15.

공장의 사례 혹은 석면 산업의 사례가 그것이다. 하지만 기업의 이해관계라는 개념은 더 이상 발전되기 어렵다. 왜냐하면 장기적으로 보면 기업은 다원주의적 가치 창조 조직이기 때문이다.[37] 기업은 소득의 창출이나 유의미한 상품의 제공 등과 같은 여러 가지 목표들을 추구하는 프로젝트이다.

정당화의 측면에서 이윤은 하나의 요소에 불과하다. 즉 이윤은 출자된 자본에 대한 적절한 이자 그리고 재정 균형을 세워야 하는 필수성과 연관된다. 만일 이윤이 없다면 기업은 더 이상 지출 비용을 지불할 수 없다. 그런데 0보다 큰 이윤이란 최대한의 이윤을 의미하지 않는다.

마이크로크레트 운동을 전개하는 무함마드 유누스Muhammad Yunus는 이 운동이 사회적 기업의 창업에 기여하길 원한다.[38] 그에게 기업은 사회적이고 생태학적 원칙을 단지 부수적인 조건으로만 고려하는 것이 아니다. 이런 원칙을 부수적인 조건으로만 간주하는 입장에서는 경영 활동 자체가 중립적인 것, 곧 윤리적으로 성찰을 요구하지 않는 것으로 이해한다. 하지만 사회적 목적은 경영 모델의 일부로 포함되어야 한다. 이것이 경제활동을 가치 중립적으로 보지 않고 오히려 윤리적 의식이 포함된 행위로 이해하는 통합 윤리적 사고이다.

유누스가 소망하는 것처럼 사회적 기업들이 세계 곳곳에 세워져야 한다. 그리고 이런 사회적 기업들은 다른 기업들에게 모범이 될 수 있는 다양한 프로젝트 구상들을 갖고 있어야 한다. 물론 그런 가운데 사회적 기업들은 자립적이어야 한다. 이는 재정적 균형에 대한 요구인데 이런 균형이 없다면

---

37 ) P. Ulrich, Integrative Wirtschaftsethik. Grundlagen einer lebensdienlichen Ökonmie, 4. Aufl., Bern/Stuttgart/Wien 2008, 474.

38 ) M. Yunus, "Der Kapitalismus ist zum Spielcasino verkommen", Spiegel Online, 9. Oktober 2008.

더 이상 기업일 수 없고 자선단체에 불과하게 된다(비영리단체와 영리단체의 구분은 별로 의미가 없다. 왜냐하면 이런 구분은 양자 사이에 있는 중간 영역의 단체들을 무시할 수 있기 때문이다).

스위스 로잔 지구에 소재한 스위처Switcher라는 섬유 기업의 설립자이자 최고경영자인 로빈 코르넬리우스Robin Cornelius는 책임적이고 의미 있는 기업 경영이 무엇인지를 명확히 보여준다.[39] 스위스의 경우 어떤 기업도 스위처보다 더 윤리적인 티셔츠를 팔지 않는다. 스위처가 만드는 모든 의류에는 공정 무역이란 라벨이 붙는다. 코르넬리우스는 장기간 최고의 이윤을 뽑아낼 수 있는 파트너보다는 지속적인 사업 관계를 유지할 수 있는 파트너를 찾는다. 이런 입장에서 스위처는 창립된 해인 1981년부터 섬유를 납품해온 포르투갈 공장과 여전히 거래하고 있다. 스위처는 임금이 싼 나라들을 찾아다니는 다른 섬유 기업들과 달리 작은 차익에 연연하지 않는다. 스위처는 20년 동안 인도의 한 파트너 기업에서 티셔츠를 구입하고 있다. 물론 다른 지역에 더 저렴한 티셔츠가 있을 것이다. 하지만 코르넬리우스는 다음과 같이 이야기한다.

우리는 가격이 20루피 정도 저렴하다는 이유로 방글라데시나 베트남에 주문하지 않는다. 우리는 여전히 인도에 있는 우리 하청 업체에 주문한다.

코르넬리우스는 자신이 하는 바를 알고 있다. 그는 윤리가 경영을 망치

---

**39** ) R. Cornelius, "Mit der Erde dürfen wir nicht spielen", in: Kirchenbote der Evangelisch-reformierten Kirche des Kantons St. Gallen, Nr. 3, 3f.

는 것은 아닌가라는 질문에 자신도 이미 이윤 극대화를 생각했다고 답변한다. 하지만 그에게 이윤만이 중요한 것은 아니다. 기업은 단지 하나의 수단이 아니라 그 이상이다. 반면 이윤 극대화의 관점에서 바라보게 되면 기업은 수단 이히기 된다.

하지만 철저하게 이윤을 지향하지 않는 기업은 다른 기업들과의 경쟁 과정을 통과하면서 가차 없이 몰락하게 되지 않을까? 책임적인 기업 경영이 결코 불가능하지는 않지만 그것은 자신의 자산이 사라지는 것을 경험해야만 하는 기업가나 자본가에게, 그리고 구매하는 상품의 가격이 상승하는 것을 감내해야만 하는 소비자에게는 지나친 요구일 수 있다. 설령 기업가 혹은 경영자가 좋은 선장이라서 배에 탄 사람들을 풍랑이 이는 바다를 가로질러 가까운 항구로 인도했다고 하더라도 경쟁이란 풍랑은 한 번만 들이닥치는 것이 아니지 않는가?[40]

책임적인 기업이 시장에 의해 제거되게 될 것인가라는 질문에 대해서는 부정과 긍정의 답변이 모두 가능하다. 먼저 그렇지 않다는 부정의 답변부터 살펴보자.

유누스는 사회적 기업 시스템의 비전을 통해 병행 경제Parallelwirtschaft를 구축하고자 한다.[41] 이것은 일방적인 이윤 중심적 사고를 반대한다. 하지만 이것은 처음부터 전망 없는 시도가 아닐까? 반드시 그런 것만은 아니다. 왜냐하면 많은 사람들이 유누스처럼 생각하고 있기 때문이다.

---

40 ) E. Prost, ˝Ethik und kluges Unternehmertum funktionieren im Einklang, April 2009, www.liqui-moly.de/liquimoly.

41 ) M. Yunus, ˝Der Kapitalismus ist zum Spielcasino verkommen˝, Spiegel Online, 9. Oktober 2008.

젊은이들은 병행 경제를 매력적으로 느낄 수 있다. 그들은, 자기 부모가 만든 돈만을 버는 것을 무척 따분해한다. 그들은 이렇게 묻는다. 우리는 이 돈을 가지고 무슨 일을 저지를까? 우리는 어떻게 하면 이 돈을 의미 있게 투자할까? 이 경제 모델은 그들에게 긍정적인 것을 일으킬 수 있다.

품위 있는 경영이 이루어지는 기업에서는 기업가이건 노동자이건 간에 그 구성원들이 공정하게 대우받고 다른 구성원들을 공정하게 대우한다. 그리고 이런 기업은 단순한 이윤 추구 대신에 의미 형성을 자신의 임무로 삼는다.

노동자들의 참여는 경제적으로 중요한 권력을 형성한다. 그래서 다른 기업들이 이 노동자들을 마음대로 하지 못한다. 그런데 누가 기업들을 밀어내는 악덕기업에서 일하고 싶어 하겠는가?

소비자들도 경제적 권력을 지닌다. 그들은 모든 면에서 탐욕스러운 경제적 인간이 아니다. 적어도 그들은 상품을 구매할 때 생산 조건의 질質과 같은 비시장적인 관점도 고려한다. 그들은 이런 문제에 관해 꽤 민감하다.

리퀴 몰리는 약간 시시하지만 대중을 위한 광고를 통해 소비자에게 호소한다. 이 기업은 이런 슬로건들을 내건다. '리히텐슈타인 대신 울름'[42](울름 시민은 리히텐슈타인 국민과 달리 세금을 납부한다)', '주가 대신 일자리' 등이 그 것이다. 일자리의 유지와 창출이 이윤 획득보다 중요하다고 하나의 기업이 광고하는 것은 역사상 유례가 없는 사건일 것이다. 고객들은 자동차에 가솔린을 넣을 때 리퀴 몰리 주유소를 지나치지 말라는 요구를 받게 될 것이다.

---

42 ) 리히텐슈타인은 스위스와 오스트리아 사이에 있는 작은 나라인데 세금이 없는 것으로 유명하다. 울름은 독일 중남부 바덴뷔르템베르크 주에 있는 도시이다(역자 주).

모터오일을 넣을 때도 마찬가지일 것이다. 경영자 에른스트 프로스트는 몇몇의 노동자들과 아주 똑같이 이렇게 이야기한다. "경영진이 이윤만을 추구하지 않고 사회적인 것을 가치 있게 여긴다면 윤리와 현명한 경영은 함께 갈 수 있다."

하지만 이것은 단순히 마케팅 술책에 불과한 것이 아닐까? 경영자들은 윤리를 이윤 상승의 수단으로 삼지 않을까? 만일 그렇다면 우리는 도구주의에 빠지게 될 것이다. 그리고 기업들은 자신의 윤리적인 면만을 의도적으로 부각시킴으로써 이해 당사자들로부터 좋은 평판을 얻어내려고 할 것이다.

물론 도구주의와 다른 입장도 존재한다. 이 입장은 윤리와 이윤의 관계에 대해 도구주의와 다른 시각을 지닌다. 도구주의에서의 평판이 거짓으로 얻어낸 사취詐取한 평판이라면 이 입장에서의 평판은 정당하게 얻어낸 당연한 평판이라고 할 수 있다. 당연한 평판을 얻은 기업은 성공할 가능성이 높다. 즉 이런 기업은 이윤이 0보다 크다. 왜냐하면 이 기업은 책임적으로 행동하기 때문이다. 그리고 노동자나 고객과 같은 이해 당사자들은 돈을 내거나 일을 할 때 이런 기업을 좋게 평가하면서 지지한다.

도구주의는 윤리를 이윤에 종속시킨다는 점에서 당연한 평판을 추구하는 입장과 구분된다. 반면 당연한 평판을 추구하는 입장은 통합적 경영의 원칙을 중시한다. 즉 경영 성과를 얻기 위한 노력들을 기업의 책임성에 종속시킨다. 이런 입장은 오로지 경영 성과를 얻기 위한 노력만을 강조하지 않는다. 그렇다고 윤리의 우선성을 주장하는 것은 아니다. 이 입장은 우리가 책임적으로 경제활동을 하면 적어도 성공할 가능성이 존재한다는 사실을 전제한다. 윤리와 성공 사이에 순환 관계가 존재한다. 그런데 이 순환 관계는 이윤 극대화와 관련되지 않고 단지 0보다 큰 이윤과 연관된다.

당연한 평판을 추구하는 입장은 '시장들의 도덕화'를 지지할 것이다. 하지만 우리는 하늘에서 떨어진 너무 이상적인 관점에 집착해서는 안 된다. 우리는 시장들을 도덕화하는 일을 시작할 수 있다. 우리는 경제 시민 의식을 가지고 소비자나 노동자 혹은 기업가나 경영자로서 시장에서 활동할 수 있다. 그리고 우리는 경제 시민 의식을 소유한 채 투자자 혹은 저축자로서도 다양한 정도로 행동할 수 있다.

그런데 당연한 평판을 추구하는 입장은 새로운 것이 아니라 밑으로부터의 사회적 시장경제를 그대로 재현한 것이다. 사회적 시장경제에서는 항상 시장에 낯선 관점들이 비록 체계적인 역할은 아니지만 어느 정도 역할을 수행한다. 또한 사회적 시장경제에서는 사실과 무관한 관점들도 중시되지 않는다. 왜냐하면 사회적 시장경제는 윤리적으로 책임적인 경제활동, 곧 사실적이고 선한 경제활동을 지지하기 때문이다. 우리는 실제의 인간들 사이에서 이루어지는 경제활동을 경제주체들 간의 윤리적 동의가 중시되는 방향으로 해석하고 발전시켜야 한다. 그럴 때 시장 참여자들의 소득으로 표현되는 공로로서의 수입은 본래의 의미를 지니게 될 것이다.

### 진정한 자유는 질서를 지키는 것

우리는 앞에서 책임적인 기업이 시장에 의해 제거되게 될 것인가라는 질문에 대한 부정의 답변에 관해 알아보았다. 이제는 긍정의 답변에 관해 살펴보기로 하자. 우리가 시장들의 도덕화를 개인윤리에만 한정한다면 우리는 나이브한 입장이나 냉소주의에 빠지게 될 것이다. 개인윤리는 개인들 혹은 기업들의 윤리적 행동을 중시한다. 기업들의 윤리적 행동에 관심하는 윤리는 앞에서 살펴본 기업 윤리이다.

근대 법치국가를 만들고 경제에 질서를 부여하는 규제, 곧 제재로 이루어진 규칙이 필요하다는 것은 자명한 사실이다. 여기서 제재에는 부정적 의미의 제재와 긍정적 의미의 제재가 있다. 전자는 규칙을 어긴 사람이 처벌받는 것을, 후자는 규치을 어긴 사람이 규칙을 지킨 사람보다 덜 혜택을 받는 것을 의미한다.

책임적인 행동을 하지 않는 사람들을 제재하면서 다른 경제주체들과 보다 공정하게 상호작용하도록 강제하기 위해서는 경제활동을 질서 지우는 틀이 필수적이다. 이 대목에서 우리는 이렇게 이야기할 수 있다. "선한 사람들이 악한 사람들에게 벌을 준다. 그리고 악한 다른 사람들과 달리 우리는 선한 사람이 되어야 한다."

NGO들은 기업에게 자발적으로 사회적이고 생태학적 측면에서 책임적인 경영에 임할 것을 권유한다(이것이 CSR, 곧 기업의 사회적 책임이다). 여기서 '자발적'이란 표현은 법적 제재와 다른 도덕적 규범과 관련된다. 그런데 기업의 "이런 자발적인 조처는, 그것이 법적으로 관철되지 않거나 손해 배상 규정으로 전환되지 않거나 기업과 독립된 기관의 감시를 받지 않으면 효력을 발생할 수 없다."[43] 하지만 "실제로 이런 법적 관철, 규정 전환, 감시 수용이 거의 이루어지지 않기 때문에 기업은 말로만 사회적 책임을 수용하는 것이고 그것의 윤리 강령도 하나의 기업 선전에 불과한 것이다."

또한 기업은 이윤 추구가 제대로 실현되는 동안만 윤리 강령을 실천에 옮긴

---

**43** ) D. Kinley/R. Chambers, "The UN Human Rights Norms for Corporations: The Private Implications of Public International Law", in: Human Rights Law Review, Nr. 3, 2006, 46.

다. 이런 이유에서 우리는 기업의 자기 규율을 신뢰할 수 없다.

우리는 처음부터 기업 혹은 기업의 경영진이 기업 윤리적인 책임 의식을 갖고 스스로에 대해 이의를 제기할 가능성을 결코 생각할 수 없다. 이런 우리의 시각은 국제금융 위기에 대한 볼프강 카덴Wolfgang Kaden의 입장처럼 분명히 현실적인 것이다.

대중은 오늘날 근사하게 보이는 은행 영업이 어떻게 이루어지는지를 알아야 한다. 주가를 내리기 위해 악 소문이 퍼뜨려진다. 악 소문을 퍼뜨린 사람은 주가 하락을 통해 돈을 벌려고 한다. 한 투자 은행이 서브프라임 모기지론을 증권화시킨 채권을 투기 목적으로 구매해 고객들에게 판매한다. 한 애널리스트는, 이메일을 통해 자신이 채권의 위험도를 제대로 평가했어야 했지만 채권이 위험하다는 사실을 간파할 수 없었다고 자책한다. 그는 이런 식의 채권 매매는 화수분에 기초해서만 이루어질 수 있었을 것이라고 판단한다.[44]

이 애널리스트는 다음과 같은 분명한 결론에 도달한다. "이런 상거래에서는 풍자문학이 그러는 것처럼 더 많은 도덕을 호소하는 것이 효과가 있을 것이다."
하지만 카덴은 경제주체들의 도덕성에 의존하는 것보다 국가기관들이 모여 금융거래를 엄격하게 규제하는 것이 더 중요하다고 주장한다. "앵글

<hr>

44 ) W. Kaden, "Warum die Finanzmärkte zivilisiert werden müssen", Spiegel Online, 23. September 2008.

로색슨 국가들의 금융 시장이 해당 사회에 끼친 손실은 너무 크다. 따라서 금융 시장의 권력은 제한되어야 한다."

이 주장은 경제주체들, 기업들 그리고 노동자들을 법적으로 강하게 제어해야 한다는 사실을 현실적으로 지지해준다. 하지만 안타깝게도 이런 주장은 민주적 법치국가가 경제를 질서 지우는 틀을 제공해야 한다는 당위성에 대한 설득력 있는 근거를 제시하기 어렵다.

먼저 이 주장은 어떤 현대적 윤리에 대한 우리의 판단과 모순된다. 이런 윤리에 따르면 윤리적으로 잘못된 태도는 윤리적으로 올바른 태도에 관한 다양한 견해들의 표현으로 이해되어야 한다. 이 윤리에 의하면 경제주체들이 책임적으로 행동하지 않았음이 분명할지라도 우리는 그들을 배척해서는 안 된다. 오히려 우리는 그들의 행동이 윤리적 옳음에 대한 주관적인 판단에 따른 것으로 이해해야 한다. 이런 윤리적 입장은 그럴듯해 보인다. 왜냐하면 요즘 경영학을 공부하는 학생들은 무엇보다도 시장 맹신을 배우기 때문이다. 그들은 '이윤이 있어야 옳은 것이다'라는 모토 아래 이윤을 증가시킬 수 있는 수단들에 집중한다. 그리고 그들에게 교양과목과 같은 다른 교육과정이 주어진다고 하더라도 그것은 소위 전공과목 밖에 있는 부수적인 코스에 불과하다.

실제로 이와는 다른 태도를 취해야 함에도 불구하고 다른 사람들의 고귀함을 부인하는 것, 곧 다른 사람들을 목적으로 인정하지 않는 것은 의미를 갖지 못할 뿐만 아니라 허용될 수도 없다. 다른 사람들의 고귀함을 부정하는 것은 그들의 구체적 행동에 대한 정당화에 이의를 제기하는 것이다.

칸트가 명확히 주장한 바와 같이 벌 받은 사람은 자신에게 벌이 적절하게 주어졌는지, 그리고 자신의 현 처지가 자기 행동에 따른 것인지에 관해

본인의 입장을 밝힐 수 있어야 한다.[45] 그런데 왜 법치국가적 규제가 필요한 것일까? 벌 받은 사람은, 자기 행동 방식이 윤리적으로 정당화될 수 없기에 법치국가적 제재를 받아야 마땅하다고 이해하고 있는 경우에도 현명하지 못할 수 있기 때문이다. 우리는 법치국가를 근거 지우는 경우 항상 이런 모토를 내세운다. '선한 사람들이 악한 사람들에게 벌을 준다.'

　모두가 책임적으로 무엇을 해야 하는지 혹은 하지 말아야 하는지를 알고 있다고 하더라도 법치국가는 반드시 존재해야만 한다. 그래야만 하는 근본 이유는, 거대한 사회구조 안에서는 도덕적 의무라는 것이 너무 약하기 때문이다. 그래서 도덕적 의무는 제재의 성격을 가진 법적 의무, 더 정확히 말해서 법치국가적 의무에 의해 보완되어야 한다. 이런 법치국가적 근거만이 정언명령이 충족시켜야 할 자율성의 원리와 조화될 수 있다. "우리는 우리 자신이 부여한 법 이외에 다른 법들을 따르지 않는다."

　여기서 세금에 관한 하나의 예를 들어보자. 우리가 공공사업에 대한 수요가 분명히 존재함을 인식하고 그 비용을 재정적으로 감당할 수 있음에도 불구하고 왜 우리는 그것을 시행하지 않고 그 비용을 지불하지 않을까? 머리 로스바드Murray N. Rothbard, 1926~1995와 같은 자유지상주의자들은 세금을 일종의 도둑질로, 세금에 의존해서 존립하는 국가를 마피아보다 더 거대하고 성공적인 범죄 집단으로 간주한다. 스위스에 위치한 자유연구소 소장 로버트 네프Robert Nef는 세금과 같은 국가의 개입은 경제주체들의 품격 있는 태도를 촉진하기보다는 오히려 파괴한다고 주장한다. 그리고 자산 소유의

---

45 ) I. Kant, Grundlegung der Metaphysik der Sitten. Kritik der praktischen Vernunft, Werkausgabe Bd. VII, Frankfurt a. M. 1968, 150.

자유를 과도하게 제한하는 것은 이기주의를 강화하고 자발적인 사회적 태도를 해친다는 것이다. 따라서 세금은 기부에 의해 대체되어야 한다고 결론을 내린다.[46]

자유지상주의자는 도덕적 의무의 한계를 오해하고 있다. 우리 모두는 세금 납부가 옳다는 것을 알고 있다. 하지만 법적인 제재가 이루어지지 않을 경우 우리는 다른 사람들이 우리와 같이 세금을 낼 것이라는 확신을 갖기 어렵다. 왜냐하면 세금 납부는 필수적이긴 하지만 부담이 되기 때문이다. 따라서 우리의 세금 납부는 뜨거운 돌 위에 물 한 방울처럼 그리 의미 있는 행동이 아닐 것이다. 법치국가가 필요한 이유에 관한 농담 하나가 있다. '모두가 그렇게 생각할 수 있다. 하지만 결과적으로는 아무것도 일어나지 않는다.'

이 대목에서 경제학자들은 '죄수의 딜레마'를 떠올린다. 경제적 인간 혹은 자기 이해관계를 관철하지 못할 딜레마에 빠진 두 사람이 존재한다고 가정된다. 이런 경우 단순한 단기적 이해관계와 진정한 장기적 이해관계 사이의 갈등이 극복되기 위해서는 국가가 요구된다. 국가를 통해 관련당사자들은 모든 기회를 이용할 수 있게 된다. 그런데 여기서 말하는 국가는 소유권을 보호하고 계약의 신뢰성을 보장하는 최소 국가를 의미한다. 자기 이익을 극대화하려는 두 사람은, 선하고 공정한 경제 질서와 사회질서를 세우기 위해 공공 지출을 요구하는 정의감을 지니고 있지 않다. 그래서 그들은 도덕적 의무가 무엇인지 전혀 이해하지 못한다.

자율성의 법과 조화되고 그것으로부터 나오는 법치국가의 근거를 마련

---

46 ) R. Nef, "Ein liberaler Staat muss den Schutz der Freiheit des Einzelnen und der autonomen Gruppe gewährleisten", Pro-Libertate-Mitteilungen, Nr. 8, www.prolibertate.ch.

하는 것과 경제 질서를 위한 법치국가적 틀을 확립하는 것은 다르다. 책임 의식을 지닌 사람이 어리석은 사람으로 평가받아서는 안 된다. 대부분의 사람들이 지닌 도덕적 의무감은 매우 약하다. 따라서 사회 구성원 모두가 책임 의식을 가질 때에만 사람들은 자기만 손해 보지 않을 것이라고 판단하면서 책임 의식을 지니게 된다.

현대적이고 민주적인 법치국가는 자율성 혹은 자유와 반대되지 않고 오히려 그것을 드러낸다. 이런 사실을 이해하지 못하는 사람은 자유로운 법치국가로 정의되는 현대 법치국가를 제대로 이해할 수 없다(여기서 자유로운 법치국가는 자유지상주의적 법치국가가 아니다. 자유지상주의와 법치국가는 서로 모순된다). 독일의 거대 정당 기독교민주연합CDU이 사무총장을 선거 레이스에 투입할 때 기존의 정치적 입장을 수정하지 않은 채 '더 많은 자유와 더 작은 국가'라는 슬로건을 내세우는 것은 이상해 보인다. 그러고 보면 아직도 법치국가와 관련된 계몽 활동이 활발히 전개될 필요가 있다.

실제적 형태가 아닌 프로젝트로서의 자유롭고 민주적인 법치국가는 분명 우리의 도덕적이고 정치적인 자유의 표현이다. 법치국가의 문외한들은 제3의 낯선 권력이 중요한 것인 양 제3의 인격체로서의 법치국가에 관해 이야기한다. 하지만 그들은 우리가 우리 자신에게 부여한 필수적인 법체계는 중요하게 생각하지 않는다.

그런데 이런 법체계는 무엇보다도 경제 영역에 필수적이다. 왜냐하면 경제 영역에는 불확실성뿐만 아니라 경쟁도 존재하기 때문이다. 경제분야에서 불확실성은 많은 경제주체들이 함께 활동한다는 것과 이런 사실이 윤리적 경제주체를 곤란한 상황으로 몰고 갈 수 있다는 것에서 생겨난다. 그리고 경쟁이 존재한다는 것은 경쟁력의 관점에서 벗어난 모든 것은 중요성을 갖기 어렵다는 사실을 함축한다. 하지만 경쟁력만을 고려하는 것은 지속 가능하지 않다.

하나의 사례를 들어보자. 2007년 10월 미국보석생산자연합은 미얀마에서 민주적 개혁이 시작될 때까지 미얀마산 보석의 수입을 금지해줄 것을 요구했다.[47] 미얀마에서 보석 수출은 기존의 정권을 지지해주면서 민주화 운동을 억압하는 데 기여하고 있다. 그래서 이 생산자연합은 불의한 정권을 지지하는 우를 범하지 않기 위해 의회의 도움을 요청한 것이다.

그런데 왜 미국보석생산자연합은 1만 1,000명의 회원들에게는 미얀마산 보석에 대한 구매 중지를 요구하지 않을까? 아마 생산자연합이 회원들을 장악하지 못하고 있기 때문일 것이다. 만일 생산자연합이 구매 중지를 요구할 경우 적지 않은 회원들은 구매 중지 결의를 거부하고 싶은 유혹에 빠지게 될 것이다.

티파니앤코Tiffany & Co, 불가리Bulgari, 카르티에Cartier와 같은 유명 기업들은 이미 수입을 중지했다(이 기업들은 관련 NGO들의 비난이 무서워 수입 중지를 결정했을는지도 모른다. 이 NGO들은 이렇게 이야기했을 것이다. "그 기업들, 피로 물든 다이아몬드를 파는 거 아냐."). 그런데 이 유명 기업들은 수입을 중지하지 않은 많은 무명 기업들로 인해 손해 볼 수 있음을 우려했다. 왜냐하면 후자가 전자의 영업 이익 가운데 많은 부분을 빼앗을 수 있기 때문이다. 그래서 생산자연합이 전략적으로 의회에 수입 금지를 요구했던 것이다. 이런 요구는 자유로운 법치국가 혹은 경제를 질서 지우는 틀을 강조하는 사고에서 도출된 것인데 이 사고는 도덕적 의무가 경쟁의 장場에서는 너무 약하다는

---

47 ) www.hrw.org/en/news/2007/11/11/burma-edelsteinhandel-st-tzt-milit-rregime.

인식에 근거해 있다(여기서 '자유로운'이란 자유주의적인 것을 의미한다. 하지만 대부분의 사람들은 자유주의적인 것을 자유지상주의적인 것으로 이해하는데 자유지 상주의는 자유주의와 달리 법치국가를 폐지해 최소 국가를 수립하는 것을 목적으로 한다).

또 하나의 사례는 도이체 포스트Deutsche Post 최고경영자 클라우스 춤빈 켈Klaus Zumwinkel이 제공했다. 2007년 춤빈켈은 우편 업무 관련 경영자연합 과 노동조합이 합의한 최저임금을 옹호했다[48](하지만 2008년 12월 베를린브란 덴부르크 상급행정재판소는 도이체 포스트의 최저임금을 불법적인 것으로 선언하였 다). 춤빈켈은 사회적 시장경제의 약속사항, 곧 만인을 위한 복지의 추구와 임금 삭감의 배제를 상기시켰다.

> 독일연방공화국은 제2차 세계대전 이후 산업 전반에 걸친 사용자 협정을 통 해 높은 경제 성장률을 기록해왔다. 이 사용자 협정에서 사용자들은 임금을 낮추기 위한 경쟁을 시도하지 않게끔 되어 있다. 오히려 그들은 자동차 산업 과 화학 산업에서 동일 임금을 시행하고 성과와 품질을 높이기 위해 경쟁하 게 되어 있다. 내 생각에 도이체 포스트보다 30퍼센트 낮은 임금을 지불하면 서 경쟁력을 갖추지 못한 사용자들은 매출액을 늘리지 못할 것이다.

춤빈켈의 이런 주장은 기업의 성실성을 표현하는 것일 수 있다. 그는 공 정한 경쟁을 옹호하고 있다. 물론 공정한 경쟁이 구체적으로 무엇을 의미 하는지에 관해 민주적으로 논쟁될 수 있다. 분명한 점은 그것이 자유로운

---

48 ) K. Zumwinkel, "Interview der Woche", Deutschlandfunk, 30. Dezember 2007, www.dradio.de.

경쟁과는 다르다는 사실이다. 그것은 어떤 관점에서 제한된 경쟁을 의미하는데 질서를 위한 법적인 틀에 의해 유지된다. 최저임금은 어떤 목적을 위해 상황에 따라 지불될 수 있는 것인가, 아니면 그것은 임금 심의 회의 일반적 의무 사항인 것인가? 이런 법적인 틀을 고려해보면 최저임금은 의무 사항으로 이해되어야 마땅하다. 최저임금제는, 선한 사람들이 악한 사람들에게 벌을 주기 때문이 아니라 모든 사람이 800유로를 가지고 독일에서 비좁은 주거 공간에 가족을 물질적이고 정신적으로 부양해야만 하는 현실은 잘못된 것이라는 사실을 인식하기 때문에, 도입되는 것이다. 독일에서는 하르츠<sup>Hartz</sup> 4를 통해 임금과 동시에 실업 급여를 받는 것이 가능해졌다. 여기서 실업 급여는 일종의 임금 보조금에 상응하기에 폐지될 필요가 있다. 아무튼 앞의 가족이 가진 800유로는 임금과 실업 급여를 합한 금액인데 현실적으로 가족을 부양하기에는 너무 적은 것이다. 법규가 없는 상태에서 충분한 임금을 지불하는 책임적 기업들은 시장에서 도태될 수 있기 때문에 규제가 필요한 것이다. 사회민주당<sup>SPD</sup>의 사무총장 후베르투스 하일<sup>Hubertus Heil</sup>은 다음과 같이 이야기한다.

품위 있는 기업은 규제가 공정한 경쟁을 만들어내길 소망한다.

좋은 규제는 개인윤리적인 측면이나 사회윤리적인 측면에서 결코 불필요한 것이 아니다. 오히려 그것은 개인윤리적이고 사회윤리적인 책임성을 강화해준다. 우리가 앞으로 확인하게 되겠지만 가장 바람직한 방안은 기업 경영에 대한 자본의 영향력을 축소하는 것이다. 극심한 경쟁 아래서는 경쟁력의 관점에 어긋나는 모든 적절한 것들이 제거될 수 있다. 기업의 경쟁력은 기업의 존속 정도와 같이 측정되기 어렵다. 따라서 그것은 발견 방법론의 형성에만 도움이 될 수 있다. 반면 수익성은 보다 분명하게 측정될 수 있다. 그래서 수익성은 경쟁력보다 모든 비시장적 관점 혹은 비영리적 관점과 더 분명하고 철저하게 대립한다. 기업통제를 위한 시장으로서의 자본시장은 기업들에게 수익 지향성을 강요한다. 이제 우리는 그 역할이 거의 이해되지 못하고 있는 자본으로 논의의 방향을 돌려보자.

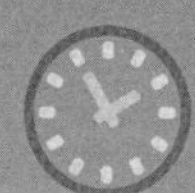

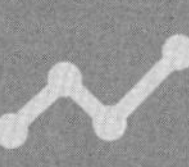

# : 6 :

# 자본의 역할은 무엇인가?

## 노동자를 명분으로 자본 살리기

일자리 창출이 실제로 모든 정치 세력들의 핵심 관심사는 아닐지라도 그것이 중요하다 데에는 모두 일치하고 있다. 그래서 '일자리를 창출하는 것이 사회적인 것이다'라는 모토가 나오게 된 것이다. 기독민주연합CDU에서 이 모토는 가장 중요한 행동 기준이 되고 있다. 기독민주연합의 사무총장 로날트 포팔라Ronald Pofalla는 '노동을 위협하고 정지시키고 제한하는 것은 허용되어서는 안 된다'는 것을 자기 정당의 중심 원칙으로 삼고 있다. 독일 대통령 호르스트 쾰러Horst Köhler도 이와 비슷한 생각을 하면서 '노동의 우선성'이란 슬로건을 내걸었다.

> 독일 노동시장과 관련해서 지금 우리에게 필요한 것은 노동의 우선성을 실현하는 정책이다. 우리는 경쟁력 있는 일자리를 창출하고 보존하는 데 기여하는 일은 해야 하지만 기여하지 않는 일은 중단해야 한다. 이와 다른 목적들을 성취하는 데 기여하는 일은, 그것이 아무리 바람직하더라도, 나중에 수행해야 한다 …… 우리가 노동의 우선성을 명심한다면 실업자의 수는 바로,

그리고 지속적으로 줄어들 것이다.[1]

이런 주장은 주름진 실업자들에게 힘이 될 것이다. 이 주장은 대통령과 만나는 자리에서 일자리를 구하고 있노라고 말하는 시민들에게 도움을 줄 것이다. 호르스트 제호퍼Horst Seehofer는 '일자리를 창출하는 것이 사회적인 것이다'라는 모토와 관련해서 "우리의 모든 행동은 사람들을 위한 일자리 창출에 기여해야 한다"고 주장한다.[2] 또한 금속노조도 2003년에 '노동의 우선성'이란 슬로건을 '노동의 우선성과 사회적 정의'로 확대해서 내세웠다.

그러는 동안 노동의 우선성이 의미하는 것이 곧 자본의 우선성이라는 사실이 분명해졌다. 왜냐하면 1인 기업의 경우를 제외하고 기업가 혹은 자본에 의해 규정되는 기업이 일자리를 창출하기 때문이다. 정책에서의 정언명령으로 간주되는 노동의 우선성을 무조건적으로 강조하는 것은 자본의 소망에 무조건적으로 복종하라는 명령으로 이어질 수 있다. 이런 맥락에서 글로벌하게 이동하는 자본의 우선성에 굴복하는 정책이 나오게 되는 것이다.

독일은 기업가 자본을 정성껏 섬겨야 한다. 왜냐하면 기업가 자본을 통해서만 혁신, 성장 그리고 일자리가 보장되기 때문이다.[3]

다른 나라들과 마찬가지로 독일은 자본의 비위를 맞추고 있다. 그러면서

---

1 ) H. Köhler, "Die Ordnung der Freiheit", Rede beim Arbeitgeberforum Wirtschaft und Gesellschaft in Berlin, 15. März 2005.

2 ) H. Seehofer, "Ich will, dass alle Bürger entlastet werden", Die Zeit, 23. April 2009.

3 ) H.-W. Sinn, WSM Nachrichten, 30. 10. 2005, www.cesifo-group.de.

자본은 점점 세금을 덜 내고 있다. 조세 전문가들과 이런 흐름에 가장 비판적인 경제학자인 로렌츠 야라스Lorenz Jarass에 따르면 2008년에 기업들의 소득과 부에 부과되는 세금이 20퍼센트 아래로 떨어졌다.[4]

노동자들과 그들의 이해관계를 대변하는 노동조합에게 임금 삭감이 요구되었다. 왜냐하면 임금이 낮아져야만 사람들에게 더 많은 일자리가 제공될 수 있다는 주장이 힘을 얻었기 때문이다.[5] 물론 대통령은 임금 삭감을 자유롭게 요구할 수 있다(나중에 그는 이런 임금 삭감 요구가 악용될 수 있음을 경고했다[6]). 하지만 정치가들은 자신의 규범적 사고를 법적인 조처를 통해서 구현해야 한다.

독일 경제 개혁 프로그램《어젠다 2010》의 핵심은 노동자가 받아들일 수 있는 최저임금, 곧 유보 임금의 수준을 낮추는 것이다. 경제학적인 관점에서 유보 임금은 실업과 같은 경제적 곤경에 처해 있는 사람들과 관련된다. 유보 임금은, 기존의 고용 관계가 해체되거나 더 이상의 고용 가능성이 존재하지 않는 경우, 선택될 수 있는 차선의 대안으로 볼 수 있다. 그런데 만일 사회적 안전망이 존재하지 않는다면 유보 임금의 수준은 친척으로부터 얻을 수 있는 지원금이나 길거리에서 동냥질로 얻을 수 있는 수입 혹은 시골에 땅이 있는 경우 그곳에서 농사를 지으면서 얻을 수 있는 소득의 정도

---


4 ) L. Jarass, "Arbeitnehmer zwischen Finanzkrise und Umverteilungspolitik - welche Auswege gibt es?", 29. November 2008, www.jarass.com

5 ) H. Köhler, "Die Ordnung der Freiheit", Rede beim Arbeitgeberforum Wirtschaft und Gesellschaft in Berlin, 15. März 2005.

6 ) H. Köhler, "Die Idee der Freiheit bleibt entscheidend für Verbesserung in der Welt", Bild am Sonntag, 28. Dezember 2008.

에 좌우될 것이다.

물론 이런 가정은 허무맹랑한 것이다. 오늘의 사회적 시장경제 안에서 유보 임금의 수준은 사회보장제도에 의해 결정된다. 하르츠 4에 의해 실업 수당을 받을 수 있는 기간이 줄어들었다. 그래서 많은 실업자들이 사회 보조금에만 의존해 살아가고 있다. 그들이 사회 보조금에 의지하는 정도는 이전보다 훨씬 더 강하다. 정부는 이런 정책적 조처를 통해 임금 부대 비용을 낮추려고 하기보다는 낮은 임금을 받고서라도 일하겠다는 의지를 가진 노동자들의 수를 늘리려고 하는 것이다.

비록 자신에게 잘 맞지는 않지만 낮게 책정된 이전소득보다 더 높은 임금을 약속하는 일자리를 받아들이라는 압력이 있을 수 있다. 일자리 수용 압력은 대체로 두 가지 경우에 발생할 수 있다. 먼저 경쟁이 심화되어 구조 조정이 실현되면서 고용주가 더 이상 고용을 늘릴 수 없는 경우 이런 압력이 생길 수 있다. 또한 이윤과 보너스를 향한 투자자들과 경영자들의 멈출 줄 모르는 집착이 존재할 경우에도 이런 압력이 발생할 수 있다. 어떤 경우건 간에 현재 일자리 수용 압력은 이전보다 더 강해지고 있다.

물론 이런 구분은 거의 시도되지 않고 있다. 보통 이 두 가지 경우는 일률적으로 취급되고 있다. 더욱이 일자리 수용 압력이란 개념 대신에 탈도덕화된 의미를 지닌 인센티브, 더 정확히 말해서 일자리 수용 인센티브란 표현이 사용되고 있다.[7] 유보 임금의 수준이 낮아지면 이런 인센티브는 높아지게 되고, 실업자들은 불안정한 일자리도 수용하게 된다(이런 인센티브는 혜

---

**7** ) G. Schröder, "Regierungserklärung von Bundeskanzler Schröder am 14. März 2003 vor dem Deutschen Bundestag", http://archiv.bundesregierung.de.

택의 축소와 연결되기 때문에 실업자에게 유익하지 못한 것이다). 한편 완곡하게 표현하는 것을 좋아하는 사람들은 일자리 수용 압력이란 개념 대신에 실업자들의 기회 증진이란 표현을 사용한다.[8] 이런 기회 증진을 통해 실업자들은 어떤 일자리든 수용하게 되고, 그래서 실업자의 수가 줄어들게 된다. 기회라는 것은 무조건 이용해야 하는 것이니까 말이다.

이러고 보면《어젠다 2010》의 핵심은 노동의 우선성과 일자리 창출 기회의 증진에 있다. 따라서《어젠다 2010》은 앞에서 이야기한 '시장 논리 앞에서 윤리적 성찰을 중지하는 태도'의 한 사례로 간주되고 비판될 수 있다. 경제주체들의 제어되기 어려운 이익 추구, 곧 투자자와 경영자들의 통제되기 어려운 이윤 지향성을 자연스럽게 수용하는 것도 시장 논리로 인해 윤리적 성찰을 배제하는 태도에 속한다.

이러한 수용은 분리주의적 입장과 그 입장의 성찰 중지를 모범적으로 보여주고 있다. 그런데 분리주의적 입장은 이윤 추구의 비용 측면을 고려해서는 안 된다(물론 분리주의적 입장은 임금을 비용에 넣고 있다). 그리고 이 입장은 슘페터가 주장하는, 기업 내부에서 진행되는 가시적 파괴와 같은 새로운 급진적 경영 방식도 고려해서는 안 된다. 뒤에서는 분리주의적 입장이 배제하고 있는 자본의 측면, 곧 자본의 문제를 일으키고 잊혀진 측면을 서술하고자 한다. 다시 말해서 매출 증가와 일자리 창출을 통해 기업 외부에서 진행되는 비가시적 파괴에 관해 살펴보고자 한다.

일자리 창출 문제를 둘러싼 논쟁에서 이런 비가시적 파괴는 전혀 다루어

---

8 ) G. Schröder, "Regierungserklärung von Bundeskanzler Schröder am 14. März 2003 vor dem Deutschen Bundestag", http://archiv.bundesregierung.de.

지지 않았다. 만일 이 주제가 다루어졌더라면 일자리 창출에 대한 찬성이 그리 완전하지 않고 분명하지 않게 이루어졌을 것이다. 하지만 현실에서는 완전하고 분명한 찬성이 제시되고 있다(나는 생태학적 관점에서 성장에 반대하는 경우를 제외하고 일자리 창출에 부정적인 입장을 취하는 이들을 알지 못한다). 시장 기능에 관한 경제학적 기초 지식이 부족한 이유는 경제학자들이 내놓는 꾸며낸 이야기와 관계가 있다. 하나의 사례를 들어보자.

> 경영자의 높은 보수 덕택에 일자리가 창출되고, 가족이 부양되고, 장사하는 사람에게 고객들이 찾아오고, 지역사회에 세금이 들어오고, 실업자들이 다시 직장이 갖게 될 기회가 마련되고, 사회 보조금이 풍족하게 지급된다면 어떤 이성적인 사람도 고민하지 않을 것이다.[9]

단지 경영자의 높은 보수 덕분에 일자리가 창출되는 것인지 혹은 단지 높은 이윤 때문에 자본이 섬겨져야 하는지에 관해 우리는 관심이 없다. 우리가 관심을 갖는 것은 일자리가 창출되면 어떤 이성적인 사람도 이의를 제기할 수 없는지에 관한 것이다.

우리는 대답을 이미 알고 있다. 일자리 창출은 새로운 소득이 생겨나는 것이다. 그래서 위의 인용문이 이야기하는 것처럼 가족이 부양될 수 있는 것이다. 하지만 샐러리맨 혹은 자영업자인 다른 사람들의 소득을 건드리지 않고 새로운 소득을 얻는 것은 불가능하다. 다시 말해서 새로운 소득의 획

---

**9 )** O. Höffe, "Verdienen die Manager, was sie verdienen? Ein philosophischer Blick auf Spitzenlöhne", Neue Zürcher Zeitung, 22. April 2009, 27.

득은 다른 사람들의 소득 감소로 이어진다. 소득의 이동 경로가 바뀌는 것이다. 소비자들이 더 이상 X상표의 샴푸를 구매하지 않고 Y상표의 샴푸를 구매하는 경우를 생각해보라. 혹은 소비자들이 샴푸 구입에 지출하는 돈을 줄이고 전기 사전거 구입에 지출하는 돈을 늘리는 경우를 생각해보라.

일자리 창출은 경쟁 혹은 창조적 파괴를 촉진한다. 여기서 일자리가 창출되면 저기서는 일자리가 없어진다. 경쟁에서 밀린 샴푸 회사 경영자와 노동자가 새로운 소득원을 마련할 경우, 예를 들어 그들이 재교육을 받고 전기 자건거로 업종을 바꿀 경우 일자리 창출이나 소득 증가, 곧 성장이 실현된다.

이런 과정에서 발생하는 비용에 관해서는 그 누구도 다루지 않고 있다. 그래서 나는 7장에서 이 문제에 관해 논의하려고 한다. 이와 관련해서 이런 질문이 제기될 수 있다. 여기서 자본은 어떤 역할을 수행하는가? 자본은 공급자들 사이의 경쟁을 격화시킨다.

근본적으로 자본은 자금 조달의 가교 역할을 한다. 이런 역할은 자본의 법적 형태로부터 독립되어 수행된다. 다시 말해서 이런 역할은 자본이 자기자본인지, 아니면 타인자본인지와 상관없이 수행된다는 것이다. 한 선구자적 기업가를 상상해보자. 이 기업가는 새로운 제품 아이디어를 보유하고 있으며 많은 소비자들이 이 제품을 환호할 것이라는 믿음을 갖고 있다. 그러면서 새로운 소득과 가치가 발생할 것이라고 기대하고 있다.

하지만 이 기업가는 시간문제에 부딪히게 된다. 매출이 미래에 이루어질 것이기 때문이다. 게다가 매출의 실현이 불확실하다. 따라서 그는 과도기를 건너기 위한 생활비가 필요하다. 그는 돈을 저축해놓았다. 그는 자신을 도와 상품을 생산할 노동자도 필요하다. 그리고 기계도 필수적이다. 그는 자본 없는 상태에서 기계 제작자에게 적합한 기계를 만들어달라고 부탁한다. 그리고 기계 대금은 미래에 매출이 발생할 때 지급된다.

물론 이 상황은 가상적인 것이다. 그럼에도 이 시나리오는, 자본이 없다면 시장경제, 특히 성장하는 시장경제가 성립할 수 없다는 사실을 분명하게 보여준다. 이 시나리오에서 기계 제작자는 이 기업가에게 외상 판매를 해준다. 다시 말해서 이 기업가를 위해 제품 아이디어와 나중에 실현될 매출 사이의 시간적 간격을 메워준다.

자본이 생기면 먼저 임금과 기계 대금이 지불된다. 만일 제품 아이디어가 성공을 거두면 자본가는 새로운 가치 창조 덕분에 큰 몫을 챙기게 된다. 돈을 빌려준 은행은 이자를 받고 원금을 돌려받는다. 주주는 배당금을 받는다. 그런데 이 과정은 고통 없이 진행되지 않는다. 왜냐하면 여기서 돈이 복잡한 시장 메커니즘을 통과해서 성공한 선구자적 기업가와 자본가에게 들어가기 때문이다. 물론 새로운 제품의 생산은 굳이 새로운 기업이 설립되지 않아도 기존 기업 안에서의 작은 생산 혁신을 통해 실현될 수 있다.

자본가는 다른 기업가들과 이윤을 가지고 잘 다툴 수 있는 선구자적 기업가들에게 자신의 자본을 제공할 것이다. 그는 경쟁력 있고 경쟁할 준비가 되어 있는 시장 참여자들에게 자본을 대줄 것이다. 다시 말해서 그는 비용을 줄이고 가격을 낮춤으로써 더 많은 구매자들을 꾀어내고 비시장적 관점들을 철저하게 멀리하는 시장 참여자들에게 자본을 대줄 것이다. 이런 시장 참여자들은 루트비히 폰 미제스Ludwig von Mises가 이야기한 '구매자들의 달러를 얻으려는 경쟁'[10]을 결코 주저하지 않는 경제주체이다. 그리고 자본

---

10 ) L. von Mises, Human Action. A Treatise on Economics, 4. Aufl., San Francisco 1963, 278.

은 그들에게 지렛대 효과를 가져다준다.[11] 그래서 그들의 경쟁력이 상승한다. 그럼으로써 그들은 낮은 경쟁력을 지닌 기업가들을 시장에서 퇴출시키거나, 아니면 이런 기업가들에게 자신들을 본받아 경쟁력을 강화할 것을 강요한다. 그들이 그리하는 것은 이윤 없는 기업이 되지 않거나 자본의 총애를 받기 위함이다.

자본은 쉽게 이윤을 획득한다. 왜냐하면 자본소득은 불로소득이기 때문이다.[12] 그런데 이런 불로소득은 기업가적 기질을 많이 가진 사람에게 주어진다.[13] 과거의 경우 자본은 많은 노력을 통해 형성되었다. 물론 상속을 통해서도 형성되었다. 하지만 오늘날 몇 백만 유로를 저축하고 있는 사람은 돈을 절약하지도 소비를 포기하지도 않는다. 그는 자본의 지렛대 효과를 기대하기 때문이다. 그는 아무것도 할 필요가 없고 다만 자신의 전 재산을 소비하는 데 탕진하지 않기만 하면 된다.

결과적으로 자본은 소득을 얻는 고용인들이나 자영업자들을 서로 경쟁시키게 된다. 자본이 원하건 원하지 않건 간에 말이다. 자본은 채찍을 휘두른다. 물론 이런 채찍은 보이지 않는다. 왜냐하면 복잡한 시장 메커니즘 안에서는 압력이 정확히 어디에서 발생하는지 쉽게 인식할 수 없기 때문이다.

과연 정치를 통해 자본을 섬기는 것이 의미가 있을까? 이는 과정의 공정성에 관한 물음이며 대답하기 어려운 자본주의적 질문이다. 경제가 세계화된 상황에서 자기 나라에서만 가치와 일자리가 창출되어야 하고 다른 나라

---

11 ) 지렛대 효과는 레버리지 효과라고도 불리는 것으로서 타인자본을 지렛대처럼 이용해 자기자본의 이익률을 높이는 것을 의미한다.

12 ) O. Conrad, Die Todsönde der Nationalökonomie, Leipzig/Wien 1934, 57.

13 ) Y. B. Choi, "On the Rich Getting Richer and the Poor Getting Poorer", in: Kyklos, Vol. 52, H. 2, 1999, 252.

들에서는 가치와 일자리가 파괴되어야 한다고 주장되고 있다. 이를 실현하기 위해 각국은 치열하게 경쟁하고 있다. 하지만 경쟁의 의미와 공정성은 경쟁을 넘어선 관점에서만 접근될 수 있다.

이런 사실이 이해되지 않고 있기 때문에 근자에 들어와 정치는 역사상 유례가 없는 통치권 상실을 경험하고 있다. 우리는 '모든 권력은 국민으로부터 나온다'고 들어왔다. 하지만 오늘의 현실에서 권력 혹은 정치는 글로벌하게 이동하는 자본을 위해 산업입지를 매력적으로 만들어주는 행정 규정에서 나온다. 전 독일연방은행 총재 한스 티트마이어Hans Tietmeyer가 적절하게 지적했듯이 대부분의 정치가들은 오늘날 자신이 금융 시장의 통제 아래 있고, 심지어 그것에 의해 지배당하고 있다는 사실을 분명히 인지하지 못하고 있다(《프랑크푸르터 알게마이네 차이퉁》, 1996년 2월 3일자). 총재직에서 물러난 후 정치가들의 자문 역할을 한 티트마이어는 정치가들이 이런 지배를 수용하는 것이 얼마나 필요한지를 보여주어야 했다.


변화의 큰 물결이 전 세계를 뒤덮고 있다. 이 물결 속에서 우리나라는 입증되어야 한다. 세계화는 제품과 서비스를 놓고서만 아니라 나라와 지역을 놓고서도 서로 비교하고 경쟁하는 것이다. 독일 정치는 이것에 대비해야 한다. 다시 말해서 국가는 더 유연하고 덜 관료적인 방향으로 나가야 한다. 무엇보다도 결정 과정에서 신속함을 보여야 한다.[14]

---

14 ) A. Merkel, "Für eine neue Soziale Marktwirtschaft". Rede am 1 September 2001 in der Börse in Frankfurt am Main.

이 인용문은 앙겔라 메르켈의 연설의 일부이다. 그녀는 2001년 기독민주
연합<sup>CDU</sup>의 당수로서 이 연설을 하였다. 여기서 그녀는 새로운 사회적 시장
경제를 주창하면서 당위적인 표현을 많이 사용했다. 15쪽에 달하는 연설문
에서 그녀는 "müssen(해야 한다)"이라는 조동사를 70번이나 사용했다. 이
조동사를 한 쪽 당 다섯 번 정도 사용한 셈이다. 그녀는 자유라는 단어도 언
급하였다. 그녀는 대학이 앞으로 전개될 경쟁 상황을 예견하면서 그것에 잘
적응하기 위해서 자신의 법적 형태를 자유로이 선택할 수 있어야 한다고
주장했다. 그런데 아쉽게도 우리는 온라인상에서 이 연설문을 더 이상 볼
수 없다.

하지만 사람들은 이런 주권 상실을 의식하지 못하고 있다. 왜냐하면 일
종의 실행주의가 마치 정치적 자율성이 실제로 존재하는 것처럼 보여주기
때문이다. 이 실행주의에 따르면 산업입지 선정을 두고 벌이는 경쟁이 국가
의 행동 가능성을 제한하는 것이 아니라 단지 나쁜 경제정책의 구사를 어
렵게 만들 뿐이다.[15] 이 실행주의는, 어떤 경제정책이 좋은 것인지 나쁜 것
인지는 글로벌 산업입지 경쟁 과정에서 판별될 수 있다고 주장한다. 산업입
지 선정 경쟁에서 승리하는 자본의 힘은 자연스럽게 '좋은 정치'에 대한 정
의에 영향을 미치게 된다. 그러면서 시장에서 정치는 무력화되는데 대부분
의 사람들은 이런 무력화를 인지하지 못하고 있다.

1990년부터 2003년까지 독일 경제 발전 과정을 평가해온 영향력 있는
경제학자 호르스트 지베르트<sup>Horst Siebert</sup>는, 시장의 힘을 믿는 사람들이 국제
적 자본에 의해 국내적 경제정책이 규율되면서 야기되는 정치적 자유의 종

---

**15** ) G. Schwarz, "Die Globalisierung auf der Anklagebank", Neue Zürcher Zeitung, 6. September 1997.

언에 환호하고 있다고 이야기한다. 물론 경제정책이 올바른 방향으로 규율되는 것은 중요하다.

하지만 민주적 정책의 우선성과 국민의 주권 대신에 시장의 우선성과 자본의 우선성이 관철되는 것은 문제가 아닐 수 없다. 오늘날 소비자가 아니라 자본이 최종적이고 절대적인 구매자이다. 이런 의미에서 전 미국 연방준비제도이사회 의장 앨런 그린스펀Alan Greenspan은 선거 기간 중에 누가 다음 미국 대통령이 될 것인지는 그리 중요한 문제가 아니라고 이야기했다.

우리는, 미국 안에서의 정치적 결정이 세계화 덕분에 세계적인 시장 효과로 대체된 행운을 잡았다. 국내적 안전과 관련해서는 그렇지 않겠지만 누가 다음 대통령이 될 것인지는 하찮은 문제이다. 세계는 시장의 힘에 의해 통치되고 있다.[16]

여기서 말하는 행운은 시장 사회를 매우 갈망하는 사람들에게만 해당되는 것이다. 시장 사회에서는 각자가 다른 사람들의 고객이 되고 모두가 서로에게 인간 자본이 된다. 그리고 자본의 이해관계에 부합하는 것이 행운으로 여겨진다. 또한 질서 지어진 사회는 정치적으로 자유로운 사회만큼이나 경시된다. 왜냐하면 존 롤스John Rawls가 이야기한 것과 같이 질서 지어진 사회는 익명적인 시장의 힘에 의해서가 아니라 공동적인 정의에 의해서 조정되기 때문이다.[17]

---

16 ) A. Greenspan, "Ich bin im falschen Jahrhundert geboren", Tages Anzeiger, 19. September 2007.

17 ) J. Rawls, Eine Theorie der Gerechtigkeit, Frankfurt am Main 1979, 21.

## 자본만 바라봐서 생긴 금융 위기

빌 클린턴Bill Clinton은 "바보야, 문제는 경제야"라는 슬로건으로 1992년 대통령선거에서 승리했다. 그렇다. 문제는 경제이며 일자리이다. 그런데 일자리는 어떻게 창출되는가? 일자리를 창출하는 이들의 삶을 무겁게 하지 말고 가볍게 해주어야 일자리가 창출될 수 있을 것이다.

이를 위해 정부는 기업가와 자본이득에 대한 세금을 줄여주고 우리가 알고 있는 바와 같은 사회국가의 종언을 선언해야 한다. 실제로 클린턴의 '새로운 민주당', 토니 블레어Tony Blair의 '새로운 노동당', 게르하르트 슈뢰더의 '새로운 중도'가 모두 세금의 삭감과 사회국가의 종언을 시도하였다. 생산적 복지workfare, welfare to work를 미리 내다본 자본은 낮은 유보 임금을 환영하고 있다. 또한 정부는 중앙은행에 저금리 정책을 주문할 필요가 있다.

클린턴은 전임 대통령 조지 부시George H. W. Bush가 연방준비제도이사회 의장으로 임명한 앨런 그린스펀과 함께 정책을 수행했다. 클린턴 대통령은 임기 초기에 있었던 백악관 조찬 모임에서 그린스펀으로부터 보고를 받았다.[18] 이 보고에서는 은행들이 금리를 10퍼센트 내린 경우 경제는 100억 달러 성장했다는 사실이 지적되었다. 그린스펀은 이런 사실에 기초해 저금리가 투자를 촉진하고 이것이 다시 일자리를 창출한다는 주장을 내놓았다.

그에 따르면 세계 각국이 경기가 활성화되어 경제 성장이 이루어지고 일자리가 창출되길 원한다면 미국식의 은행 시스템을 도입해야 한다. 그런데

---

18 ) D. Hage/S. Collins, "Betting on Wall Street", U. S. News & World Report, 22. Februar 1993.

이런 은행 시스템은 이자율을 낮게 유지하는 특징을 지닌다고 그는 덧붙였다. 클린턴도 그의 이런 입장을 받아들였다.[19] 그 결과 클린턴에게도 저금리 정책이 사적 투자를 촉진하고, 나아가 침체되어가는 경기를 활성화시킨다는 것은 의심의 여지가 없는 사실이었다. 그런데 정부가 저금리정책을 지속적으로 구사하기 위해서는 재정 적자를 줄일 필요가 있다. 정부가 재정 적자를 축소시킴으로써 금리가 내려가면 더 많은 미국인들이 집과 차를 사게 되고 일자리가 창출되고 기업이 만들어질 수 있다. 그리고 더 많은 학생들이 대학에 진학하면서 그들이 더 많은 능력을 보유할 수 있다. 그 결과 미국인들은 자신과 가족을 위한 더 나은 미래를 설계할 수 있게 된다.

그린스펀의 이론은 매우 단순하다. 중앙은행이 기준 금리를 낮게 유지하면서 통화가 팽창될 때 더 많은 투자가 이루어지고 더 많은 일자리가 창출될 수 있다는 것이다. 경제학자들의 통계에 따르면 1달러의 경제 성장을 이루려면 대략 4달러의 신용이 창조될 필요가 있다.[20] 클린턴과 같은 정치가들은 이렇게 창조된 달러를 염두에 둔 것이다. 그들은 사회적 상호작용의 결합체인 경제를 적절한 계략을 가지고 조정할 수 있는, 윤리적으로 중립적인 기계로 간주한다. 이 기계를 능숙하게 다룰 수 있는 자는 능력 있는 존재로 평가받는다.

경제라는 기계는 돈을 통해 힘을 얻고 또한 하늘에서 가져온 것처럼 보이는 이윤을 통해서도 활력을 제공받는다. 그런데 실제로 이런 활력은 그리 많이 제공될 수 없다.

---

19 ) B. Clinton, Between Hope and History, New York 1996, 23f.

20 ) Boston Consulting Group, "Collateral Damage. What the Crisis in the Credit Markets Means for Everyone Else", Oktober 2008.

언제 돈은 우상이 되는가? 수익률이 25퍼센트일 때인가, 아니면 10퍼센트일 때인가? 객관적 수치가 존재할 수 없기 때문에 명확히 답변하기 어렵다. 돈은 상품 거래를 수학적 추상의 수준으로 끌어올린다. 그래서 장소와 시간의 제약이 있는 물물교환은 약속과 기대, 의무와 요구의 교환으로 전환된다. 그런데 이런 전환은 도덕적으로 비난받아야 마땅한가? 그렇지 않다. 왜냐하면 유동성은 경제순환과 복리 참여를 촉진하기 때문이다.[21]

경제순환을 촉진한다는 것은 더 많은 일자리와 더 많은 GDP가 창출된다는 것을 의미한다. 독일의 거대 정당들은 자본에 대한 보호를 통해 경제순환이 촉진되길 공공연히 희망한다. 2005년 11월 두 거대 정당들은 연정협약에서 자신들의 입장을 표명하였다. 이런 표명에 따르면 독일이 국제적으로 경쟁력 있는 금융 중심지가 되는 것은 경제 성장과 고용 창출의 가장 중요한 전제들 가운데 하나이다. 그런데 이 두 거대 정당들에게 영감을 준 인물은 그린스펀이 아니라 전 도이체 방크 CEO 요제프 악커만Josef Acker-mann이다. 악커만은 독일이 세계적으로 유수한 은행들을 보유하는 것이 매우 중요하다는 사실을 계속해서 강조했다.

창조만 알 뿐 파괴는 알지 못하는 이 두 거대 정당들과 그 경제정책적 조언자는 자본을 싸고 원활하게 공급받기 위해서 독일을 국제적으로 경쟁력 있는 금융 중심지로 만들어야 한다고 주장한다. 그럴 때 독일 산업에 투자되고 일자리를 창출하는 자본이 더 많아지고 결코 소진되지 않는다는 것이다. 다른 나라들의 경우도 물론 마찬가지다.

---

21 ) H. von Schubert, "Wann wird Geld zum Götzen?", Welt am Sonntag, 4. Januar 2009.

이 두 거대 정당들과 그 경제정책적 조언자는 유럽 각국의 금융 시장들의 통합을 비롯한 여러 가지 조처들을 제안했다. 그리고 이런 조처들이 소비자들과 기업들을 포함한 모든 시장 참여자들의 효용을 증대시킬 것이라고 확신했다. 또한 금융 시장의 주체들이 가능한 한 많은 자본을 활용하여 모든 시장 참여자들의 효용을 증대시키기 위해서 금융 부문에 존재하는 모든 불필요한 규제를 철폐해야 한다고 주장했다. 그러면서 이 두 거대 정당들은 유동화 시장을 확대하고자 했다.

지금 우리는 유동화가 국제금융 위기를 가져왔다는 사실을 잘 알고 있다. 유동화란 원래는 거래될 수 없는 채권을 거래될 수 있는 증권으로 바꾸는 것을 의미한다. 그런데 유동화에서 무엇이 잘못된 것일까? 우리는 유동화를 윤리적으로 어떻게 평가해야 하는가?

2007년 여름에 시작해서 2008년 9월 투자은행 리먼 브라더스<sup>Lehman</sup> <sup>Brothers</sup>의 파산을 통해 증폭된 국제금융 위기는 근본적으로 예상하기 어려운 사건이었다. 국제금융 위기는, 신용 등급이 낮은 사람들을 대상으로 하는 서브프라임 모기지 론에 근거해서 만들어진 파생 상품을 사지 않아 많은 돈을 번 사람들에게도, 혹은 통화가 상당한 정도로 팽창된 상태를 직시하면서 경고음을 내야 했던 금융 전문가들에게도 참으로 놀라운 사건이었다.

거품이 꺼지는 국제금융 위기에 직면한 우리는 사태를 보다 냉정하게 바라보아야 한다. 이 금융 위기는 근본적으로 카지노 게임과 같은 투기적 행위에서 비롯된 사건이다. 그런데 카지노에 가는 사람들은 자신이 무엇을 하고 있는지 분명히 알아야 한다. 하지만 실제로 그들은 이에 관해 거의 알고 있지 못한 것 같다.

크게 보면 자본이 소득을 얻을 수 있는 방법은 두 가지이다. 하나는 실물경제에서 창조된 가치들에 참여하는 것이다. 자본은 뛰어난 경쟁력을 갖춘 시장 참여자에게 공급된다. 선구자적 기업은 제공된 자본으로 사업을 해서 소득을 얻고 이 기업과 관련된 다른 시장 참여자들은 배당금이나 이자를 받는다. 이때 경영진이 과두하게 비용을 절감해 특별한 이윤을 발생시키면 더 많은 보수를 받게 된다.

실물경제와 자본 사이에 존재하는 이런 관계를 보면 우리는 자본에서 무엇이 문제되는지를 묻게 된다. 자본은 공정한가? 자본이 너무 많은 압력을 행사하는 것은 아닌가? 자본이 가치 창조에 필수적인 기여를 했기에 그렇게 많은 이윤을 가져가는 것인가? 자본소득은 가치 창조의 표현인가? 이런 질문들은 우리가 이제까지 많이 다루어온 물음이다. 이런 질문들은 답변하기 어려운 질문이며 단순한 학문적 연구에 의해 해결되기 힘든 질문이다. 그럼에도 우리가 자본이 실물경제에 좋지 않은 영향을 미치고 있다는 사실을 인식하게 된 경우 우리는 이런 질문들을 제기해야만 한다.

다른 하나는 실물경제와 전혀 상관이 없는 방법이다. 여기서 자본은 실물경제의 주체들, 예를 들면 노동을 통해 상품을 만드는 사람들이나 상품을 구매하는 사람들로부터 이윤을 얻지 않는다. 오히려 자본은 증권들, 예를 들면 주식들이나 증권화된 채권을 매입하는 투자자들로부터 이윤을 얻는 것이다.

물론 여기서 이윤은 증권 가격이 상승할 때에만 발생한다. 증권 가격이 상승하기 전에 미리 증권을 매입하고 증권 가격이 상승하는 적절한 시기에 매각한 투자자는 큰 양도 차익을 얻어 멋진 스포츠카를 구입할 수 있을 것이다. 그런데 이 투자자가 얻은 이익은 어디서 온 것일까? 그것은 증권 가격이 이미 과도하게 상승되어 당분간 오를 전망이 없는 시기에 증권을 매입한 미숙한 투자자들에게서 나온 것이다.

여기서 우리는 제로섬게임의 한 사례를 확인할 수 있다. 제로섬게임에서는 한 경제주체의 금전적 이익이 그대로 다른 경제주체의 금전적 손실로 이어진다. 그러고 보면 후자가 전자에게 돈을 지불해주는 것이다.

가치 창조는 실물경제 안에서 이루어진다. 그래서 증권투자는, 판매자가 구매자로 하여금 현재 포지티브섬 게임이 진행되고 증권 가격의 상승이 실물경제의 가치 창조를 반영하고 있기에 이런 가치 창조로부터 배당금이 나온다는 것을 믿도록 할 때에만 이루어질 수 있다. 그런데 배당금이 환상에 불과한 것으로 판명된 경우 경제주체들은 증권시장에 거품이 생긴 것으로 판단한다.

2000년 전 세계적으로 거래된 증권들의 가격은 총 350억 달러였다. 보스턴 컨설팅 그룹의 분석에 따르면 증권 가격이 이 정도 수준까지 오르게 되는 데는 수백 년이 걸렸다.[22] 그런데 2000년 이후에는 6년 동안 이 액수가 두 배로 늘어났다. 반면 이 기간 동안 세계 각국의 총 GNP는 50퍼센트 증가한 데 그쳤다.

1980년대까지 전 세계 금융자산의 규모는 세계 각국의 총 GNP와 비슷하였다. 금융 부문이 실물 부문에 기초해 있었던 것이다.[23] 그 이후 2007년까지 전 세계 금융자산의 성장 속도는 세계 각국의 총 GNP의 성장 속도보다 3.5~4배 정도 빨랐다.[24] 파생 상품의 총액은 전 세계에서 1년 동안 생산

---


22 ) Boston Consulting Group, "Collateral Damage. What the Crisis in the Credit Markets Means for Everyone Else", Oktober 2008.

23 ) Ch. S. Morris, The Trillion Dollar Meltdown, New York 2008, XII.

24 ) Ch. S. Morris, The Trillion Dollar Meltdown, New York 2008; D. Farrell/Ch. S. Fölster/S. Lund, "Long-

된 재화 및 서비스 가격의 열 배인 것으로 드러났다.[25]

　여기서 우리는 다음과 같은 질문을 던질 수 있다. 쓰나미와 같은 이런 엄청난 이윤이 어디에서 생겨나는 것일까? 세 가지 답변이 가능한데 이 가운데 두 가지 답변은 실물경제와 관련되어 있다. 첫 번째 답변은 실물경제에 대한 압력이 점점 증가하고 자본이 노동자들의 채찍으로 기능한다는 것이다. 자본은 경쟁을 즐기면서 경제주체들을 서로 경쟁시키고, 한 곳에서는 일자리를 창출하는 반면 다른 곳에서는 일자리를 파괴하고, 경쟁에서 패한 사람들에게 더 많은 생산성을 강요하면서 세계 각국의 GNP를 증가시킨다. 세계 자본이 두 배로 늘어나고 자본과 노동의 분배율이 이전과 동일하면 세계 각국의 GNP도 두 배로 증가한다. 하지만 실제로 자본은 점차로 지쳐가는 실물경제를 지탱해주지 못한다. 왜냐하면 이 과정에서 생기는 비금전적 비용이 너무 커져버릴 수 있기 때문이다. 특히 노동자들의 스트레스가 엄청나게 커지게 된다. 이런 비용 문제에 관해서는 뒤에서 서술될 것이다.

　두 번째 답변은 실물경제에서 자본으로 재분배가 이루어진다는 것이다. 실제로 근자에 들어 임금의 몫이 줄어들고 있다. 노동 소득이 전체 소득에서 차지하는 비중이 2003년에 70.8퍼센트였는데 2007년에는 64.7퍼센트로 감소하였다.[26] 반면 같은 기간 동안 기업 소득과 자산 소득은 6.1퍼센트 증가했다(물론 여기에는 자본 소득뿐만 아니라 자영업자들의 소득도 포함되어 있다). OECD국가들의 경우도 임금의 몫이 1980년과 2006년 사이에 평균적

term trends in the global capital markets", in: The McKinsey Quarterly, Februar 2008.

25 ) Ch. S. Morris, The Trillion Dollar Meltdown, New York 2008, XII.

26 ) Statistisches Bundesamt, "Einkommensentwicklung in Deutschland", März 2008, www.destatis.de.

으로 10퍼센트 감소하였다. OECD가 조사한 바에 따르면 독일의 경우 노동 소득의 비중이 55퍼센트에 불과한 것으로 집계되었다.[27]

2001년과 2006년 사이에 독일 국민소득이 2,020억 유로 증가한 것으로 나타났다. 이 가운데 기업 소득과 자산 소득은 1,710억 유로로 그 비중이 84.5퍼센트인 것으로 드러났다. 이에 2006년 8월 15일자《프랑크푸르터 룬트샤우》는 "더 많은 재분배는 이루어지지 않고 있다"라는 표제를 내걸었다. 그런데 혹시 이런 표제는 잘못된 것이 아닐까? 그렇지 않다.《파이낸셜 타임스》에 따르면 미국의 경우 이윤의 몫이 증가하는 흐름이 중단되었더라면 지난 100년 동안 3.5퍼센트 정도의 성장률을 보이면서 소득이 모두 이윤으로 구성되었을 것이다.

쓰나미와 같은 엄청난 이윤은 다음의 두 가지 요인들이 혼합되면서 생겨난 것이다. 첫째는 실물경제에 대한 더 많은 압력과 이로부터 발생하는 국민경제적 가치 창조의 증가이다. 둘째는 기존의 가치 창조를 빨아들이는 것이다. 그런데 이 둘 외에 제3의 요인이 존재한다. 이 요인은 전 세계를 돌아다니는 금융자본의 성장과 관련된 어마어마한 거품이다. 이 거품은 자산 가격의 인플레이션으로 지칭될 수 있는데 그 특징은 인플레이션률 산정 시 포함되지 않는다는 것이다.

실제로 너무 많은 자본이 존재한다. 그래서 사람들은 돈을 소비하길 원하지 않거나 소비할 필요가 없다. 오히려 그들은 돈을 투자하려고 한다. 하지만 실물경제는 투자자들이 기대하는 만큼의 이자를 지불할 수도 없고 지불하려고도 하지 않는다. 1930년대 초반에 발생한 세계경제공황 시기에도 그러했다.

---

**27** ) OECD, "Growing Unequal? Income Distribution And Poverty in OECD Countries".

존 케네스 갤브레이스<sup>John Kenneth Galbraith</sup>는 《대폭락 1929<sup>The Great Crash 1929</sup>》에서 "1929년 부자들은 너무 부유했다"고 적고 있다.[28] 프랜시스 스콧 피츠제럴드의 소설 《위대한 개츠비<sup>The Great Gatsby</sup>》가 문학적으로 전하는 바와 같이 '그때는 약탈남작들과 투기꾼들의 시대였다.' 이 당시에는 최상위 계층 5퍼센트가 전체 부의 30퍼센트를 차지하였다. 이들 최상위 계층은 자기 돈을 가지고 무엇을 해야 하는지 전혀 알지 못했다. 그래서 그들은 사치스런 삶을 살 수 없었고 사치스런 삶이 그들에게 즐거움을 줄 수 없었다. 그리고 그들은 돈을 낭비하지 않으면서 돈 많은 상태가 그저 좋다고 생각하였다. 이런 생각에서 그들은 돈을 은행에 맡겼고, 그래서 그들 소유의 돈이 점점 불어났다. 결과는 빈부 격차의 심화였다. 미국 최상위 계층 0.1퍼센트가 전체 부의 40퍼센트 정도를 차지하게 되었다. 은행들은 이 돈을 투자를 계획하는 기업들에게 대출해주었다. 많은 시간이 흐르면서 이 기업들이 만든 상품이 잘 팔리지 않게 되었다. 대부분의 사람들이 가난했기 때문이다. 결국 주식시장이 탈출구가 되었다.

그러면서 거품이 일기 시작하였다. 투기꾼들은 자신이 이미 부자이고 앞으로 더욱 부자가 될 것이라고 믿었다. 경제 펀더멘털이 양호하지 못함에도 불구하고 그들은 이미 고평가된 주식들을 매수함으로써 주가지수를 계속 상승시켜나갔다. 그 결과 주식 보유자들은, 모든 것이 모래 위에 서있으며 앞으로 실물경제가 기대한 만큼 이윤을 창출할 수 없을 것이라는 불길한 예감을 떨칠 수 없게 되었다. 그들은 주식을 빨리 매도해야겠다고 생각했다. 다른 주식 보유자들도 마찬가지였다. 결국 1929년 10월 24일 대대적인 주

---

28 ) J. K. Galbraith, Der Große Crash 1929, 4. Aufl., München 1954, 216.

식 투매가 일어났다. 이를 보통 '검은 목요일Black Thursday'이라고 부른다.

이후에 소득분배와 부의 분배는 복잡한 국민경제 안에서 1920년대와 비슷하게 전개되었다. 많은 사람들이 돈을 가지고 무엇을 해야 하는지 몰랐다. 그래서 돈은 투자되어야만 했다. 시티 뱅크의 애널리스트들은 미국 경제를 플루토노미Plutonomy로 특징짓고 있다. 플루토노미란 부유층을 뜻하는 Plutocrat과 경제를 뜻하는 Economy의 합성어로 부유층의 영향력이 매우 큰 경제를 의미한다. 플루토노미로서의 미국 경제는 부유층의 욕구와 이해 관계를 중시할 수밖에 없다.

수적으로는 적지만 소득과 소비의 비중은 어마어마하게 큰 부유한 소비자들이 존재한다. 반면 수적으로는 많지만 누리는 복리의 양은 놀랄 만큼 적은 부유하지 못한 나머지 사람들이 존재한다.[29]

이 인용문은, 미국 경제와 똑같지 않더라도 매우 발전된 국민경제들에만 적용될 수 있을 것이다. 왜냐하면 이런 국민경제들에서는 자본이 세금 감면과 같은 조처를 통해 배려받기 때문이다. 조지 워커 부시George Walker Bush는 2000년 대선 기간 중 선거 후원금을 마련하기 위한 모임을 가졌는데 그곳에 참석한 부유층 청중에게 다음과 같이 이야기했다.

부유하거나 아주 부유한 당신들은 감동을 주는 청중이다. 어떤 사람들은 당

---

29 ) A. Kapur/N. Macleod/N. Singh, "Plutonomy. Buying Luxury, Explaining Global Imbalances", Citigroup Research, 16. Oktober 2005, 2.

신들을 엘리트라고 부른다. 하지만 나는 당신들을 나의 지지 기반이라고 부른다.

부시가 부유층에 도움이 되는 세금 감면을 통해 얻고자 했던 것은 무엇인가? 부시 정부가 세수 문제와 관련해서 사회 구성원들의 노후 보장보다 자본에 대한 배려를 더 많이 고려함으로써 이전보다 더 많은 자본이 형성되게 되었다. 미국인들은 더 많은 자본이 형성되기만 하면 복지 문제는 저절로 해결될 수 있다고 믿고 있다. 경제활동을 하지 않는 사람들은 소비를 제대로 할 수 없다. 이로 인해 소비 부진 현상이 일어나는 데 이를 해결해야 할 경제주체는 다름 아닌 경제활동에 종사하는 사람들이다. 미국인들은 이 사실을 잊고 있다. 또한 그들은 늘어나는 저축과 연금이 생산 활동에 대한 압력으로 작용한다는 사실도 잊고 있다.[30] 그런데 실물경제는 이런 압력에 공개적으로 저항하지 않는다. 하지만 실물경제가 이 압력에 무제약적으로 내맡겨져서는 안 된다. 만일 무제약적으로 내맡겨질 경우 슘페터가 말하는 '무의미한 재앙'이 닥쳐올 것이다.[31]

그런데 1920년대 경제 대공황과 같은 무의미한 재앙이 실제로 닥쳐왔다. 2007년 여름에 시작된 국제금융 위기가 그것이다. 국제금융 위기가 발발하기 전 금융자본은 어마어마하게 증가했다. 우리는 이런 금융자본이 실물경제에 기초한 자본이었는지, 아니면 거품 자본이었는지 정확히 알 수 없다. 아마도 이 두 가지 자본 형태의 혼합이었을 것이다. 어쨌든 투자를 위한 자

---

30 ) P. H. Dembinski, "Finanzsystem im Dienste des Gemeinwohls", März 2008, www.verantwortliche-kreditvergabe.net.

31 ) J. A. Schumpeter, Kapitalismus, Sozialismus und Demokratie, 7. Aufl., Tübingen 1993, 172.

본의 양은 두 배 정도 커졌지만 투자 가능성은 2배 정도로까지 증가하지는 못했다.[32]

이 시기에 하나의 혁신이 이루어졌다. 주택 저당증권MBS, Mortage Backed Security이 그것이다. MBS는 일종의 파생 상품으로 채권에 대한 채권이라고 할 수 있는데 매우 복잡한 계약들을 포함하고 있다. MBS를 취급하는 이들은 이런 계약들이 가치를 창조하는 실물경제와 관련성을 갖는다고 강변하고 있지만 실제로 그것들은 실물경제와 직접적이고 명시적으로 연관되어 있지 않다.

MBS는 금융기관들을 흥분시키기에 충분하였다. 투자은행 모건 스탠리Morgan Stanley에서 주택금융을 담당한 마이크 프랜시스Mike Francis는 다음과 같이 회상한다.

"나는 그 사태를 믿을 수 없었다. 우리는 투자자들의 허기를 가라앉힐 만큼 충분히 증권을 만들어낼 수 없었다. 그들은 우리에게 전화를 걸어 증권이 더 없냐고 물었다. 우리 주위에는 많은 돈을 갖고 있는 투자자들이 앉아 있었다. 우리는 그들이 우리 증권에 투자하도록 모든 것을 걸어야 했다.

보너스가 은행원들에게 손을 내밀고 있었다. 그들은, 자신이 한 일이 잘못되고 업무지침에 저촉된다는 사실을 정확히 알고 있었다. 우리는 어떤 애널리스트가 다른 애널리스트에게 보낸 이메일의 내용을 살펴볼 필요가 있다.

---

32 ) A. Blumberg/A. Davidson/I. Glass, "The Giant Pool of Money", National Public Radio, 5.9., 2008, www.thislife.org/Radio_Episode.aspx?episode=355.

우리로 하여금 종이로 만든 이 회사가 무너질 때 우리 모두가 부자가 되고 연금을 받게 된다는 희망을 갖게 해 달라.

한 부동산 저당 은행의 회장은 이런 새로운 영업 방식을 'NINA 저당권'이라고 불렀다.[33] 여기서 NINA란 소득도 없고 자산도 없는 것no income, no assets을 의미한다. 부동산 저당 은행들은 이런 저당권의 설정이 업무 지침에 저촉됨에도 불구하고 저당권을 설정했다. 마이크 프랜시스는 이를 '가공 신용架空信用'이라고 지칭했다.

최근까지 널리 행해졌던 이런 관행에 엄청난 액수의 보너스가 주어졌다. 은행원들이 자신과 비슷한 금융공학적 능력을 지니고 있는 같은 은행의 동료나 다른 은행의 직원들이 거액의 보너스를 통해 부자가 되는 것을 보게 되면 이런 관행을 거부하는 것은 참으로 어려울 것이다.

은행가들은 보너스를 받고 자신의 전문성을 제공했다. 그런데 만일 어떤 은행가가 위의 관행에 의심을 가질 경우 거의 모든 경제학 전공 학생들과 은행가들이 배워온 시장 맹신이 그를 퇴출시킬 수 있었다. '여보게, 우리는 돈을 정말 많이 번다네.' 이 말이 모든 사람들에게 좋게 들릴 것임에 틀림없다. 많이 가지면 가질수록 더 좋다. 우리에게 돈이 많다는 것은 우리의 복리가 증대된다는 사실을 의미한다. 전 엔론Enron 회장 케네스 레이Kenneth Lay는 수십억 달러짜리 엔론 본사 빌딩이 건립되었을 때 "나는 신을 믿는다. 그리고 나는 자유 시장을 믿는다"고 말했다. 이런 시장형이상학적인 말은

---

**33** ) A. Blumberg/A. Davidson/I. Glass, "The Giant Pool of Money", National Public Radio, 5.9., 2008, www.thislife.org/Radio_Episode.aspx?episode=355.

미국에서는 얼마 전까지만 해도 우습게 들리지 않았다. 미국에서는 신과의 명시적 관계없이도 시장 맹신이 잘 퍼져나갔다.

이윤에 대한 약속이 현실로부터 멀어지면 질수록, 복잡해지고 불투명해지면 질수록, 손에 땀을 쥐게 하면 할수록 투자 은행가들의 급여는 더 두둑해질 수 있었다. 그들은 채권들을 포장하고 재포장함으로써 소위 '금융 쓰레기'를 만들었는데 이것이 전매轉賣되면서 투기를 일으켰다. 이것이 모든 증권의 가격이 계속적으로 상승한 이유이며 점층적으로 증권 거품이 발생한 이유이다.

하지만 종이로 만든 회사는 언젠가 무너지기 마련이다. 제3자인 우리의 입장에서 이런 회사가 무너진다는 것은 문제가 될 수 없다. 카지노에 가는 사람은 모든 게임이 제로섬게임이라는 사실을 알아야 한다. 다시 말해서 한 사람의 이익이 다른 사람들의 손해와 일치한다는 점을 인지해야 한다. 하지만 모든 게임 참가자들이 '더 큰 바보 이론the greater fool theory'[34]에 따라 게임이 이루어지고 있다는 사실을 분명하게 인식하는 것 같지는 않다. 이 이론에서 모든 게임 참가자들은 자신이 기만당하는 것보다 다른 참가자들을 기만하는 것이 더 쉽다고 믿는다.

국제금융 위기가 발발하기 전 독일의 지방 국영 은행들은 '더 큰 바보'였다. 도이체 방크와 같이 약삭빠른 은행들은 금융 시장의 붕괴를 내다보며 대규모로 투기를 하였다. 그럼에도 불구하고 지방 국영 은행들은 가격이 엄

---

**34** ) 어떤 자산의 가격이 비정상적으로 오르고 있음에도 불구하고 바보처럼 이 자산에 투자하는 사람들이 있는 이유는 향후 더 높은 가격에 사들일 사람. 즉 '더 큰 바보'가 존재할 것이라는 믿음 때문이다. 그 믿음이 맞아떨어지면 이 자산의 가격은 더 오르고 자신은 바보가 아닌 사람이 되는 것이다. — 역자 주

청나게 오른 증권들을 사들였다.[35] 이 은행들은 도이체 방크로부터 금융 쓰레기와 같은 증권들을 매수했던 것이다. 대대적인 증권 가격 상승이 분명해지고 애널리스트들의 경고음이 들렸을 때 도이체 방크의 경영진은 이 은행들에게 서브프라임 모기지 론을 바탕으로 헤서 만들어진 증권들만을 구매할 것을 강요했다. 이런 증권들을 구매한 지방 국영 은행들은 다시 그것들을 투자자들에게 매도했다. 이런 과정을 통해 도이체 방크와 지방 국영 은행들이 보너스를 제공할 수 있게 되었다. 이에 한 익명의 은행가는 '총명한 탐욕이 편협한 우둔과 만나게 되었다'고 논평했다.

탐욕스런 사람들이 탐욕스런 또 다른 사람들을 빨아먹었다. 그리고 이것은 매우 성공적이었다. 르네 차이어<sup>René Zeyer</sup>는 미국 은행가들이 가공 신용 및 그와 비슷한 신용의 재포장을 통해 지난 5년 동안 1조 달러 정도의 보너스를 받았다고 주장한다.[36] 그 당시 은행가들을 위해서는 일이 계획대로 진행되었다. 자본을 위해서는 지금에야 비로소 일이 계획대로 진행되고 있다.

이것은 세계 역사에서 가장 큰 은행 강탈 사건이다. 왜냐하면 은행들이 사회를 인질로 삼았기 때문이다. 은행들은 가공의 자본을 가지고 투기했을 뿐만 아니라 경제를 정상적으로 운영하는 데 필수적인 대금 지불 과정과 수신 및 여신 과정을 이용해서도 투기를 벌였다. 그래서 은행들은 자기자본의 축소만을 겪으면서 파산을 면할 수 있었다. 물론 은행들은 자기자본의 축소로 인해 경제 위기에 필수적인 신용을 더 이상 제공할 수 없게 되었다. 그리고 휴지 조각이 되어버린 수백억 달러어치의 증권들은 은행에 큰 타격

---


**35** ) S. Böll/U. Papendick, "Gier trifft Dummheit", Manager Magazin, 28. März 2008.

**36** ) R. Zeyer, "Der größte Bankraub aller Zeiten", Manager Magazin, 9. Februar 2009.

을 주었다. 그런데 이것은 흔히 이야기되는 바와 같이 단순한 위험으로 간주되어서는 안 된다. 오히려 이것은 납세자들에게 닥쳐진 위난危難 혹은 위해危害로 이해되어야 한다. 또한 이것은 앞으로 수십 년간 부채를 감당하면서 재정능력이 약화될 수밖에 없는 사회 전체에 닥쳐진 위난이나 위해로도 이해될 필요가 있다.

물론 납세자들이 다른 사람들이 야기한 손해에 대해 책임져야 하는지는 확실하지 않다. 매년 10억 달러 정도를 벌어들이는 소로스 펀드 매니지먼트 회장 조지 소로스George Soros는 시장 맹신을 비판하면서 은행들을 쪼개고 부실 증권들을 자산 소유자들에게 넘길 것을 제안한다. 그렇게 될 경우 자산 소유자들은 부실 증권들의 위험성에 대해 책임을 져야만 하고, 그래서 위험 개념은 다시 유의미하게 될 것이다. 특히 거품 자본 개념은 무無로부터 교묘하게 만들어진 자본이라는 의미를 지닌 채 적절하게 사용되면서 부에 대한 환상을 깨뜨리게 될 것이다.

이제까지 제시된 금융 위기 해결책들은, 실물경제가 언젠가는 명목자본을 크게 성장시킬 수 있고 성장시켜야 한다는 것을 전제한다. 어떤 해결책들은, 명목자본이 부실 자산이나 부실채권을 원활히 정리하기 위해 설립된 배드 뱅크Bad Bank에 의해 적절한 조처가 취해진 뒤 다시 해당 부실 은행에 넘겨져야 한다고 주장한다.[37] 반면 다른 해결책들은, 명목자본이 많은 부채가 더 많은 부채로 커버될 수 있도록 통화량을 상당한 정도로 증가시키는 정책 아래 놓여야 한다고 주장한다.[38] 과거에 발생한 닷컴 버블의 경우 통화

---

37 ) S. Jost/D. Szarek, "Auf die schlechte Bank geschoben", Welt am Sonntag, 14. Juni 2009.

38 ) D. Sornette, "Zurück zu den grundlegenden Prinzipien einer soliden Wirtschaft", Neue Zürcher Zeitung, 21. Januar 2009.

량을 증가시키는 정책 덕분에 투기꾼들이 구제되었다. 이번에 발생한 부동산 거품의 경우도 마찬가지였다. 하지만 이런 정책으로 인해 새로운 거품이 생기기 마련이다. 여기서 우리는 하나의 악순환을 발견하게 된다.[39]

투자자들은 만족스러운 듯이 손을 비비면서 금융기관들에게 자신의 자본을 투자해 거품으로부터 이익을 취하게 해달라고 요구한다.[40] 금융기관들은 다음 번은 원자재 시장에서 투기가 일어날 것이라고 이야기한다. 그러면 그들은 큰손들이 참여하기 전에 원자재 펀드에 투자한다. 거품이 절정에 달할 때 그들은 큰 이익을 남기면서 펀드 상품을 팔아치우거나 중앙은행이 자신을 구제해줄 때를 기다린다.

이런 시나리오는, 착취가 이루어지고 어수룩한 투자자로부터 약삭빠른 투자자에게로 소득이 이전된다는 점에서 분명히 비윤리적이다. 이 시나리오는 거품 자본이 언젠가는 실물경제의 성장에 의해 커버될 수 있다는 희망에 근거해 있다. 이 시나리오에 대한 유일한 대안은 자본 파괴이다.

금융 부문에서 급속한 디플레이션이 일어나도록 하는 것 혹은 금융 영역에 있는 거품을 제거하는 것이 불가피하다.[41]

이런 주장은 시장 맹신 혹은 자본 맹신에 대한 결정적인 거절로 볼 수 있다. 너무 많은 자본이 돌아다닐 수 있다는 것은 암묵적 시장 맹신자와 명시

---


**39** ) A. Hamilton, "Monetäre Inflation", 28. Mai 2008, www.goldseiten.de.

**40** ) A. Hamilton, "Monetäre Inflation", 28. Mai 2008, www.goldseiten.de.

**41** ) D. Sornette, "Zurück zu den grundlegenden Prinzipien einer soliden Wirtschaft", Neue Zürcher Zeitung, 21. Januar 2009.

적 시장 맹신자에게 큰 자극제가 될 수 있다. 혹은 이제까지 생각해보지 못한 가능성이 되거나 금기를 깨는 일이 될 수도 있다. 한스베르너 진에 따르면 너무 많은 자본이 돌아다닌다는 것은 어불성설이다. 왜냐하면 옛날부터 성장은 대대적인 자본 축적을 통해 실현되어 왔기 때문이라는 것이다. 왜 자본이 너무 많을 수 있는지에 관해서는 7장에서 논의할 것이다.

# : 7 :

# 누가 우리에게 경쟁의 비용을 부담하라고 요구하는가?

WTO의 전신인 GATT의 사무총장이었던 피터 서덜랜드Peter Sutherland는 한 언론인과의 인터뷰에서 경쟁이 효율적이라고 말했다. 그리고 경쟁이 효율적이라는 것은 경쟁이 복지의 토대를 형성한다는 것을 의미한다고 주장했다.[1] 그러자 그 언론인은 '답변이 너무 교과서적이 아니냐'고 그에게 되물었다. 이에 그는 물론 현실 세계에서는 세계화의 승자들뿐만 아니라 패자들도 존재한다고 답변했다.

패자들은 자유무역에 참여하는 것을 방해당하기 때문에 패자가 되는 것이다.

경제학자들이나 시장 맹신자들은, 자유무역과 경쟁이 창조적으로 이윤을 창출할 뿐만 아니라 파괴를 가져오거나 패자를 만들어내기까지 한다는 사실과 대면할 때 쉽게 당황할 수 있다. 그래서 논리적으로 들리는 위의 인용문과 같은 문장들이 언급되는 것이다. 서덜랜드에 따르면 패자들이 패자가 되는 것은 강한 경쟁력을 지닌 시장 참여자에 의해 퇴출되거나 자본에

---

1 ) P. Sutherland, "Welthandel ist kein Nullsummenspiel", NZZ am Sonntag, 20. Juni 2004.

의해 해고되기 때문이 아니라 그들이 보호무역주의에 의해 자유무역에 참여하는 것을 방해당하기 때문이다. 서덜랜드에게 자유무역은 새로운 소득원이 됨으로써 에이드리언 우드Adrian Wood가 말한 것처럼 패자를 승자로 바꾸어줄 수 있다.[2]

우드는 경쟁이 손실을 가져올 수 있다는 사실을 인정한다. 하지만 그에 따르면 이런 손실은 인센티브를 강화시킴으로써 자동적으로 제거된다. 따라서 경쟁은 사람들이 불평하는 것처럼 실업이나 소득 감소와 같은 손실을 가져오지 않는다는 것이다. 또한 그는 경쟁과 더불어 인센티브가 주어진다고 주장한다. 다시 말해서 경쟁은 경제주체로 하여금 경쟁 친화적으로 바뀌면서 소득을 얻도록 유도해준다는 것이다.

문제는 경제학자들이 경쟁 과정에서 발생하는 비용과 고통를 진지하게 고려하지 않는다는 데 있다. 오늘의 경제 상황에서 경제주체는 자신의 경쟁력을 일생동안 지속적으로 증가시켜야만 한다. 경제학자들은 이런 비용을 복잡한 계산 과정을 거쳐 산출한다. 하지만 노동을 통해 소득을 획득해야 하는 경쟁의 당사자들은 매일같이 어마어마한 경쟁 압력을 직접 자기 몸으로 느끼고 있다. 그리고 보면 시장을 무조건적으로 옹호하는 경제학자들과 대개의 사회 구성원들 사이에는 큰 간격이 존재한다.[3] 경제학자들은 시장이 일으키는 긍정적인 효과만을 바라보고 있다. 반면 대개의 사회 구성원들은 글로벌 경쟁이 부정적인 효과를 내고 있음을 체감하고 있다.

---

2 ) A. Wood, North-South Trade, Employment and Inequality. Changing Fortunes in a Skill-Driven World, Oxford 1994, 6.

3 ) F. Breyer, "Die Chancen der Sozialen Marktwirtschaft und die Rolle der Ökonomen, in: Perspektiven der Wirtschaftspolitik, Nr. 2, 2008, 130.

경쟁은 우리에게 기업가 기질을 습득하도록 강요한다. 경쟁의 패자가 되지 않으려면 기업자 기질의 습득은 필수적이다. 경쟁은 우리에게 비용 지불을 요구한다. 경제학자들이 무시하는 경쟁의 비용 혹은 대가는 무엇인가? 점점 증가하지만 갈수록 불균등하게 분배되는 소득이 경쟁의 비용과 비슷한 규모인가? 엄밀한 측면에서 보면 이런 물음들은 목적론적 윤리의 틀 안에서 제기될 수 있는 질문들이다(목적론적 윤리는 좋은 삶, 곧 사라질 위기에 처해 있는 삶의 질에 관심을 갖는다). 물론 이런 질문들은 경제학자들에게는 일종의 금기이다. 하지만 필자는 이 장에서 이 질문들과 대결하고자 한다.

그런데 위의 질문들은 다음과 같이 변형될 수 있다. 누가 우리에게 경쟁의 비용을 부담하라고 요구하는가? 우리가 스스로 우리에게 그러는 것인가? 이제 질문들이 이전보다 더 복잡해졌고 의무론적 윤리의 틀 안에서 제기될 수 있는 물음들로 바뀌었다. 필자는 아래에서 이런 물음들을 다루려고 한다.

## 우리를 스트레스 받게 하는 원인

몇 년 전 한 스위스 은행가가 주장한 바에 따르면 글로벌 경쟁에서는 무엇보다도 자기훈육, 능력, 시장 지향성, 엄격한 노동 문화가 요구된다.[4] 이런

---

4 ) H.-U. Doerig, "Mehr Risikokultur für Europas Wirtschaft. Acht klare Fragen - eine harte Antwort", Schweizer Monatshefte, Juni 1996.

주장은 이 은행가를 포함한 많은 경제인들을 고무한다. 그들은 무조건적인 시장 지향성에서 근거와 방향성을 발견한다. 그리고 이런 시장 지향성이 경쟁에 의해 무지막지하게 요구될수록 더 좋은 것이라고 이야기한다. 반면 많은 사회 구성원들은 엄격한 노동 문화가 자신의 삶의 질을 떨어뜨리는 역기능을 수행한다고 믿는다.

샐러리맨들은, 자신이 과도한 업무를 수행하고 있고 몇 년 전부터 간헐적으로가 아닌 지속적으로 압력을 느끼고 있다고 보고한다. 또한 그들은, 노동 강도가 높아지고 노동 시간이 점점 더 길어지고 있어서 노동이 자신의 내면세계에 점점 더 깊이 들어오고 있다고 보고한다.[5]

WHO세계보건기구는 새로운 질병인 스트레스를 21세기의 가장 큰 질병 가운데 하나로 선언했다.《아포테커 룬트샤우Apotheker Rundschau》2008년 2월호가 실시한 설문 조사에 따르면 독일인 네 명 가운데 세 명이 직장 업무가 과중하다고 호소했다. 그리고 네 명 중 한 명은 스트레스가 지속적으로 증가함을 느낀다고 말하였다. 유럽산업안전보건청European Agency for Safety and Health at Work은 스트레스를 노동과 관련된 질병들 가운데 두 번째로 흔한 질환으로 간주한다.[6] 그리고 노동과 관련된 스트레스를 겪는 노동자의 수가 계속 증가할 것이라고 예측한다. 왜 그럴 것인가? 점점 더 많은 노동자들이 가혹한 노동 문화를 수용할 것이기 때문인가? 이 물음에 대해 유럽산업안전보건청은 명확한 답변을 내놓지 않고 있다. 이 관청은 노동 세계가 변화되면서 노동자들에게 커다란 요구를 하고 있다고 지적할 뿐이다. 이 관청에

---

5 ) Ch. Grefe, "Leidende Angestellte", Die Zeit, 28. August 2003.

6 ) http://osha.europa.eu/de/topics/stress

따르면 일자리 축소와 산업 기지 이전이 기능과 능력의 관점에서 높은 유연성을 요구하고, 이는 다시 기간제 노동자와 불안정한 일자리를 늘리고 노동 강도를 높이고 있다. 그리고 이로 인해 노동자들의 스트레스가 증가하고 있다는 것이다.

하이에크가 지적한 바와 같이 경쟁으로 인해 우리는 여유 있는 삶을 살 수 없게 되었다.[7] 이런 삶 대신에 우리에게 주어진 것은 정신없는 삶이다. 경쟁은 개인적인 삶과 사회적인 삶을 지속적이고 철저하게 바꾸고 있다. 물론 우리는 이런 변화를 원하지 않는다. 그럼에도 분명한 것은 경쟁을 통해 국민총생산이 늘어나고 있다는 사실이다. 그런 가운데 소비가 늘어나면서 긴장과 스트레스, 그리고 기업적 라이프 스타일의 강요도 덩달아 증가하고 있다. 동시에 향유와 여가의 시간이 줄어들고 있다. 또한 평균 노동시간이 늘어나고 있는데 2003년과 2007년 사이에 평균 노동시간이 10퍼센트정도 증가했다.[8] 그런데 정말 우리는 더 많은 상품이 필요한 것일까?

전문적으로 경제활동을 하는 사람들 가운데 어느 누구도 소비가 정말 가치 있는지 묻지 않는다. 사람들은 국민경제적 관점과 세계경제적 관점에서 소비가 가치 있다는 사실을 그대로 수용해야만 한다. 이런 관점들에서는 소비가 가치 있는지 묻는 것 자체가 과거에 금기였고 지금도 금기이다. 따라서 사람들은 이런 질문을 개인경제적 관점에서 묻고 있다. 물론 그들은 개인경제적 관점에서 이 질문에 대해 긍정적인 답변을 제시할 수 있다. 그럴 경우 스트레스의 발생이 불가피한데 유럽산업안전보건청이 지적한 것처럼

---

7 ) F. A. von Hayek, Recht, Gesetzgebung und Freiheit, Bd. 2, Landsberg a. L. 1981, 110.

8 ) Ch. B. Schiltz, "Deutsche arbeiten länger als die meisten Europäer", Die Welt, 15. September 2008.

스트레스는 '건강을 해치는 위험' 혹은 '심리사회적 위험'이라고 지칭될 수 있다.

　문제는 관련 노동자들이 스트레스의 발생을 자신의 탓으로 돌려야 한다는 데 있다. 오늘날 스트레스는 위험으로 간주되며 위험은 미래에 발생할 비용으로 이해된다. 물론 위험은 미래의 비용이기에 우리는 그 정도를 정확히 측정할 수 없다. 그럼에도 개인 영역에 한정될 경우 위험 비용은 기회, 곧 미래에 발생할 이익에 근거해서 계산될 수 있다. 따라서 경제학에서 위험은 개인적인 문제가 된다. 위험은 다른 사람들에 의해 자신에게 부과된 비용이다.

> 결정자에게 위험으로 보이는 것은 관련 당사자에게는 위해危害가 된다.[9]

　스트레스를 위험으로 정의하는 것은 문제를 기업적이고 자기 책임적으로 접근하는 것이다. 이 경우 사람들은 스트레스의 해결책을 경쟁 제한이 아닌 스트레스 관리에서 찾게 된다. 인터넷에는 수천 개의 스트레스 관리법들이 존재한다. 그것들은 스트레스를 잘 극복하는 방법을 가르쳐줄 뿐 스트레스의 원인들을 건드리지 않는다. 이런 스트레스 관리법들 가운데 하나가 코칭이다. 코칭의 모토는 "스트레스를 침착하게 극복하자!"이다.

> 높은 노동 강도와 많은 업무는 현실입니다. 따라서 그것들 때문에 여러분이 스트레스를 받을 필요가 없습니다. 본 세미나에서는 여러분이 이런 상태에 도달하는 데 필요한 관점과 기술을 제공할 것입니다.

---

9 ) N. Luhmann, Die Wirtschaft der Gesellschaft, Frankfurt a. M. 1988.

이 인용문에서 우리는 한 번 존재하면 결코 변할 수 없는 사실 혹은 현실을 만나게 된다. 이런 현실을 의심 없이 받아들이고 그것에 적응하는 것은 단지 스트레스 유발과 관련될 뿐만 아니라 사람들의 경쟁력에 긍정적으로 혹은 부정적으로 영향을 미칠 수 있는 삶의 모든 차원들과도 연관된다.

위의 내용을 놓고 보면 유럽산업안전보건청은 스트레스가 노동자들을 덜 생산적으로 만드는 경우에만 그것을 문제시하는 것이다(이 관청은 유럽연합의 리스본 전략, 곧 2010년까지 유럽연합을 세계에서 가장 경쟁력 있고 역동적인 경제 공간으로 만들겠다는 장기적 발전 전략을 수용했다). 이 관청의 경우 스트레스가 생산성을 높일 때에만 스트레스의 극복 계기가 마련될 수 있다. 그리고 보면 유럽산업안전보건청의 목적은 유럽연합 내에 존재하는 일자리를 더 건강하고 생산적으로 만드는 것이라고 할 수 있다. 이 관청의 입장에 서면 스트레스를 받은 노동자들은 업무 시간 동안 다른 노동자들보다 더 많은 성과를 낼 수 있다는 주장이 가능해진다(《노이에 취리허 차이퉁Neue Zürcher Zeitung》, 2009년 1월 14일자). 스트레스를 받은 노동자들이 더 많은 성과를 올리게 된다면 그들은, 유럽연합이 주요 경쟁국들, 곧 경쟁력이 높은 산업입지들보다 더 많은 기업들을 유치하는 데 크게 기여할 수 있을 것이다.

물론 경쟁은 노동자들로 하여금 무제한적으로 스트레스를 수용하도록 할 수는 없다. 이런 이유에서 코칭은 스트레스를 외부로 발산하도록 유도한다. 이것이 스위스 경제부가 추구하는, 스트레스를 보다 적절하고 효율적으로 다루는 방식이다. 스트레스를 관리하는 또 하나의 방법은 자신의 관점을 기업가적 관점으로 바꾸는 것이다.[10]

---

10 ) Ch. Lutz, Leben und Arbeiten in der Zukunft, München 1995.

오래전부터 경쟁력을 키우는 실제적인 정보를 제공할 뿐만 아니라 교육적인 과제를 수행하기까지 하는 문헌들이 출간되고 있다. 이런 문헌들의 제목 가운데 전형적인 것은 '실업자인가? 다 네 자신 탓이야!', '결정은 네가 하는 거야!' 등이다. 이런 입장에서 보면 실업은 인식 부족의 표현이다.[11] 여기서 인식이란 강자만이 지속적으로 행운을 얻는다는 사실에 관한 앎이다. 우리가 패자의 자리에 서지 않으려면 다음의 준칙을 따라야 한다. "그 남자/그 여자가 바로 나 자신이다! 우리가 실업자라면 그것은 다 우리 자신 탓이다."

> 사회 내에서 자신의 위상, 곧 자신의 경쟁력에 관해 더 많이 아는 동시에 거대한 글로벌 경제 시스템을 인식할 수 있는 사람은 자신의 직장 생활과 미래를 보다 책임적이고 성공적으로 영위할 수 있다.[12]

거대한 글로벌 경제 시스템이 수용되어야 하기 때문에 우리에게는 단지 하나의 대안만이 남게 된다. 글로벌 경쟁에 대한 자기 책임적 적응이 그것이다.

이런 이유에서 교육이 점점 더 중요해지고 있다. 요즘 교육을 중심에 두지 않는 정당 프로그램은 거의 없다. 독일 교육부 장관 안네테 샤판Annette Schavan은 글로벌 경쟁에서 교육은 복지를 위한 결정적 기초가 된다고 이야기했다. 물론 여기서 교육은 인문학적 교육이 아니다. 샤판에게 인문학적

---

**11** ) W. Berg, Kein Job? Selbst schuld!, Bonn 1997, 7f.

**12** ) W. Berg, Kein Job? Selbst schuld!, Bonn 1997, 25.

교육은 낭비이며 심지어 위험한 것이다. 왜냐하면 그것은 사람들로 하여금 자신의 비성찰성을 깨닫게 해줄 수 있기 때문이다. 샤판이 이야기하는 교육은 글로벌 경쟁에서 매우 공격적이 되는 데 필요한 기술을 전수하는 교육을 의미한다. 결국 여기서 교육은 인적 자본을 형성하는 교육 외에 다른 것이 아니다.

우리는 일생 동안 인적 자본을 형성하는 교육을 받아야 한다. 왜냐하면 경쟁도 일생 동안 강화되고 경쟁 압력도 한평생 작용하기 때문이다. 이때 우리는, 잘못된 교육 내용이 제공되지 않도록 유의해야 한다. 그래서 우리는 기업과 친밀한 관계에 있어야 한다. 연구 신청서는, 신청자, 곧 연구자가 연구 예산의 몇 퍼센트를 사업 이익을 통해 충당할 것임을 입증할 수 있을 때에만 승인된다. 사업 이익의 산출을 기대할 수 있는 연구만이 좋은 연구가 되는 것이다. 이런 분위기 속에서 대학은 기업이 되어가고 있다. 모든 것이 경쟁력에 달려 있다는 것을 보여주기 위해서뿐만 아니라 '올바른' 이론 및 연구 내용이 형성될 것을 희망하면서 경영자들을 최상위 심의기관으로 데리고 오기 위해서도 대학은 기업이 되어야 한다. 산업입지 조건을 비롯한 독일의 모든 것을 향상시키는 데 적합한 그런 이론 및 연구 내용이 전체적으로 경쟁력 강화를 지향해야 하기 때문에 대학은 기업이 되어야 하는 것일까?

아네테 샤판은 학문과 연구가 글로벌 경쟁에서 핵심 전략 요소가 된다고 주장한다. 물론 여기서 학문과 연구는 이제까지 학문 세계에서 지향해왔던 학문과 연구를 의미하지 않는다. 오히려 국제 경쟁력을 강화시키기 위해 요구되는 적절한 수단으로서의 학문과 연구를 의미한다. 그녀는 교육이 산업의 중요한 요소이기 때문에 경쟁력을 강화시키는 방향으로 이루어져야 한다고 주장한다. 그러면서 높은 단계의 직업교육이 정신과학이나 사회과학에서 벗어나 공학이나 자연과학의 방향으로 재구성될 것을 제안한다. 왜냐하면 공학이나 자연과학이 독일 경제의 미래에 유익할 것이기 때문이라는 것이다.

정신과학이 불필요하다는 그녀의 주장은 자기기만적이다. 왜냐하면 한때 그녀는 "세계를 돌아다니면서 관광업에서 성공하고자 하는 사람은 자신이 체류하고 있는 지역의 문화를 이해해야 한다"고 말했기 때문이다. 좋은 관광 가이드가 되려고 하는 사람에게 정신적인 것의 이해는 필수적인 법이다. 그러니 샤판 장관은 어리석은 생각을 하지 말고 자신이 주장한 것들을 비판적으로 성찰해보길 바란다. 그럴 때 그녀는 자본주의가 완전히 승리한 것은 아니라는 사실을 이해할 수 있을 것이다. 그녀의 주장을 수용하는 사람들이 더 이상 존재하지 않을 때 이런 사실이 부각될 것이다.[13]

교육정책 전문가들을 포함한 모든 정치가들은 북극산 쥐처럼 다른 모든 것들을 희생시키면서 오로지 경쟁력 강화만을 위해 뛰고 있다. 그런데 우리는, 경쟁을 통해 자신이 형성되어진다는 사실을 알아차리지 못한다. 실제로 경쟁은 교육기관과 마찬가지로 우리에게 영향을 미쳐 기업가 정신을 주입한다.

경쟁은 인간들을 몰아대어 합리적 존재나 경제적 인간과 비슷하게 만드는 하나의 교육과정이다.[14]

---

13 ) St. Kofner, Frank H. Knight und Herbert Marcuse, 18. April 2008, www.hogareal.de

14 ) H. Arndt, Wettbewerb der Nachahmer und schöpferischer Wettbewerb, in: K. Herdzina (Hrsg.), Wettbewerbstheorie, Köln 1975, 257.

우리는 경쟁을 통해 자신을 승자 혹은 패자로 만드는 것이 무엇인지를 인지하거나 발견한다. 우리가 세계를 기회와 위험으로 분류하고 위험을 피할 때 우리는 승자가 된다. 우리가 위험이 부과하는 정언명령을 어길 때 우리는 승자가 된다. 반면 자신에게 제공되는 기회를 적극적으로 찾아다니고 이용하지 않을 때 우리는 패자의 길로 들어서게 된다.

우리가 경제적 인간 혹은 삶의 기업가로서 세상을 살아가지 않고 자기계발과정을 비효율적으로 늘일 때, 약삭빠른 부모들은 자기 계발 과정을 압축하고 자기 자녀들로 하여금 가능한 한 빨리 경쟁 속에 뛰어들게 해서 경쟁 친화적인 인성을 형성하도록 유도한다. 요즘 청소년들은 돈 벌 기회와 위험을 따지는 법을 너무 일찍 배우고 있다. 그리고 어릴 적부터 엘리트 교육을 한다고 하는 유치원들은 학습 프로그램에 경제학을 포함시키고 있다.[15] 이 유치원들에서 아이들은 가능한 한 빨리 성공의 길로 들어설 수 있는 방법을 배우고 있다. 예를 들면 아이들은, 어떻게 사람들이 레모네이드를 팔고 있는지, 그들이 이를 위해 어떤 방식의 마케팅을 하고 있는지를 배우고 있다. 이런 배움을 통해 아이들은 주위 사람들을 구매력을 가진 고객으로 간주하게 된다. 이 유치원들은 아이들을 돈을 벌 준비가 되어 있는 존재로 키운다고 선전하고 있다(물론 이 유치원들은, 아이들이 상품을 팔아 벌어들인 수익금을 모두 기부하고 있다). 결국 이 유치원에 다니는 아이들은 세계의 경제화를 정당화하는 가장 쉬운 전략을 습득하게 되는 것이다.

글로벌 석유화학 기업 쉘Shell이 2006년에 펴낸 청소년 보고서는 무한 경쟁이 청소년들의 지향성과 인격에 미치는 영향에 관해 언급한다. 이 보고

---

15 ) http://locsystem.fastrackkids.com/newsletter.asp?gymid=37.

서에 따르면 청소년들은 자신의 미래가 불안하고 자신의 삶을 글로벌 경쟁
아래서 영위할 수밖에 없다는 사실을 알고 있다.  그래서 그들은 자신의 직
업적 능력을 높이는 데 주력하고 있다는 것이다. 냉정히 판단해보면 이것이
그들이 할 수 있는 유일한 일일 것이다. 이 보고서는 앞으로 경쟁 압력이 더
높아질 것이기에 그들은 더 큰 요구를 받게 될 것이라고 전망한다.[16] 그런데
우리는 삶이 자신의 인적 자본에 대한 투자가 되고 있다는 사실에 관해 누
구에게 불평할 수 있는가?

> 많은 사람들이 이용 가능성이란 측면에서, 그리고 시장성이란 용어로 평가
> 받는다. 청소년들은 나름 소박하고 달성 가능한 목표를 세우고 그것의 실현
> 을 위해 노력하지만 그 가운데 소수만이 인정을 받는다.[17]

한 학생은 스펙을 위한 삶이 정말 가치가 있는지 자문한다.[18] 그러면서도
그는 자신이 지속적으로 계산하면서 삶을 통제하는 방식에 대해 회의하게
되면 자기의 경쟁자인 학우들에게 뒤처지게 된다는 사실을 인정한다. 그리
고 그럴 경우 자기의 미래 소득 및 지위가 위협받을 수 있다는 사실도 수용
한다.
　　결국 경쟁은 재능을 위한 전쟁이 된다. 경쟁에서 앞서려면 경쟁이 요구하

---

16 ) K. Hurrelmann/ M. Albert/ Arbeitsgemeinschaft Infratest, 15. Shell Jugendstudie. Jugend 2006, 2006,
www.shell.com.

17 ) K. Hurrelmann/ M. Albert/ Arbeitsgemeinschaft Infratest, 15. Shell Jugendstudie. Jugend 2006, 2006,
www.shell.com.

18 ) N. Sellmair, "Die Glückskinder", Stern, Nr. 25, 2007, www.stern.de.

는 것과 지속적으로 경쟁할 수 있게 해주는 것을 소원하고 고대해야 한다.

> 목표는 존재해야 한다. 그리고 최고가 되길 원해야 한다.[19]

이 명제는 한 스위스 경제 외교관이 내놓은 것이다. 그런데 그는 이 명제를 통해 기업가 정신을 강요하고 있다. 자유지상주의는 자유를 다른 사람에 대한 실제적 영향력의 부재 상태로 이해한다. 이와 달리 자유를 이런 부재 상태 이상으로 생각하는 사람들도 존재한다. 그런데 이런 사람들에게 위의 명제는 자유의 상실을 의미한다. 경제적 명령으로 채워져 있는 삶을 살아가는 것은 분명 자유의 상실이다.

물론 자기와 타인의 경제 성과만을 중요하게 여기지 않는 삶의 형태가 존재하는 것은 사실이다. 하지만 회피할 수 없는 무한 경쟁 아래서 패배자가 되지 않기 위해 의미와 목적의 추구가 아닌 이윤 기회의 이용에 관심을 기울여야만 하는 삶의 형태[20]가 더 많이 존재한다는 것은 부인될 수 없다. 그리고 보면 막스 베버 시절 유효했던 것이 오늘날에도 여전히 그러하다는 사실이 확인된다.

> 자본주의적 성공의 조건에 적응하지 못하는 사람은 몰락하거나 출세하지 못한다. (중략) 오늘날의 자본주의적 경제 질서는 시장 관계 안에서 살아가는 개인에게 경제 행동의 규범들을 강요한다. 이 규범들을 지속적으로 준수

---


**19** ) D. de Pury, "David de Pury und wie der die Welt sieht", Tages Anzeiger, 2. Februar 1996.

**20** ) D. Preuske, Preismissbrauchskonzept und Marktsystem, Baden-Baden 1984.

하지 않는 제조업자는, 그것들에 적응할 수 없거나 적응하지 않으려는 노동
자와 같이 경제적으로 탈락한 실업자가 되어 길바닥에 나앉게 될 것이다.[21]

경제적 명령으로 인해 초래된 자유의 상실은 생활 세계에서뿐만 아니라
직장 업무가 이루어지는 시장에서도 확인될 수 있다. 오늘날 수공업자들은
베버 시대에서와 마찬가지로 과도한 분주함, 경쟁적 사고, 개인주의 등을
가져오는 가격경쟁을 통해 자신의 자유가 위협당하고 있음을 느낀다. 그들
은 직장에서 모든 업무를 전문적 표준에 따라 처리해야만 한다.

지속적인 시간 압박은, 그들이 자신의 직장 업무를 이상적 기준에 맞게 깔끔
하고 정확하고 조화롭게 수행하는 것을 방해한다. 그들은 시간 압박으로 인
해 직업에서의 성공 여부를 기능적이고 미적인 조화의 범주에서가 아니라
효율적인 업무 처리의 범주에서 판단하게 된다. 그러면서 자기 직업에 자부
심을 갖지 못하게 된다.[22]

지금까지 이윤 추구와 거리를 두는 관점들은 직업적이고 영리적인 삶의
한 부분을 분명하게 형성해왔다. 수공업자들은 자기 노동을 통해 무언가를
멋지게 만들고 싶어 한다. 그럼으로써 그들은 소득을 얻는다. 그리고 이윤

---


**21** ) M. Weber, "Die protestantische Ethik und der Geist des Kapitalismus", in: Gesammelte Aufsätze zur
Religionsphilosophie, Bd. 1, Tübingen 1988, 37, 56.

**22** ) P. Schallberger, "Zwischen Panik und Euphorie. Fallrekonstruktive Befunde zum subjektiven
Erleben der neoliberalen Transformation", in: K. Imhof/Th. S. Eberle (Hrsg.), Triumph und Elend des
Neoliberalismus, Zürich 2005, 148f.

을 창출하면서 고용주를 위한 자본을 형성한다. 그들은 프로들이기 때문에 이윤 증가라는 요인이 그들을 움직이지 못한다. 하지만 경쟁이 심화될 경우 그들도 이윤 증가를 고려할 수밖에 없게 된다. 시간 및 비용 압박이 그들의 프로 정신을 흔들게 되는 것이다.[23] 그럴 경우 그들의 자유가 상실됨은 물론이다. 여기서 우리는 단지 상상적 자유 혹은 실제적 자유의 상실만을 우려해서는 안 된다. 우리는 자유의 상실을 초래하는 경쟁의 심화가 하나의 정당한 관점이 아니라는 사실 이상을 생각해야 한다.

## 라이프 스타일을 둘러싼 싸움

시장은 자연적 현상이 아니다. 시장은 단지 자연적 현상처럼 보일 뿐이다. 시장은 우리 인간들이 만든 것이다. 물론 시장은 우리 인간들이 의식적으로 만든 것은 아니다. 목적론적 윤리의 관점에서 스트레스가 받을 만한 가치가 있는지, 우리가 과도하게 경쟁하고 있는 것은 아닌지, 우리가 덜 풍요롭더라도 덜 분주하게 사는 것이 바람직한 삶의 방식이 아닌지 하는 물음이 제기될 수 있다. 뿐만 아니라 의무론적 윤리의 관점에서 누가 기업가적 마인드를 강요하는가라는 질문도 제기될 수 있다. 그런데 혹시 우리 모두는 우리 자신에게 기업가적 마인드를 강요하는 것은 아닐까?

흔히 경쟁은 날씨와 마찬가지로 우리가 적응해야만 하는 그 무엇이라고

---

23 ) Ch. Grefe, "Leidene Angestellte", Die Zeit, 28. August 2003.

간주되고 있다. 무한 경쟁에서 경쟁의 상대가 불분명해진 경제주체들도 경쟁을 적응해야만 하는 무엇으로 이해한다. 우리는 죽도록 일한다. 하지만 우리의 스트레스가 증가하는 것에 대해 아무도 책임지지 않는다.[24] 보통 개인들은 점증하는 경쟁 압력에 대해 책임이 있는 원인 제공자를 인식하기 어렵다. 그래서 그들은 모든 책임을 자신에게 돌리는 경향이 강하다.

바이에른 주 정부와 작센 주 정부에 의해 만들어진 '미래 문제 위원회'는 자기 노동력과 배려의 기업가로서의 개인을 미래의 롤 모델로 내세웠다. 왜 그랬을까? 우리가 타협해야 하고 자신의 영리 활동을 위해 고려해야 하는 가변적인 생산관계 혹은 경쟁 관계가 존재하기 때문이었을 것이다. 이제 우리는 기업가적 마인드를 구성하는 자기 주도와 자기 책임을 한층 더 강화시킬 필요가 있다. 그렇게 될 경우 실업과 소득 감소는 항상 자기 무능의 결과로 간주될 것이다.

그런데 실제로 경쟁의 심화는 자연적 현상이 아니다. 경쟁 심화의 원인 제공자는 '시장의 숨는 손' 뒤에 숨을 수 있다. 여기서 '시장의 숨는 손'은 자유무역론자 자그디시 바그와티Jagdish Bhagwati가 흔히 이야기되는 '시장의 보이지 않는 손'의 깊은 의미를 살려본 표현이다.[25] 이렇게 원인 제공자가 '시장의 숨는 손' 뒤에 숨기 때문에 사람들은 누가 혹은 무엇이 자기의 일자리를 없앴는지 알지 못한다. 물론 바그와티는 이런 상황을 긍정적으로 생각한다. 왜냐하면 사람들의 이런 무지가 자유 시장의 논리에 저항하는 세력을 제압하는 데 기여할 수 있기 때문이다.

---

24 ) A. Fischer, "Arbeiten bis zum Umfallen, und keiner verantwortlich", Tages Anzeiger, 22. September 2008.

25 ) J. Bhagwati, "The Demands to Reduce Domestic Diversity among Trading Nations", in: J. Bhagwati/R. Hudec (eds.), Fair Trade and Harmonization, Cambridge 1996, 33.

경쟁 압력의 원인 제공자는, 기업적 라이프 스타일이 점점 더 많은 이윤을 가져다준다고 생각하면서 이런 라이프 스타일을 실제의 삶에서 구현하려고 하는 사람들이다. 막스 베버가 지적한 바와 같이 그들은 시장에서의 싱공을 신에 의해 자신이 선택되었다는 표시로 이해한다. 또는 시장에서의 성공을 자신의 허영을 만족시키는 훈장으로 간주한다.

다른 사람들에게 자기 소진을 강요하는 자들이 바로 선구적 기업가들이다.[26] 물론 과거에도 경쟁 압력은 있었지만 자기 소진의 정도가 그리 심하지 않았다. 그 당시 대부분의 사람들에게 미쳤던 시장의 영향력은 오늘의 선구적 기업가들에게 미치는 그것보다 훨씬 더 적었다. 오늘날 타인들에게 자기 소진 대열에 합류할 것을 강요하는 자들은 소수의 일 중독자들이다.[27] 시장 형이상학자 하이에크는 이들을 상대적으로 보다 합리적인 개인들의 소그룹이라고 지칭한다.[28] 이 소그룹은 다른 사람들에게 시장에서 탈락하지 않고 존속하려면 자기 그룹을 본받아야 한다고 주장한다. 이 소그룹은 더 큰 그룹에 속해 있는 이들에게 그들이 원하지 않는 것, 예를 들면 강도 높은 노동, 습관 변화, 경쟁이 존재하지 않으면 필요 없는 일 등을 시도할 것을 강요한다.[29]

경쟁의 강요는 소수의 선도적 기업가로부터 시작해서 다수의 보수적 기

---

26 ) K. Homann/Ch. Kirchner, "Ordnungsethik", in: Ph. Herder-Dorneich/K.-E. Schenk/D. Schmidtchen (Hrsg.), Jahrbuch für Neue Politische Ökonomie, Bd. 14, Tübingen 1995, 195.

27 ) J. B. Schor, The Overworked American. The Unexpected Decline of Leisure, New York 1991, 70.

28 ) F. A. von Hayek, Recht, Gesetzgebung und Freiheit, Bd. 2, Landsberg a. L. 1981, 109.

29 ) F. A. von Hayek, Recht, Gesetzgebung und Freiheit, Bd. 2, Landsberg a. L. 1981, 110.

업가들로까지 확산된다.[30] 다수의 보수적 기업가들은 자신이 이미 성취한 것에 만족한다. 왜냐하면 그들은 시장에서의 성과 이외에 다른 것들도 소중하다고 믿기 때문이다. 그런데 근자에 와서 시장과 거리를 둔 모든 관점들을 제거하려고 하는 소수의 선도적 기업가들은 우리에게 자신을 따를 것을 강요한다. 그들은 우리에게 삶의 기업가가 될 것을 강요한다. 이런 강요는 개인적 영역에 대한 엄청난 간섭이다. 다시 말해서 사람들이 자신의 삶을 영위해나가는 방식에 대한 과도한 개입이다. 그럼에도 이런 강요는 제대로 파악되지 않는다. 왜냐하면 경쟁은 실체 없이 진행되기 때문이다. 다시 말해서 막스 베버가 지적한 바와 같이 비인격적인 실체들이 경쟁자들 사이를 오가기 때문이다.[31] 따라서 우리는 그 원인 제공자들을 더 이상 확인할 수 없다.

경쟁은 시장에서 자기 몫을 챙기기 위한 싸움이라기보다는 라이프 스타일을 둘러싸고 일어나는 싸움이다. 다시 말해서 경쟁은, 우리가 자신의 개인적 삶 속에서 수용해야 하는 가치를 둘러싸고 발생하는 싸움인 것이다. 경쟁은 자신의 전체 에너지를 그것에 바치고자 하는 사람들 사이에서, 혹은 영리 추구가 자신의 관심사들 가운데 하나에 불과한 사람들 사이에서 진행된다.

물론 실물경제와 자본 사이에도 보이지 않는 경쟁이 진행된다. 자본은 영리 추구를 상대화하는 사람들의 삶을 힘들게 만들기 위해 영리 추구를 위해 경쟁에 몰두하는 사람들에게 동력을 제공해준다. 이를 통해 자본은 전

---

30 ) E. Heuß, "Wettbewerb", in: Handwörterbuch der Wirtschaftswissenschaft, Bd. 8, Stuttgart 1980, 684f.

31 ) M. Weber, Wirtschaft und Gesellschaft, 5. Aufl., Tübingen 1972, 709.

자로 하여금 영리 추구를 위한 경쟁에 몰두하도록 간접적으로 유도한다. 결과는 모든 삶의 영역이 완전히 경제화되는 것이다. 시장과 거리를 두는 모든 관점들은 사라져버리며 사회는 시장 사회로 바뀐다. 그렇다면 우리는 어떻게 이런 상황에서 벗어날 수 있을까?

먼저 우리는, 이 물음이 정의 문제와 관련이 있다는 사실을 인식해야 한다. 이 물음은 단지 약자와의 연대 문제와만 관련이 있는 것은 아니다. 이 물음은, 경영대학원 졸업자들처럼 영리 추구를 위해 경쟁에 몰두하는 사람들과 자본이 영리 추구를 상대화하는 사람들에게 행사하는 압력이 공정한 것인가라는 문제와도 관련이 있다. 그런데 우리는 공정함에서 벗어날 수 없는가? 이런 물음들에 대한 답변은 결코 책상머리에서 주어질 수 없다. 왜냐하면 그것들은 정책적인 물음이기 때문이다. 이런 이유에서 필자도 여기서 이 물음들에 대해 답변을 시도하지 않으려고 한다. 이 물음에 대해 답변이 주어지려면 이와 관련된 문제들이 지속적으로 제기되어야 한다. 자본과 자본에 봉사하는 이들은 자기 임무에 충실할 수 있다. 하지만 그들은 이런 임무수행이 자신의 자유에서 비롯된 자연스러운 것이라고 떠들어대서는 안 된다. 왜냐하면 그들의 이런 자유는 그들이 지닌 시장 권력을 행사할 수 있는 자유 외에 다름이 아니기 때문이다.

물론 우리는 우리 자신이 항상 실행자인 동시에 희생자라는 사실에 유의해야 한다. 우리는, 오늘날 진행되고 있는 글로벌 경쟁의 복잡하고 보이지 않는 채널을 통해 우리 자신에게까지 영향을 미치고 있다. 그러고 보면 우리는 경쟁의 추동자인 동시에 피동자라고 할 수 있다. 그리고 이런 의미에서 시장은 소망과 당위, 그리고 자유와 강요로 이루어진 망상 조직으로 표현될 수 있다.

우리의 삶에서 시장이 어떤 위상을 차지해야 하는가라는 경제 윤리의 핵심 문제는 위의 논의를 통해 조금은 해명되었을 것이다. 경쟁에 자기 생명을 바치지 않으려는 사람들과 경쟁에 몰두하는 사람들이나 강력한 자본 사이에서 일어나는 싸움의 공정성 문제만 중요한 것은 아니다. 경쟁 자체나 경쟁 상황에 대해 성찰하는 문제 또한 퍽이나 중요하다.

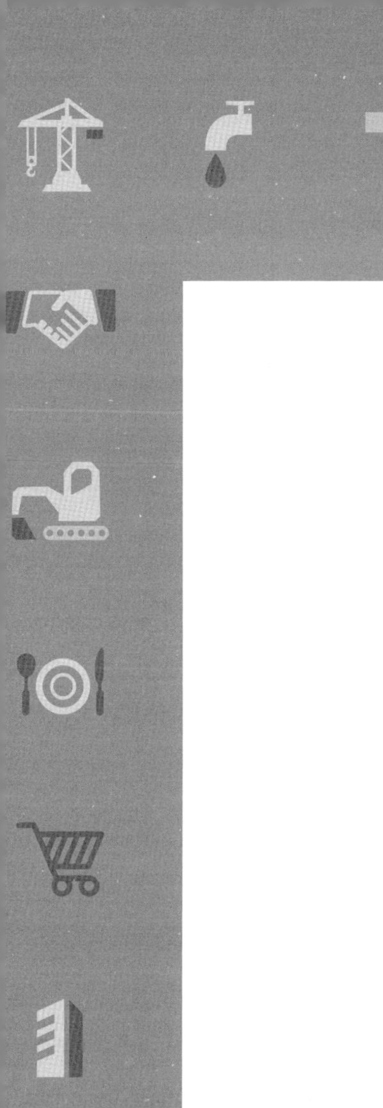

# :8:

# 시장의
# 기적을
# 꿈꾸다

좋은 시장은 제한된 시장이다. 이 명제가 지금까지 경제 윤리학자들이 이루어 놓은 연구 결과물의 핵심이다. 이 명제는 시장을 철폐하자는 것이 아니라 시장에 상대적 지위를 부여하자는 것이다. 만일 우리가 시장에 상대적 지위를 부여하지 않는다면 우리는 시장 논리의 포로가 될 것이다. 우리가 이런 사실을 인지하지 못할 경우 상당히 나쁜 결과가 초래될 것이다. 왜냐하면 일방적이고 단순한 자유 시스템은 우리를 자유에 대한 환상으로 밀어 넣기 때문이다.

그런데 왜 시장은 철폐되어서는 안 되는가? 우선 생각할 수 있는 것은 시장에서 사고파는 행위가 자유의 표현이기에 시장이 철폐될 경우 이런 자유를 상실하게 되기 때문이다. 이보다 더 중요한 것은 시장을 없앨 경우 우리가 지금 누리는 복지를 잃게 되기 때문이다. 이렇게 되면 우리는 상당히 비참한 지경에 이르게 될 것이다. 이런 이유들로 인해 우리는 시장 메커니즘을 이용하고 있다. 하지만 시장 메커니즘을 이용하는 우리는, 자신이 경쟁하고 성과를 내야 한다는 압력 가운데 살아간다는 사실과 이런 압력 아래 가해자 역할과 피해자 역할이 때로 희미해지고 종종 서로 뒤바뀌게 된다는 사실을 인식할 필요가 있다. 우리는 시장을 통해 복지를 만들어낸다. 물론 시장의 힘만으로 '만인을 위한 복지'가 형성될 수 없지만 말이다. 우리가 시장을 과대평가하지 않는다면 실제로 '시장의 기적'을 경험할 수 있다.

우리는 시장의 매우 어두운 면을 고려해야 한다. 사회적 시장경제의 아버지들로 불리는 질서자유주의자들은 이런 측면을 정확히 포착했다. 특히 빌헬름 뢰프케Wilhelm Röpke가 그랬다. 그는 자신의 책《공급과 수요를 넘어서》에서 "극심한 경쟁은 시간, 능력, 감정에 과도한 부담을 가져온다"고 주장했다.[1] 그래서 경쟁과 가격메커니즘에 대한 균형추를 마련할 필요가 있다고 판단했다.[2] 그에 따르면 우리의 생각이 돈에 대한 집착에서 벗어나려면 우리는 경제적인 것들의 순위를 정해야 한다.[3] 또한 경제적 자유를 완고하게 주장하는 태도도 고쳐야 한다.[4] 다시 말해서 우리 모두의 복지와 공정성을 위해 주저하지 말고 경제적 자유의 정도를 완화시켜야 한다. 그는 우리에게 경쟁을 주도적 경제원칙으로 만들지 말 것을 주문했다.[5] 그리고 경쟁이 주도적 원칙이 되지 않으려면 우리가 경쟁에 최종적 판단을 맡기지 않아야 한다고 주장했다.

경쟁이 모든 측면에서 넘어서는 안 될 한계선에 다다랐을 때 그것은 제한되고 완화될 필요가 있다.[6] 그런데 이런 주장은 보호주의를 옹호하는 입장을 의미하는가? 정확히 그렇다. 우리는, 시장이 개방되든지 아니면 보호

---

**1** ) W. Röpke, Jenseits von Angebot und Nachfrage, 4. Aufl., Erlenbach-Zürich 1966, 188.

**2** ) 같은 책, 60.

**3** ) 같은 책, 171.

**4** ) 같은 책, 146.

**5** ) 같은 책, 191.

**6** ) 같은 책, 189.

주의가 관철되든지, 혹은 무제약적 시장이 전개되든지 아니면 경쟁의 역동성이 제한되든지 하는 양자택일의 상황에 놓여 있다.

우리는 자유시장주의자와 시장지상주의자가 보호주의란 개념을 모욕적 단어로 산주할 정도로 불신하는 방식을 보면 놀라게 된다. 그들은 적대자를 보호주의로 규정하면서 고사시킨다. 그러면서 시장 원칙의 무제약적 지배를 내세우는 경제주의적 입장이, 강화되고 윤리적으로 불가피한 것으로 주장된다. 그들은 시장 원칙의 비판가들을 시장 논리에 충성의 맹세를 강요하는 보트로 끌고 간다.

우리는 보호주의란 개념을 다른 용어, 예를 들어 경쟁 제한으로 바꿀 수 있다. 이 개념에서 시장 논리의 영향력이 제한되는 것이 중요하기 때문이다. 그럼에도 보호주의란 표현은 적확하다. 현재 우리에게는 생활 세계를 시장 논리의 식민화로부터 보호하는 것이 절실하기 때문이다(위르겐 하버마스). 나아가 다른 사람의 권리를 존중하는 것을 보호라고 규정할 수 있기 때문이다. 모든 보호의 거부는 경제주체들, 심지어 경제적 강자들을 전혀 배려하지 말아야 함을 의미한다.

한편 보호주의를 시장의 철폐로 이해하는 진영이 있는데 이런 입장 또한 적절치 않다. 이 진영은 세계시장 대신에 자급자족적 시장을 내세우고[7], 자유 시장경제 대신에 중앙 관리 경제를 옹호한다.[8] 어리석은 주장이다. 이런 주장은 대안의 폭을 좁힌 상태에서 사고를 진행시켜 얻은 결과물에 불과하다. 시장에는 이미 시장이나 이윤과 직접 관련이 없는 많은 관점들이 존

---

7 ) F. Lübberding, "Die Kapitalismusfalle", die tageszeitung, 17. Januar. 2004.

8 ) M. Friedman, Using the market for Social Development, Cato Policy Report, November/December, 1988, 177, www.cato.org.

재한다. 그렇지 않다면 사모 펀드들이 발견하고 파괴할 어떤 것도 존재하지 않게 된다. 비주류 경제학자 칼 폴라니Karl Polanyi, 1886~1964는 시장의 역동성을 사회적 가치와 규범에 착근시킬 것을 제안했다. 이런 착근 시도는 사회적 시장경제에서의 사회적인 것을 결정한다. 이 점은 유지되고 더욱 발전돼야 한다.

근본적으로 적절한 정도가 문제가 된다. 이윤을 추구하는 사람이 가능한 한 자신의 이윤을 증대시키는 데 모든 것을 투여해야 하는 것과 동일하게 시장이 모든 영역을 지배해서는 안 된다. 그리고 시장이 지배하는 영역일지라도 시장 성과가 모든 것이 되어서는 곤란하다.

그런데 우리는 어떻게 시장을 한계 지우고 공정성과 "삶에의 봉사(페터 울리히)"라는 가치에 착근시킬 수 있을까? 시장 제한과 경쟁 제한의 가장 단순하고 직접적인 형태는 경제주체들이 자신이 착취할 수 있는 것을 모조리 착취하는 행태를 포기하는 데서 발견된다. 여기서 중요한 전제는 결정권을 행사하는 경제주체들이 "이익이 생기는 것이 이성적인 것이다(막스 프리쉬 Max Frisch)"라는 경제주의의 복음으로 더 이상 교육받지 않는 것이다.

그런데 문제는 시장과 무관한 관점들을 고려하는 경제주체들이 다른 경제주체들과 경쟁하는 과정에서 어려움을 겪을 수 있다는 데 있다. 마찬가지로 초국적 자본에 대항하기 때문에 경쟁력이 낮아지고, 그래서 그것을 증진시키라는 압력을 받고 있는 국가들도 동일한 어려움을 당할 수 있다.

이런 악순환은 중단돼야 한다. 글로벌한 차원에서, 그리고 경쟁 압력 아래 있는 영역들에서 그래야 한다. 글로벌한 질서 정책에서도 마찬가지다. 이를 위해 시장을 제어할 기관이 요구된다. 이런 기관이 존재하지 않는 경우 우리는 점점 시장의 포로가 되며 무제약적인 시장 지배력에 관심을 갖는 집단의 포로가 될 것이다. 이제 우리는 정치를 향해 경쟁력을 어떻게 강화시킬 것인지를 물어서는 안 된다. 오히려 경쟁력이 진정 의미 있는지, 있다면 얼마만큼 의미 있을 수 있는지, 그리고 경쟁력이 모든 인간의 좋고 공정한 삶에 기여하는지, 기여한다면 얼마만큼 기여힐 수 있는지를 물어야 한다.

우리의 모토는 세계화로 하여금 스스로 구성하게 해서 정치를 무력화시키는 것이 아니라 '세계화를 구성하는 것(앙겔라 메르켈)'이다. 이름값을 하는 제대로 된 정책 프로그램은 사회공학적 프로그램도 아니며, 자국의 산업입지를 보호해야 한다는 특수한 이해관계를 반영하는 프로그램도 아니다. 그것은 글로벌 시장의 테두리 질서가 어떻게 형성돼야 하는지를 고려하는 프로그램이다.

어떤 정당들은 세계화된 지구촌의 요구에 보다 적절하게 대응하는 것, 혹은 글로벌 경쟁 상황에서 아주 매력적인 테두리 조건들을 형성하는 것을 주요 정책 과제로 간주한다. 전자의 예로 기민연CDU이 발표한 〈정부 프로그램 2009~2013〉을, 후자의 예로 자민당FDP이 발표한 〈독일 프로그램〉을 들 수 있다. 〈독일 프로그램〉에서는 독일을 세계화의 승리자로 만들기 위해 어떤 정책적 방안이 요구되는지를 밝히고 있다. 물론 여기서 관심을 갖고 있는 것은 경쟁에 부과되는 정책적 테두리 조건이 아니라 글로벌 경쟁의 조건 아래서 수행되는 정책(칼 호만)이다.

다른 정당들은 이제 정치의 무능력을 극복해야 한다고 생각한다. 그러면서 이전의 흐름을 180도 바꾸어 "시장의 세계화가 정치적 세계화를 요구한다"고 주장한다. 사민당SPD이 내놓은 〈정부 프로그램 2009~2013〉이 이런 입장을 대표한다. 이런 정당들은 시장의 힘을 제어하기 위해 규칙과 한계를 설정할 것을 제안한다. 나아가 국제적 차원에서 시장의 자유로운 활동에 대해 민주적 정치가 우선돼야 함을 강조한다. 실제로 정치적 자유가 다시 획득될 필요가 있다. 그래야 우리는 삶에서 경제적인 것들의 순위를 정할 수 있다.

우리는 자신의 삶이 점점 나빠지는 것을 원하지 않는다. 학생들도 마찬가지다. 학생들의 일상은 공부로부터 상대적으로 자유로운 성인들의 세계를 반영한다. 그런데 학생들은 시험 준비가 아니라 지적 만족을 위해 책을 읽고 싶어 한다. 학생들을 비롯한 우리 모두가 현재 삶의 수준을 향상시키려면 우리는, 경제학의 대가인 폴 새뮤얼슨Paul Samuelson이 최근 한 인터뷰에서 얘기한 바와 같이, 삶의 속도를 줄이고 중도를 걸어야 한다.[9]

우리는, 기존의 경제 관계들이 쉽게 제거될 수 없음에 유의해야 한다. 그런데 만일 기존의 경제 관계들이 없어지게 된다면 그와 관련된 일자리들도 사라지게 된다는 사실도 유념할 필요가 있다. 경쟁을 제한하는 것은 매우 복잡한 시도임에 분명하다. 이에 경제학자들의 도움이 필수적이다. 물론 이때 경제학자들은 시장에 대한 편애로부터 자유로운 상태에 있어야 한다. 경제학자들의 신앙 공동체(한스 크리스토프 빈스방어Hans Christoph Binswanger)가 학문적으로 도전받고 그들의 신앙적 확신이 흔들리려면 경제학 안에서 학문적 다양성이 다시 인정돼야 한다.

경쟁의 정도를 완화시킬 수 있는 최상의 방도는 자본의 영향력을 제한하는 것이다. 이를 위해 국가가 금융 버블을 가라앉히고 그것의 부작용을 - 완전히 제거하지는 못하더라도 - 상당정도 완화시켜야 한다. 또한 국가는 자본에 특권을 부여하는 대신 그것에 무거운 세금을 물려야 한다. 그렇게

---

9 ) P. A. Samuelson, "Heute sind alle ständig nervös", Interview, Die Zeit, 10. Juli. 2008.

될 때 자본의 크기가 줄어들 수 있을 것이다. 그리고 자본이 기업가의 창조적 파괴를 촉진하는 데 사용되는 대신 경제주체의 소비를 촉진하는 데 사용돼야 한다. 특히 조세 피난처에서 승인되지 않은 세금 면제 혜택을 약속하는 관행을 금지시키는 것이 무엇보다도 중요하다. 나아가 조세 피난처 국가나 지역을 축소시키는 방안도 고려돼야 하는데 이런 방안은 '글로벌 사회적 시장경제globale soziale Marktwirtschaft'를 구축하는 데 기여할 수 있다.

자본이 관련기업들로 하여금 자신의 이윤 극대화만을 추구하도록 만들고, 무절제한 경제 시스템을 구축하도록 유도하는 인센티브를 축소시키는 것도 좋은 방안이 될 수 있다. 만일 국가가 경영자들에게 주어지는 이런 인센티브, 곧 보너스의 수준을 제한한다면, 그들은 주주 가치shareholder value에서 벗어나는 다른 가치들도 고려할 수 있는 자유를 얻게 될 것이다. 이렇게 될 때 우리는 경영의 통합성을 추구할 수 있고, 마땅히 추구해야 한다. 여기서 중요한 것은 경제적 일상에서 책임을 기대할 수 있고 유효할 수 있게 만들어야 한다는 사실이다. 이것이 밑으로부터의 사회적 시장경제가 의미하는 바다. 우리는 이런 식의 사회적 시장경제를 실현해야 한다.

이런 방안들은 모두 글로벌한 차원을 갖는다. 예를 들어 어떤 국가도 단독으로는 기업 경영자나 투자은행가의 보너스 수준을 효과적으로 제한할 수 없다. 왜냐하면 이렇게 국가 개입이 이루어질 경우 투자자들은 자기자본을 본국에서 빼내어, 국가가 간섭하지 않고 무절제한 경제 시스템이 구축되어 있는 다른 나라로 이전해서 투자할 위험성이 존재하기 때문이다. 이것이 현실화될 경우 새로 투자된 타국의 기업들은 이전에 투자됐던 본국의 기업들에 대해 경쟁 우위를 확보하게 될 것이다.

자본의 영향력을 막아내는 방안들도 이와 동일한 문제점을 노정한다. 우

리는, 기업이 이윤 외에 다른 가치들을 추구해야 한다는 입장을 취할 수 있
다. 그런데 기업이 그렇게 되기 위해서는 윤리적 입장에서 자발적으로 이윤
을 포기하는 것만으로는 충분치 않다. 이런 자발적 이윤 포기 외에 제안될
수 있는 방안은 "자본의 중립화"다. 자본의 중립화는 이미 1970년대와 80
년대에 논의된 주제로서[10] 최근에 경제 성장에 비판적인 경제학자인 한스
크리스토프 빈스방어에 의해 다시 부각됐다.[11] 빈스방어는 기업들이 수익
추구 압력을 이겨내기 위해서는 그 형태가 주식회사에서 비영리재단으로
변모해야 한다고 주장했다. 그래서 경영자와 노동자가 가능한 한 많은 이윤
을 획득하는 대신, 상품을 공급하는 데 주력할 수 있는 자유를 지녀야 한다
는 것이다. 그리고 이럴 때 엄청난 소득이 제공될 근거가 없어지기 때문에
경제는 더 환경친화적이고 위기에 덜 취약하고 더 정의로울 수 있다는 것
이다.

어떤 시민들이 정치적으로 자유로운 상태에서 심의적인 여론 형성 과정
에 따라 자신들이 속한 사회에만 빈스 방어의 제안을 도입한다면 어떤 일
이 벌어질까? 공정함 혹은 연대적 재분배를 이유로 내세우면서 자본에 대
해 상당한 수준의 세금을 부과하는 경우와 동일한 결과가 초래될 것이다.
물적 강제를 강조하는 한스베르너 진이 말한 바와 같이, 자본의 이해관계를
거스르면서 우리가 도모할 수 있는 모든 것은 백만장자들과 그들의 자본
을 내쫓는 일이다.[12] 이런 경우가 실현되면, 자본은 다른 나라들에 투자되면

---

**10 )** P. Ulrich, Transformation der Ökonomischen Vernunft, 3. Aufl., Bern 1986, 402 이하.

**11 )** H. Ch. Binswanger, "Die Krisenspirale", Interview, Die Wochenzeitung, 23. Oktober 2008, www.woz.
ch.

**12 )** H.-W. Sinn, "Das System war faul!", Streitgespräch zwischen Sahra Wagenknecht und Hans-Werner

서 그것들의 글로벌 경쟁력이 증진된다. 반면 본국 기업들은 더 이상 높은 이윤을 추구하지 못하게 된 상태에서 온갖 방법을 동원해 자신의 경쟁력을 높이려고 노력하게 된다. 자본은 이런 방식으로 본국 기업들에게 겁을 주는 것이다.

글로벌 경쟁이 규율되거나 제한되지 않는다면 '인간적인 시장경제(앙겔라 메르켈)'는 존립할 수 없다. 이 명제는, 흔히 잘못 추측되고 있는 바와 같이, 독일(혹은 미국, 중국, 프랑스)의 국가 도덕을 드러내는 것은 아니다. 오히려 보편주의적인 공정함과 현명함을 표현하는 것이다.

이 대목에서 일종의 글로벌 휴전협정이 요구된다. 이 휴전협정에서 사람들은 국내의 사회적 목적과 경제적 목적을 추구할 충분한 공간을 확보할 수 있을 만큼 시장 개방의 폭을 합의하고 상품 시장과 금융 시장을 최대한 개방한다는 원칙을 포기한다.[13] 여기서 중요한 사항은 사람들이 정치적 자유를 향유하면서 시장 안에서 교환할 수 있는 자유와, 시장 및 그것의 경쟁 강요로부터 벗어날 수 있는 자유 사이에 균형을 발견하는 것이다.

어떤 형태의 자유를 향유하고 싶은가라는 질문에 대해 사람마다 다른 답변을 내놓는다. 그래서 공정성의 문제가 제기될 수 있다. 부유한 사람, 자본가, 경영자 쪽에서는 글로벌 경쟁의 제한이나 완화가 요구될 필요가 있는지에 관한 숙고가 이루어지지 않는다. 반면 세계의 가난한 사람 쪽에서는 그렇지 않다.

폴 크루그먼Paul Krugman은 시장개방에 대한 도덕적 변호가 필요하다고

---

Sinn, Die Zeit, 25. Juni 2009.

**13** ) D. Rodrik, "Der Globalisierung Grenzen setzen", Tages Anzeiger, 15. Juni 2009.

본다. 그의 견해에 따르면 우리는 글로벌 경쟁을 제한하지 않을 도덕적 의무를 지닌다.[14] 왜냐하면 시장 개방이 수십억 명의 인간들에게 희망을 제시하기 때문이다.[15] 정확히 말해서 시장 개방은 아시아나 동유럽의 개발도상국들에 사는 사람들에게 소망을 주기 때문이라는 것이다. 그들은 만인을 위한 복지에 참여하길 원한다. 누가 그들이 자신의 힘으로 가난에서 빠져나오는 것을 나쁘게 생각하면서 그들에게서 그런 기회를 뺏고 싶겠는가.[16] 그런데 크루그먼은 오늘날 자유무역으로 인해 선진국에서 일하는 많은 노동자들의 일자리가 위협받고 있음을 알고 있다.[17] 여기서 이러지도 저러지도 못하는 곤란한 상황이 전개된다. 크루그먼은 자신이 이런 도덕적 딜레마 상황에서 어떤 결정적 해결책도 제시할 수 없음을 인정한다. 그는 단지 자국 내에서 더 많은 재분배를 실시할 것을 제안할 뿐이다.

글로벌 경쟁을 통해서 가난에서 벗어나는 일이 광범위하게 실현될 수 있는 것은 아니라는 사실이 강조돼야 한다. 맥킨지McKinsey 사장 아이언 데이비스Ian Davis는 물가가 싼 저개발 국가로 생산 기지를 이동하는 오프쇼링Off-shoring이 유일한 가난 극복 방안이라고 주장한다.[18] 하지만 이는 전혀 근거

<hr>

14 ) P. Krugman, "Distribution and Trade Policy", 29. April 2007, http://economistsview.typepa-d.com/economistsview/2007/04/krugman_distrib.html.

15 ) P. Krugman, "Trouble with Trade", The New York Times, 28. December 2007.

16 ) E. Gundlach/H. Klodt/R. J. Langhammer/R. Soltwedel, "Fairness im Standortwettbewerb? Auf dem Weg zur internationalen Ordnungspolitik", in: Bertelsmann Stiftung/Heinz Nixdorf Stiftung/Ludwig-Erhard-Stiftung (Hrsg.), Fairness im Standortwettbewerb. Leitlinien für eine internationale Wettbewerbsordnung, G tersloh 1996, 17-86.

17 ) P. Krugman, "Distribution and Trade Policy".

18 ) I. Davis, "Viele hassen Big Business", Interview, Manager Magazin, 1. Juli 2006, 102.

없는 주장이 아닐 수 없다(오프쇼링이 누구보다도 그와 그의 클라이언트들에게는 아주 많은 이윤을 가져다줄 것임에 분명하다). 내수 경제의 강화가 많은 나라들에게는 좋은 가난 극복 방안이 될 수 있다(여기서 내수경제의 강화가 자급자족 경제를 의미하지 않음은 물론이다). 이 길에 돌이설 때 우리는 윤리적으로 완전히 잘못된 한스베르너 진의 비전으로부터 벗어날 수 있다. 2장에서 이미 서술된 바와 같이 그의 비전은, 자본가와 경영자가 자칫 타국 영토에서 탕진될 수 있는 이윤을 극대화하기 위해 산업입지 선정에 승부를 거는 것이다.

이제까지 임금수준이 낮은 나라의 노동자들이 항상 공정한 방식으로 경제적 세계화로부터 혜택을 받아온 것은 아니다. 예를 들어 중국은 2008년에 새로운 노동법을 제정했다. 새 노동법은 중국에서 생산하는 많은 초국적 기업들의 저항과 대결하면서 만들어진 것이다. 새 노동법이 제정되기 이전에 중국 노동자들은 낮은 임금을 받았는데 계속되는 물가 상승으로 인해 기본급만 가지고는 생계비를 충당할 수 없었다. 그래서 대부분의 노동자는 초과근무 수당을 받기 위해 장시간 노동해야만 했다. 통계에 따르면 1990년대 초반 이후 그들의 실질임금은 상승하지 않은 것으로 드러났다.[19] 하지만 "노동은 삶 전체다."[20] 이 명제는 많은 중국 노동자들의 현실을 드러내준다.

---

**19** ) Global Labor Strategies, "Behind the Great Wall of China: U. S. Corporations Opposing New Rights for Chinese Worker", 13. October 2006, http://laborstrategies.blogs.com/global_labor_strategies/ files/ behind_the_great_wall_of_china.pdf; China Labour Bulletin, "Falling Through the Floor. Migrant Women Workers' Quest for Decent Work in Dongguan, Chinna, September 2006, www.clb.org.hk/en/ fs/view/research-reports/Women_Workers_Report.pdf.

**20** ) W. Bauer, "Monsters Inc. Ihr Elend ist die Freude unserer Kinder. Den Arbeitern in Chinas Spielzeugfabriken wird nichts geschenkt", Das Magazin, 14. Dezember 2007, http://dasmagazin.ch/ index.php/monsters-inc/.

중국 노동자들은 사회정책의 수준을 서구의 경우와 비슷하게 높일 것을 요구하며 새로운 노동법을 지지했다. 그런데 이런 요구는 선진국에서나 실현가능한 것이었다. 따라서 이 노동법은 자유무역 신봉자들에 의해 보호주의적이라고 낙인찍히고, 비도덕적이라고 거부되었어야 했다. 실제로 자본의 대표자들, 특히 미국과 유럽의 상공회의소는, 새 노동법이 제정될 경우 중국으로부터 자본을 철수할 것이라고 위협하면서 그것에 대한 반대 의사를 분명히 했다. 하지만 크기 면에서 중국은 만만한 나라가 아니다. 그렇다면 결과는 어떻게 되었을까? 새로운 노동법은 나중에 실시됐다.

이런 사실들에서 우리는 무엇을 배울 수 있을까? 이 사실들은 선진국 노동자들과 개발도상국 노동자들 간의 경쟁만을 보여주는 것은 아니다. 이를 넘어서 초국적 자본이 이 두 진영들을 경쟁 상태로 몰아간다는 것도 드러내준다. 자본의 힘이 억제되고 이 두 진영 간의 경쟁이 약화되면 세계는 안도의 숨을 쉬게 될 것이다. 우리는 이를 감속화라고 부른다. 폴 새뮤얼슨은 이렇게 얘기한다.

경제개발은 계속 진행된다(이는 좋은 현상이다). 하지만 경제개발은 우리 삶의 속도를 조금 늦춰지게 한다.

세계주의자인 존 메이너드 케인스John Maynard Keynes는 보편주의적이고 인도주의적인 정신이 개방된 시장, 특히 자본시장과 동일시될 수 없다는 사실을 이미 알고 있었다.

나는 국가들을 경제적으로 서로 연루시키는 것을 극대화하는 대신 최소화하려는 이들과 같은 의견을 갖고 있다. 이념, 예술, 지식, 손님 환대 그리고 여행. 이것들은 모두 국제화돼야 한다. 하지만 상품은 국가의 경계 안에 내 버려두는 것이 적절하다. 특히 금융의 경우 본질적으로 그렇게 해야 한다.[21]

앞으로 우리가 케인스가 제안했던 길을 걸어가야만 하는지 아무도 확실 히 답변할 수 없다. 대답은 많은 이들에게 열려 있다. 하지만 이 길은, 낡은 시장 맹신이 강화시킨 금기적 사고에서 자유로운 사람들이 고려해보아야 할 방향임에 분명하다.

---

21 ) J. M. Keynes, "National Self Sufficiency", Yale Review, 1933, www.panarchy.org.